W0171047

Menschen erkennen, durchschauen, verstehen

Prof. Dr. Heinz Ryborz

Menschen erkennen, durchschauen, verstehen

Vom konstruktiven Umgang miteinander

Oesch Verlag

Alle Rechte vorbehalten
Nachdruck in jeder Form sowie die Wiedergabe
durch Fernsehen, Rundfunk, Film, Bild- und Tonträger
oder Benutzung für Vorträge, auch auszugsweise,
nur mit Genehmigung des Verlags

© 1988 by Oesch Verlag AG, Zürich

Schutzumschlag: Heinz von Arx, Zürich
Satz: Fotosatz Otto Gutfreund, Darmstadt
Druck und Bindung: Franz Spiegel Buch GmbH, Ulm
Printed in Germany

ISBN 3 85833 374 3

Für Helmut

Inhalt

Kapitel 1: *Sie und die Mitmenschen*

Kapitel 2: *Wie wirken Sie auf andere?*

Kapitel 3: *Haben Sie die richtige Einstellung zu sich selbst?*

8

Kapitel 4: *Schaffen Sie bessere Kontakte*

Kapitel 5: *Geschickte Konversationstechniken*

Kapitel 6: *So schaffen Sie die seelischen Voraussetzungen,
mit Mitmenschen richtig umzugehen*

Kapitel 7: *Vermeiden Sie Mißverständnisse*

11

Kapitel 8: *Geschickte Techniken der Kommunikation*

Kapitel 9: *Die Körpersprache geschickt einsetzen*

Kapitel 11: *Wer paßt zu wem?*

Kapitel 12: *Umgang miteinander in der Partnerschaft*

Kapitel 13: *Polaritäten im Umgang mit Mitmenschen*

Kapitel 1

Sie und die Mitmenschen

1. Warum dieses Buch Ihr Leben verändert

Wissenschaftliche Untersuchungen haben gezeigt, daß Ihr Erfolg und Ihre Lebensfreude in großem Maße davon abhängen, wie Ihre zwischenmenschlichen Beziehungen sind. Mangelndes Geschick im Umgang mit Mitmenschen löst Ängste, Gefühle der Isolation und andere seelische Störungen aus.

Wenn Sie lernen wollen, wie Sie mit Ihren Mitmenschen besser zusammenleben können, müssen Sie Geschick entwickeln. Ebenso wie zum Beispiel ein Koch oder ein Pilot ihren Beruf nur ausüben können, wenn sie die dafür notwendigen Kenntnisse haben, benötigen auch Sie Kenntnisse und eine Schulung im Umgang mit Mitmenschen.

Sicher werden Sie nicht in tiefes Wasser springen, wenn Sie nicht schwimmen können. Im Umgang miteinander sind die Menschen leider viel sorgloser. Obwohl fast niemand eine Schulung im Umgang mit Mitmenschen hat, schließen die Menschen Bekanntschaften, Freundschaften oder heiraten. Sie haben überhaupt keine Kenntnisse, um all das zu bewältigen, was auf sie zukommt. Nur zu oft werden daher Beziehungen begonnen, die in Ernüchterung und Verzweiflung enden. Dabei könnte es ganz anders sein.

Häufig werde ich gefragt:»Wie kann ich lernen, im Umgang mit meinen Mitmenschen geschickter zu werden?« Dieses Buch gibt Ihnen die gewünschte Schulung.

Zugegeben, Sie passen nicht zu jedem, und jeder paßt auch nicht zu Ihnen. Dennoch kann Ihr Umgang auch mit solchen Menschen besser sein.

Leider nimmt die Unfähigkeit, zwischenmenschliche Kontakte zu schaffen, immer mehr zu. Doch nur wenn Sie gute Beziehungen zum Mitmenschen schaffen, werden Sie innerlich wachsen. Nur so erhalten Sie Ihre Anregungen und bleiben innerlich offen.

In Gesprächen erfahre ich immer wieder neu, wie Menschen unter ihrer Isolation und ihren schlechten Beziehungen zu den Mitmenschen leiden. Das muß aber nicht so sein. Das Buch zeigt Ihnen, was Sie tun müssen, um bessere Beziehungen zu Ihren Mitmenschen zu schaffen. Das Zusammenleben mit Ihren Mitmenschen wird Ihnen wieder mehr Freude bereiten.

Verbringen Sie also Ihre Zeit nicht damit, ein Gefühl der Leere und der Entfremdung zu pflegen. Es nutzt auch nichts, auf die Gesellschaft zu schimpfen. Nur wenn Sie die in diesem Buch angegebenen Methoden anwenden, verändert sich Ihr Leben. Sie vermeiden viel Kummer und Mißerfolg, wenn Sie den besseren Umgang mit Ihren Mitmenschen systematisch erlernen.

Dieses Buch hilft Ihnen zu erkennen, daß eine bestimmte Einstellung den Mitmenschen gegenüber nicht angeboren ist. Eine solche Haltung ist anerzogen, und daher ist sie auch wieder veränderbar.

Sie erfahren, wie Sie die Verhaltensweisen lernen und die Eigenschaften entwickeln, um bessere Beziehungen zur Umwelt zu schaffen. Da sich zwischenmenschliche Beziehungen verändern, lernen Sie auch, was Sie tun müssen, um gute Beziehungen zu erhalten.

Für den Umgang mit Mitmenschen ist das Gespräch sehr wichtig. Daher beschäftigt sich das Buch auch mit den Fragen:

Wie sagen Sie »guten Tag«?

Wie antworten Sie auf »guten Tag«?

Was sagen Sie, wenn sie »guten Tag« gesagt haben?

Dieses Buch verhilft Ihnen zur besseren Kommunikation mit Ihren Mitmenschen. Sie lernen, Bekannten, Freunden und Lebenspartnern näherzukommen. Dieses Buch macht Ihnen Ihre eigenen Muster und Methoden im Umgang mit anderen bewußt. Sie lernen, mehr Feingefühl in zwischenmenschlichen Beziehungen zu entwickeln.

Viele Menschen haben mit den Polaritäten des menschlichen Lebens Schwierigkeiten. Sie nähern sich jedem Menschen mit zu großen Erwartungen und sind enttäuscht, wenn diese nicht erfüllt werden. Andere verschließen sich aus Angst vor jedem Menschen, und so werden von vornherein positive Beziehungen verhindert. Beide Menschentypen sind nur auf eine Verhaltensweise fixiert.

Dieses Buch hilft Ihnen, Ihre Beziehungsmuster zu erweitern. Dann zeigen Sie ein erfolgreiches Verhalten im gesamten Bereich Ihrer menschlichen Beziehungen.

Dieses Buch gibt Ihnen Methoden an die Hand, bessere Beziehungen zu Bekannten, Kollegen, Chefs, Freunden, zum Partner und zu Ihren Kindern zu schaffen.

Es macht Ihnen Mut, auf Mitmenschen zuzugehen. Sie lernen, die positive Seite Ihres Ichs besser einzusetzen und so Ihre Lebensfreude zu steigern.

2. Wie ist Ihr Umgang mit anderen beschaffen?

Haben Sie einmal einen Menschen gesehen, der Sie interessiert, doch Sie waren zu schüchtern, auf ihn zuzugehen? Oder können Sie zwar schnell Kontakte schaffen, aber die Mitmenschen distanzieren sich ebenso schnell wieder von Ihnen? Können Sie geschickter sein im Umgang mit dem anderen Geschlecht?

Fühlen Sie sich einsam, und bewundern Sie solche Menschen, die schnell Kontakte schaffen?

Wie sind Ihre Beziehungen zu Geschäftspartnern, Bekannten, Kollegen, Familie und anderen? Bemühen Sie sich, bereits bestehende Beziehungen gut zu gestalten? Sind Sie schon am Morgen zu Ihrem Partner mufflig? Machen Sie ihm und den Kindern häufig Vorwürfe? Haben Sie die richtige Einstellung zu sich selbst und zu anderen?

Nach einer Befragung in Amerika waren 3 von 4 Personen der Meinung, sie selbst kämen in den Himmel. Jeweils eine der vier Personen war der festen Überzeugung, der Partner würde in der Hölle landen.

Zu welcher der beiden Gruppen gehören Sie? Sind Sie sich bewußt, wie Sie auf andere wirken? Wissen Sie, wie Sie Ihre Wirkung verbessern können? Wie sind Ihre Beziehungen am Arbeitsplatz? Könnten Sie diese reibungsloser gestalten? Haben Sie Selbstwertgefühl, oder sind Sie von innerem Groll durchdrungen? Entdecken Sie am anderen und an sich etwas Positives? Haben Sie immer wieder Schwierigkeiten mit Mitmenschen, weil Sie diese falsch behandeln? Sind Sie sich Ihrer Fehler im Umgang mit Ihren Mitmenschen bewußt? Nach welchen Verhaltensschablonen reagieren Sie gegenüber anderen? Was können Sie besser machen? Wie können Sie Ihre Angst vor anderen überwinden? Möchten Sie herausfinden, wer zu Ihnen paßt? Wollen Sie auf den Mitmenschen zugehen, ohne sich dabei aufzugeben? Wann zeigen Sie Ihr wahres Ich? Kennen Sie es eigentlich selbst? Mit all diesen und noch mehr Fragen müssen Sie sich beschäftigen, wenn Sie im Umgang mit Ihren Mitmenschen geschickt werden wollen.

3. Eine zwischenmenschliche Verhaltensweise humorvoll betrachtet

Ein Kaufmann fordert seine Frau auf: »Jedesmal, wenn ich schlechte Geschäfte gemacht habe, dann beleuchtest du das Haus festlich. Habe ich aber gute zum Abschluß gebracht, dann zünde nur eine Talgkerze an.«

Die Frau wunderte sich über den seltsamen Auftrag. Der Mann erklärte: »Wenn es mir schlecht geht, dann sollen sich die anderen auch ärgern. Und das tun sie, wenn sie glauben, es ginge mir gut. Deshalb also die festliche Beleuchtung. Habe ich aber Erfolg gehabt, und es geht mir gut, dann sollen die anderen auch eine Freude haben. Sie werden sich freuen, wenn sie glauben, daß ich mir noch nicht einmal einige Kerzen leisten kann.«

Zugegeben, der Kaufmann ist kein schlechter Menschenkenner. Schadenfreude ist leider eine weitverbreitete »Freude«. Ist aber der Standpunkt des Kaufmanns richtig? Er ist der Ansicht: »Ärgere ich mich, so sollen sich auch die anderen ärgern!« Beginnen wir zunächst mit dem persönlichen Ärger des Kaufmanns. Adenauer sagte einmal zu einem verärgerten Mitarbeiter: »Wer sich ärgert, büßt für die Sünden der anderen.«

Die Sache ist also klar: Sich zu ärgern ist ohnehin ein Fehlverhalten, mit dem sich der Kaufmann selbst schadet.

Wer seinen Ärger auch noch auf seinen Umgang mit Mitmenschen überträgt, zeigt, wie wenig er imstande ist, konstruktive Beziehungen aufzubauen. Leider kann man ein derartiges Verhalten nur zu oft beobachten. Solche Menschen versuchen sich immer am anderen abzureagieren. Denken Sie über Ihr Verhalten nach. Tendieren Sie etwa auch dazu?

Sie haben drei Möglichkeiten:

1. Sie bauen eine positive Atmosphäre und Stimmung auf
2. Sie erhalten eine positive Atmosphäre und Stimmung
3. Sie zerstören sie.

Wer seine negative Laune auf andere überträgt, gehört zur Gruppe drei.

Es gibt viele Möglichkeiten, Stimmungen zu zerstören. Wir werden uns in diesem Buch noch mit allerlei derartigen Verhaltensmustern beschäftigen. Das hilft Ihnen, solche Verhaltensweisen an sich zu erkennen und sich davon zu distanzieren. Keine Sorge, jeder vermag sich aber von solchen Verhaltensweisen zu trennen. Es liegt ganz an Ihnen. Sie selbst bestimmen die Atmosphäre, die in Ihren zwischenmenschlichen Beziehungen herrscht. Sie können gute oder schlechte Laune verbreiten. Sie entscheiden mit, wie sich Ihre Mitmenschen fühlen. Wer achtsam ist und sich der richtigen Methoden bedient, wird seine Beziehungen harmonischer gestalten. Denken Sie stets daran. Sie haben es in der Hand.

Natürlich gibt es immer Menschen, die jede Schuld den anderen zuschieben. Ein solches Verhalten gleicht aber folgendem: Ein kleiner Junge steht frierend auf der Straße. Er sagt: »Geschieht meinem Vater ganz recht, wenn ich friere. Warum kauft er mir keinen Mantel.«

Machen Sie es also nicht wie der kleine Junge. Es kommt nicht auf den anderen, es kommt auf Sie an! Eine gute Atmosphäre zwischen Menschen ergibt sich nicht durch Zufall. Schieben Sie also die Schuld nicht auf den anderen. Gestalten Sie selbst die Beziehung. Ohne Geduld und Toleranz geht es nicht. Bemühen Sie sich, im Konzert der Stim-

24

mungen die erste Geige zu spielen. Geben Sie selbst den Ton an. Bauen Sie eine positive Atmosphäre auf, und zerstören Sie sie nicht.

4. Es gibt kein Ich ohne ein Du

Für die meisten Menschen steht das Ich im Mittelpunkt des Lebens. Mit Ich beginnt fast jeder Satz. Ich meine... Ich habe... Ich will...

Mein Standpunkt ist entscheidend. Meine Gefühle sind entscheidend, nicht Deine.

Ich vergleiche mich mit anderen. Wer so ist wie ich, ist gut. Wer es nicht ist, der ist schlecht. Und wer sogar besser ist als ich, den mag ich nicht. Er ist der Schlechteste.

Wer nicht meinen Standpunkt teilt, der ist mein Feind. Nur mein Ich ist entscheidend.

Jeder sieht alles nur von seinem Standpunkt. Was der andere dazu denkt, spielt keine Rolle. Folgender Witz charakterisiert ein solches Verhalten:

In einer Kirche steht ein armer Mann hinter einem reichen. Der Arme jammert: »Lieber Gott, schenk mir etwas Geld, damit ich Essen für meine Familie kaufen kann. Ich brauche dringend Nahrung für meine Kinder.« Da sagt der Reiche hinter ihm, den das stört: »Hier hast du etwas Geld. Hör endlich auf zu jammern. Und lenke Gott nicht weiter von mir ab.«

Nicht nur für diesen Reichen, für die meisten Menschen ist das Ich das Zentrum des Lebens. Wenn aber das Ich nicht auch auf, sondern gegen das Du (das Ich des andern) bezogen ist, entstehen Feindschaft und Auseinandersetzungen.

Viele denken so: Was ich denke und was ich fühle, das ist für mich das Wichtigste. Ist aber die Einstellung: Ich bin Ich. Ich mag nicht, wenn du anders bist, richtig? Zwischen dem Ich und dem Du existiert eine polare Beziehung. Wenn Sie nicht den anderen erkennen, vermögen Sie auch nicht Ihr Ich zu erkennen. Und ohne sich selbst zu erkennen, werden Sie auch nicht den anderen erkennen. Ich und Du sind voneinander unterschieden wie die beiden Pole eines Magneten. Pole sind immer unzertrennbar. Was passiert, wenn Sie einen Magneten in der Mitte durchsägen? Das eine Ende gegenüber dem ersten Nordpol wird zum Südpol. Und das abgesägte Stück schafft seinen eigenen Nordpol. Pole sind also immer untrennbar. Sie bedingen sich sogar gegenseitig. Ebenso gibt es kein Ich ohne das Du und umgekehrt. Das ist die Wahrheit!

Leider ist dieser Sachverhalt den wenigsten Menschen bewußt. Was treffen Sie nur zu oft an: Eng mit der einseitigen Betonung des Ichs und der Negierung des anderen gilt die Betonung des eigenen Willens. Die Parole heißt: Nur mein Wille geschehe. Zum Beispiel:

- »Trink mit mir ein Schnäpschen!«
- »Sei kein Frosch, mach doch mit!«
- »Bin ich dir die Sache nicht wert?«

Ich will meinen Willen haben. Da ich mit mir nichts anfangen kann, brauche ich dich als Zeitvertreib. Es geht mir nicht um deine Freude. Machst du mit, dann gut. Tust du es nicht, dann bist du anders. Und wie schon gesagt: Wer anders ist, ist fast immer schlecht. Die Überbetonung des eigenen Willens ist aber nicht der Weg zur Weisheit, lehrt der tibetanische Buddhismus. Die Überbetonung des Ichs und die Ablehnung des anderen führen Sie nur ins Leid. Nur aus Achtung und Anerkennung des anderen wachsen Toleranz und die Bejahung des Mitmenschen.

5. Falsche Annahmen oder die verzerrte Wirklichkeit

Eines Tages machte ich mit meinem Cockerspaniel Alf einen Spaziergang auf der Riederalp. Da er einmal von einem großen Hund übel zugerichtet wurde, nahm ich aus dem Chalet den Ausziehstock für die Auszugstreppe zum Dachboden mit. Dieses »Instrument« sah durch den daran befestigten Haken ziemlich gefährlich aus. Aber da ich keinen Holzstock gefunden hatte, um meinen Hund im Notfall zu verteidigen, mußte ich mit dem Ausziehstock mit Haken vorliebnehmen. Während des Spaziergangs hielt ich ihn geschickt hinter mir. Nach einiger Zeit begegneten mein Hund und ich einer Gruppe junger Menschen. Einem jungen Mann fiel das »gefährliche Instrument« auf. Er blieb stehen, kratzte sich am Kopf und sagte mit verächtlicher Miene: »Oh, der arme Cockerspaniel.« Offenbar vermutete er, ich würde mit diesem Instrument meinen eigenen Hund traktieren. Für ihn war ich ein Tierquäler.

Diese Annahme war aber vollkommen falsch. Nicht nur über mich wurden Vermutungen angestellt. Jeder macht sich über seine Mitmenschen gewisse Meinungen. Diese Annahmen beeinflussen das eigene Verhalten.

Ein Seminarteilnehmer berichtete mir: »Ich hatte lange gespart, um meine Traumreise nach Neuguinea und in die Südsee durchzuführen. Auf Neuguinea setzte ich mich von der Reisegruppe ab. Ich machte allein einen Ausflug. Dabei strebte ich einem Berg im Dschungelgelände zu. Als ich oben anlangte, erblickte ich einen mit grellen Farben bemalten, fast nackten Wilden, der mit einem Speer auf mich zukam. Wollte er mich berauben? Oder wollte er mich sogar töten? Was sollte ich tun? Große Angst ergriff mich. Mein Herz bebte. Da stand der Wilde auch schon vor mir. Das Unerwartete geschah! Er lächelte mir zu und streckte mir seinen Arm und seine Hand entgegen. Ohne eigentlich zu wissen, was ich tat, ergriff ich seine Hand. In mir ging eine jähe Veränderung vor. Ein tiefes Glücksgefühl ergriff mich. Ich hatte noch nie eine so innige Begegnung mit einem fremden Menschen gehabt. Für mich war dieses Zusammentreffen der Höhepunkt meiner Fernreise.«

Sind Sie auch schon einmal das Opfer falscher Annahme geworden? Jedem ist das doch schon einmal passiert!

Hier noch eine humorvolle Geschichte zu einer falschen Annahme:

Fritz besucht seinen Freund Karl und dessen hübsche Frau. Als sie beim Mittagstisch sitzen, versucht Fritz, mit seinem Bein das Bein der hübschen Frau zu berühren. Er vertut sich aber und stößt den Fuß seines Freundes an. Darauf wendet sich dieser seiner Frau zu und sagt: »In Gegenwart eines Freundes esse ich, wie es mir paßt.«

Bereits in meinem Buch »Wer ist Dein Freund, wer ist Dein Feind?« habe ich darauf hingewiesen, wie wichtig es ist, solche Annahmen erst einmal auf Eis zu legen. Sie müssen sich zunächst abwartend verhalten, da Sie sonst das Opfer der eigenen Illusionen werden. Es ist so wichtig, die eigenen Annahmen zu überprüfen und sie, falls notwendig, zu revidieren. Ohne eine gewisse Bereitschaft zum Lernen geht es nicht. Natürlich können sich auch positive Annahmen als falsch herausstellen. Der erste Eindruck kann richtig oder ein Irrtum sein. Falsche Annahmen über·die Wirklichkeit macht auch derjenige, der vom anderen immer Verhaltensweisen erwartet, zu denen dieser aber aufgrund seines Charakters nicht fähig ist.

Manche Menschen haben sich an ihre vertrauten Mitmenschen so gewöhnt, daß sie Fremde immer unterschätzen und ablehnen. Eine Frau berichtete mir einmal: »Ich wollte immer nur von der mir bekannten Friseuse bedient werden. Doch einmal hatte ich keine andere Wahl. Da meine Friseuse für längere Zeit erkrankt war, mußte ich mit einer anderen vorliebnehmen. Was war das Ergebnis? Ich bin noch nie so gut frisiert worden.«

Gewöhnung ist für viele eine reine Angelegenheit der Bequemlichkeit. Sich auf etwas Neues einzulassen erfordert Mut, die eigene Bequemlichkeit zu überwinden. Da sich aber das Leben ständig ändert, müssen Sie dem Neuen gegenüber aufgeschlossen sein. Sammeln Sie Informationen im Umgang mit Mitmenschen. Werden Sie sich Ihrer eigenen Vor- und Fehlurteile bewußt. Seien Sie kritisch gegenüber Ihren Annahmen. Erst dann werden Sie im Umgang mit anderen erfolgreicher.

6. Ein Fehler, den viele begehen: Sie schließen von sich auf andere

Eine Frau berichtete mir: »Ich verstehe nicht, daß meine Schwägerin so ist . . .« Und dann folgte eine lange Beschreibung der Verhaltensweisen jener Schwägerin.

Solche Situationen erlebe ich nicht selten. Da das ganze Denken solcher Menschen nur um sich selbst kreist, können viele nicht verstehen, daß ein anderer anders denkt und empfindet. Solchen Menschen fällt es schwer, der

Wirklichkeit gegenüber offen zu sein. Eine solche Situation wird in Abbildung 1 a verdeutlicht:

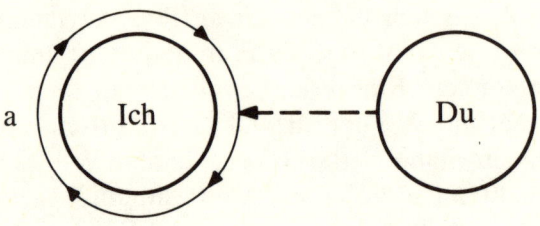

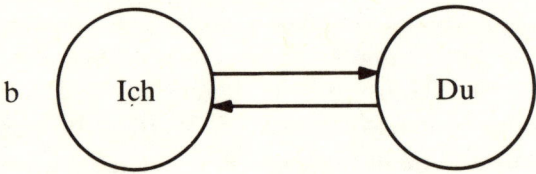

Abb. 1   Mögliche Verhaltensweisen zu anderen
a)   Alles dreht sich nur um das Ich – das Ich kann
     keine Beziehung zum Du aufnehmen
b)   Ich und Du in wechselseitiger Beziehung

Zum geschickten Umgang mit anderen werden Sie nur dann fähig, wenn Sie zwischen den einzelnen Mitmenschen differenzieren können. Abbildung 2 veranschaulicht diese Notwendigkeit.

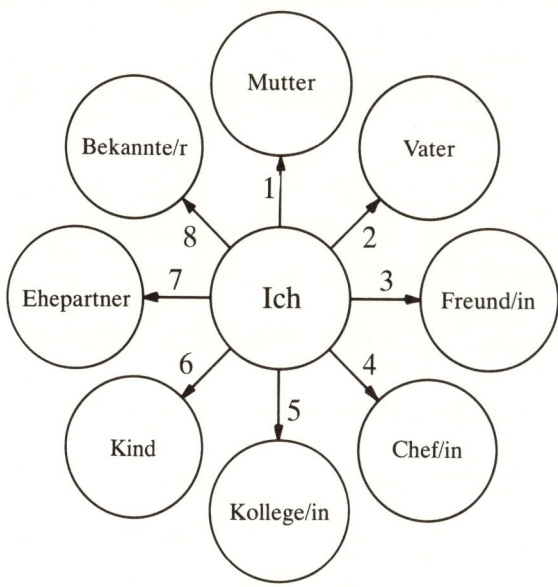

Abb. 2   Das Ich und die anderen

Was passiert jedoch, wenn sich alles nur um das eigene Ich dreht? Der Betreffende kann eine einseitige Beziehung zum anderen aufnehmen, (siehe Abbildung 1a). Notwendig ist aber eine wechselseitige Beziehung, (siehe Abbildung 1b). Nur dann öffnen sich beide Menschen füreinander.

Um es anders auszudrücken: Wir brauchen einander. Es gibt keinen Ersatz für zwischenmenschliche Beziehungen. Ohne Kontakte zum Mitmenschen werden Sie seelisch krank.

Nur unterscheidet sich jeder vom anderen. Jeder ist anders. Die Mutter ist anders als der Vater, der Freund, der Chef, der Kollege, das Kind, die Frau, ein Bekannter, um nur einige Möglichkeiten zu nennen. Es ist ein großer Irrtum anzunehmen, jeder handle, denke und empfinde so wie Sie.

Was Person A über Person B denkt, sagt oft mehr über Person A aus als über Person B.

Was hat das für den Umgang mit den Mitmenschen für Konsequenzen? Sie müssen zu jedem Menschen ein spezifisches Beziehungsmuster entwickeln.

Allzu häufig passiert aber das Gegenteil: Eine Frau z. B. überträgt das Beziehungsmuster zu Ihrer Mutter auf die Menschen am Arbeitsplatz und wundert sich, daß sie von einer Enttäuschung in die andere schlittert. Oder ein Mann ist von einer starken Ablehnung gegen seinen autoritären Vater geprägt. Ein solcher Mensch empfindet jeden Vorgesetzten als Unterdrücker, obwohl dieser es – objektiv gesehen – vielleicht gar nicht ist. Sowohl die erwähnte Frau als auch der Mann werden das Opfer falscher Annahmen und ihrer eigenen eingeschliffenen Beziehungsmuster.

7. Meine Frau begreift nicht, daß ...

Frauen und Männer haben oft keinen blassen Schimmer davon, daß der Partner anders empfindet, agiert und reagiert als sie selbst. Als Beispiel dazu folgende Auseinandersetzung:

Frau: »Das Schloß des neuen Schrankes funktioniert nicht.«

Mann: »Tatsächlich. Hier ist außerdem ein Fehler in der Lackierung.«

Frau: »Das schaut dir wieder ähnlich.«

32

Mann: »Was schaut mir ähnlich?«

Frau: »Na, das mit dem Schrank. Du weißt schon, was ich meine. Du machst doch den Schrank nur deshalb schlecht, weil ich ihn gekauft habe. Du weißt doch, wie ich ein solches Verhalten verabscheue.«

Mann: »Donnerwetter, ich habe nur gesagt, daß das Schloß nicht in Ordnung ist. Was hat das alles also mit meinem Verhalten dir gegenüber zu tun?«

Frau: »Der Schrank bedeutet dir mehr als ich. Welche Fehler der gelieferte Schrank hat, sehe ich selbst. Für dich spielt es keine Rolle, daß ich dir eine Freude bereiten wollte, als ich den Schrank bestellte.«

Mann: »Natürlich freut mich das. Ich rede doch nur von den Schäden am Schrank und nicht von dir.«

Frau: »Wie kannst du das voneinander trennen.«

Mann: »Ich verstehe überhaupt nicht, warum ein beschädigter Schrank etwas mit meiner Liebe zu dir zu tun haben soll.«

Brechen wir hier die Unterhaltung ab. Sie ließe sich noch beliebig fortsetzen.

Der Mann versteht nicht, daß seine Frau nicht sachlich denken kann. Und die Frau begreift nicht, warum nicht auch bei einem sachlichen Gespräch die Liebe zu ihr im Vordergrund stehen kann. Sie hat den Eindruck, für den Mann nur wichtig zu sein, wenn es ihm paßt. Nur zu oft ist die Situation die: Jeder erwartet vom anderen, die Wirklichkeit zu sehen, wie er oder sie sie sieht. Und wenn das nicht der Fall ist, dann wird der andere für lieblos erklärt.

8. Können Sie den Standpunkt des anderen verstehen, ohne mit ihm einverstanden zu sein?

Es ist durchaus möglich, den Standpunkt des anderen zu verstehen, ohne mit ihm einverstanden zu sein. Wer die Forderung aufstellt, wenn du mich verstehst, mußt du auch mit meiner Meinung einverstanden sein, schafft den Konflikt.

Der Standpunkt des einzelnen spielt im Leben eine große Rolle. Je mehr Sie den Standpunkt des anderen verstehen, um so weniger wird er für Sie zum Problem, selbst wenn Sie damit nicht einverstanden sind. Weshalb ist das so?

Heftige Auseinandersetzungen entwickeln sich oft aus folgenden Gründen:

- Sie können sich nicht in die Lage des anderen versetzen.
- Sie haben Angst, Ihr Gesicht zu verlieren.
- Sie sind gedankenlos oder unbeweglich.
- Sie sind intolerant.
- Sie wollen die Sache schnell erledigen.

Und natürlich spielen auch Gier und Machthunger eine Rolle. Je weniger Sie davon durchdrungen sind, um so toleranter werden Sie gegenüber den Ereignissen, die Ihnen gegen den Strich laufen. Machtgier und Haß zwingen Sie, gegen den anderen zu kämpfen. Je mehr Sie in sich selbst ruhen, um so leichter können Sie den anderen verstehen, ohne damit einverstanden zu sein, ohne dabei in einen zu starken inneren Konflikt zu geraten.

34

9. Das Leben als Spiel

Sie können das Leben und den Umgang mit Ihren Mitmenschen als Plackerei, aber auch als Spiel betrachten. Wenn Sie es als Spiel ansehen, brauchen Sie es nicht mehr zu ernst zu nehmen. Stehen Sie unter dem großen Druck, Ihr Ziel schnell und um jeden Preis zu erreichen, erleben Sie das Leben von der negativen Seite.

Angespanntheit und Angst vor dem Mißlingen sind die Folge. Sie vergeuden physische und psychische Energien, die Sie für andere Zwecke nutzen könnten. Wer ein Schloß mit Gewalt öffnen will, verbiegt nur den Schlüssel. Wählen Sie lieber den sanften Weg. Dann werden Sie leichter Rückschläge abfangen und positive Umstände für sich nutzen. G. K. Chesterton sagte: »Die Engel fliegen, weil sie sich so leicht nehmen.« Wenn Sie den Umgang mit anderen als Plackerei und nicht als Spiel ansehen, beherrschen Sie die Kunst des Lebens nicht. Ein solches Spiel wird Ihnen aber um so leichter gelingen, je weniger Sie von Begehren und Aversion, von Angezogensein und Sich-Abgestoßen-Fühlen durchdrungen sind. Wir werden uns damit noch in Kapitel 6 beschäftigen.

10. Wollen Sie die Welt anders haben, als sie ist?

Sie sind vielleicht auf der Suche nach Gerechtigkeit. Aber da Sie sie nicht finden, werden Sie wütend und zornig. Es gibt Unglücke, Naturkatastrophen, Morde, Unfälle und vieles mehr. Jeder Tag bringt neue Ungerechtigkeiten. Natürlich ist der Wunsch nach Gerechtigkeit durchaus vernünftig. Zur Gefahr wird der Wunsch erst dann, wenn Sie

sich selbst jedesmal mit einem negativen Gefühl strafen, sooft Sie auf Ungerechtigkeiten treffen. Unsere Politiker wollen zwar immer mehr Gleichheit schaffen, doch die Ungerechtigkeiten dauern an. Natürlich ist es gut, wenn Sie dazu beitragen, die Ungerechtigkeiten zu verringern. Sie dürfen sich aber dabei nicht in ihren Beziehungen zu anderen lähmen lassen. Verhaltensweisen und Äußerungen wie:
- »Was ich nicht tun darf, dürft Ihr auch nicht tun.«
- »Das ist nicht gerecht.«
- »Das ist unfair.«
- »Der andere darf nicht mehr haben als ich.« usw.
geben den anderen Macht über Ihr Leben. Denn so wird das fremde Verhalten überbetont, und Sie richten sich danach. Wenn Sie mit Ihren Mitmenschen besser auskommen wollen, müssen Sie Ihr Leben selbst steuern, anstatt sich an anderen zu orientieren. Stellen Sie eine Liste mit all den Dingen auf, mit denen Sie nicht einverstanden sind. Machen Sie sich die Mühe. Fragen Sie sich dann: Wird die Welt anders werden, wenn ich mich darüber aufrege? Natürlich werden die Welt und die Menschen nicht anders werden. Ihr Nachdenken darüber bringt Ihnen einen eindeutigen Gewinn. Sie haben einen entscheidenden Schritt dazu getan, mit den Mitmenschen besser umzugehen.

Folgende Anekdote soll das veranschaulichen: Im zaristischen Rußland fiel ein Jude von einer Brücke in den Fluß. Da er nicht schwimmen konnte, schrie er laut um Hilfe. Zwei Polizisten am nahen Ufer kümmerten sich nicht um die Schreie des Ertrinkenden. Da hatte dieser den rettenden Einfall. Er schrie laut: »Nieder mit dem Zaren.« Da sprangen beide Beamten sofort ins Wasser und zogen den Juden ans rettende Ufer, um von ihm eine Geldstrafe zu kassieren.

36

Nehmen Sie also die Welt so, wie sie ist. So kommen Sie mit den Mitmenschen besser aus.

Ertappen Sie sich dabei, wenn Sie sagen: »Ich hätte anders gehandelt« oder »Das hätte ich dir nicht angetan«, dann ersetzen Sie solche oder ähnliche Sätze durch: »Du bist anders als ich. Es ist für mich nicht leicht, das zu begreifen, doch ich akzeptiere es.«

Nehmen Sie die Welt so, wie Sie ist, anstatt sie immer wieder anders haben zu wollen. Schieben Sie die Verantwortlichkeit für Ihr eigenes Leben nicht den Ungerechtigkeiten der Welt zu. Seien Sie nicht passiv und handeln Sie. Es gibt immer Wege, aktiv zu werden. Verfallen Sie jedoch nicht in den Fehler, Rache zu nehmen. So würden Sie sich nur von anderen steuern lassen und auf Ihre Selbstbestimmung verzichten.

11. Zorn und Groll belasten Ihre Beziehungen

Am Versöhnungstag treffen sich zwei Feinde und Konkurrenten im Betsaal. Der eine streckt dem anderen zur Versöhnung die Hand hin und sagt: »Ich wünsche dir das, was du mir wünschst.« Darauf erwidert der andere voll von Groll: »Fängst du schon wieder damit an?«

Reizbarkeit, Zorn, Feindseligkeit und Aggressionen vergiften die Beziehungen zwischen Menschen. Wie Sie mit diesen Emotionen umgehen, entscheidet nicht nur über Ihr Wohlbefinden. Es bestimmt ebenso Ihre Beziehungen zu Ihren Mitmenschen.

– Wie gehen Sie mit Ihren Emotionen um?
– Werden Sie leicht feindselig und aggressiv?

- Neigen Sie zu Gefühlsexplosionen? Oder fressen Sie den Zorn in sich hinein?
- Können Sie Ihrem Zorn geschickt Ausdruck geben?
- Tun Sie etwas, um nicht so schnell zornig oder aggressiv zu werden?

Aggressivität ist ein starker Energiestrom, der viele Menschen schockiert. Sie unterliegen der Täuschung, die Aggressivität überwinden zu können, wenn Sie sich allein auf Bewußtseinszustände wie Frieden und Gelassenheit konzentrieren. Das führt aber lediglich zu einer Unterdrückung solcher Energien, die bei nächster Gelegenheit unkontrolliert über den Menschen hereinbrechen.

Aggressivität läßt sich in eine Form verwandeln, die sogar im Umgang mit Mitmenschen hilfreich ist. Ramakrishna berichtet von einer giftigen Schlange, die eines Tages einem Weisen begegnet. Sie war von seiner Weisheit und Liebenswürdigkeit beeindruckt. Da der Weise die Schlange aufforderte, den Menschen nicht mehr zu schaden, wurde sie sanft. Als sich aber die Wandlung der Schlange bei den Bewohnern des nahen Dorfes herumgesprochen hatte, begannen die Menschen, die Schlange zu schlagen und auf andere Weise zu quälen. Nach einiger Zeit kam der Weise wieder durch die Gegend. Die Schlange klagte ihm ihr Leid.

Der Weise erwiderte darauf: »Liebe Schlange, ich habe dir nur geraten, den Menschen nichts Böses zu tun. Ich habe dir nicht verboten, sie durch Zischen einzuschüchtern.«

Ramakrishna schließt seine Geschichte so ab: »Wenn du gegen böse Menschen zischst, dann entsteht kein Schaden. Du zeigst, daß du dich gegenüber dem Bösen behaupten kannst. Hüte dich davor, Gift in das Blut deines Feindes zu spritzen. Sonst kämpfst du gegen das Böse, indem du selbst Böses tust.«

Wandeln daher auch Sie aggressive Energien in solche um, die Ihnen helfen. Mit den Techniken in Kapitel 6 schaffen Sie es.

In Kapitel 6 erfahren Sie außerdem Techniken, wie Sie Ihr positives Emotionsniveau stärken und sich mit negativen Gefühlen besser auseinandersetzen. Verändern Sie die Ebene Ihres Emotionsniveaus, so werden auch die Beziehungen zu Ihren Mitmenschen besser.

12. Sind die anderen gegen Sie?

Kennen Sie die Aussagen:
- »Weshalb haben die anderen immer was gegen mich? Niemand mag mich.«
- »Die Mitmenschen sind ja alle so abscheulich.«
- »Wie ich mich auch immer anstrenge, ich bleibe immer allein und einsam.«

Sagen diese Aussagen wirklich etwas über die Umwelt oder nur über die Einstellung des Betroffenen dazu aus? Schauen Sie sich bitte Abbildung 3 an.

Sind die anderen wirklich gegen Sie (Abb. 3a)? Oder sind Sie es selbst, der sich (siehe die beiden Ringe) gegen die Umwelt abschirmt (Abb. 3b)? Könnte es vielleicht so sein, daß Ihr eigenes Verhalten die anderen abstößt (Abb. 3c)? Und sind nicht doch gute Beziehungen möglich (Abb. 3d)?

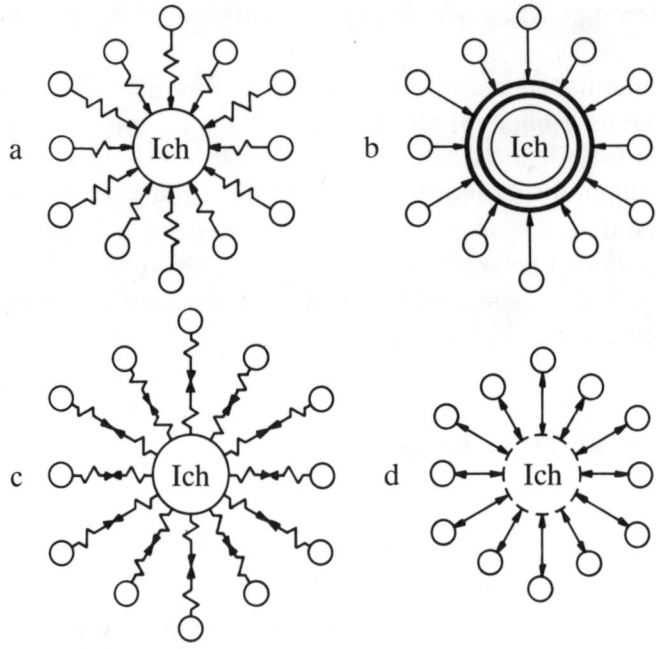

Abb. 3   Einstellungen des Ichs zur Umwelt
a) Die Umwelt ist gegen Sie eingestellt.
b) Sie schirmen sich gegenüber der Umwelt ab, Ablehnung ist die Folge.
c) Ihr Verhalten stößt die Umwelt ab, Ablehnung ist die Folge.
d) Sie treten in positive Beziehung zur Umwelt.
Ist a) wahr? Ist b) möglich?

Die Einstellung, alle anderen seien gegen Sie, ist ein großer Irrtum. Wie kommen aber Sie zu diesem Irrtum?

Vielleicht haben Sie als Kind immer gewartet, bis andere kamen, Sie zum Spielen abzuholen. Dabei hätten Sie durchaus einmal zu anderen gehen und diese zu einem Spiel auffordern können.

40

Sie wollten aber nicht. Daher mußten Sie lange warten, bis schließlich jemand kam, Sie zum Spiel aufzufordern. Vielleicht haben Sie dann sogar aus Trotz nein gesagt. Und Sie waren nachher wütend auf sich, sich so verhalten zu haben. Am Ende taten Sie sich selbst leid. Was ist die Folge? Sie meinen, die anderen hätten etwas gegen Sie. Dabei haben Sie diese selbst vor den Kopf gestoßen. Da man sich verständlicherweise um Sie nicht mehr bemüht hatte, meinten Sie, die anderen hätten etwas gegen Sie. Das ist aber nicht die Wirklichkeit. Sie werden es selbst erleben, wenn Sie aktiv werden und auf andere zugehen.

Oder gehören Sie zu den Menschen, die sich anderen gegenüber abriegeln? Die glauben, sich vor der Feindschaft der anderen schützen zu müssen? Auch diese Einstellung ist ein Vorurteil.

Und wie steht es mit der Einstellung: Niemand mag mich? Sie können sich aus verletzter Eitelkeit für unsagbar wichtig halten. Ein solches Verhalten führt dann tatsächlich dazu, sich unbeliebt zu machen. Das ist dann aber Ihre Schuld.

Und sind die anderen wirklich abscheulich, oder ist man es eigentlich selbst? Die Antwort ist klar.

Bleibt also nur noch die Frage zu beantworten, warum Sie allein und einsam sind. Die Gründe sind einfach:

- Sie bemühen sich nicht.
- Sie warten, daß man auf Sie zukommt.
- Mit Ihrem Verhalten stoßen Sie andere vor den Kopf, da Sie ungeschickt vorgehen.
- Sie wollen immer nur haben, aber nichts geben.

Halten wir fest: Alle Feststellungen am Anfang des Abschnitts sind nichts als Rechtfertigungen für die innere Einstellung, weiter leiden zu wollen. Sie müssen den festen Willen haben, an dem Zustand etwas zu ändern und sich aus der Isolierung zu befreien. Und vor allem gilt es, den Mitmenschen Toleranz und Geduld entgegenzubringen.

13. Mut und Risikobereitschaft sind gefordert

Ein Mann fragte einmal eine Gruppe von vier Personen, ob er sich ihnen anschließen dürfe. Da er zurückgewiesen wurde, versuchte er nie mehr, mit einer anderen Gruppe in Kontakt zu kommen. Ein anderer machte die gleiche Erfahrung. Doch er resignierte nicht. Er sprach ganz einfach eine andere Gruppe an und wurde mit Freuden in ihrem Kreise aufgenommen.

Risiken lassen sich nicht vermeiden. Wer nicht mutig ist, entwickelt Schwäche, da er bald allem aus dem Wege geht.

Während einer längeren Südamerikareise besuchte ich die Aucas oder Wauranis. Es ist ein wildlebender Indianerstamm, der im Dschungel Amazoniens in Ecuador an der Grenze zu Peru lebt. Noch in den sechziger Jahren hatte dieser Stamm alle Weißen gespeert, die in ihre Nähe kamen. Ich mußte schon einige Ängste überwinden, bevor ich mich entschloß, eine Woche bei ihnen zu leben. Die Zeit, die ich bei dem Stamm verbrachte, gehörte neben dem Dschungel zu den schönsten Reiseerlebnissen, die ich je hatte. Selten hatte ich solche hilfsbereiten und liebenswerten Menschen erlebt.

Gehen auch Sie auf die Menschen zu. Mut und Risikobereitschaft erschließen Ihnen neue Lebensdimensionen.

42

14. Die Mitmenschen sind nicht vollkommen

Der Pfarrer einer Dorfgemeinde hält eine Messe ab. Plötzlich sieht er, wie vorn in der ersten Reihe ein Mann kreidebleich wird. Der Pfarrer tritt besorgt auf den Mann zu und fragt: »Ist dir nicht gut, soll ich einen Krankenwagen holen, oder sollen wir dich nur an die frische Luft bringen?« Der Mann antwortet: »Ich habe meine Schlüssel zu Hause vergessen. Die Türen sind unverschlossen. Niemand ist im Hause.«

Der Pfarrer läßt seinen Blick prüfend über die Anwesenden gleiten. Dann sagt er beruhigend zum besorgten Mann: »Du brauchst keine Angst zu haben. Wir sind alle hier.«

Der Pfarrer kannte seine Schäflein. Menschen sind leider nicht vollkommen.

Vor einiger Zeit unterhielt ich mich mit einem jungen Mann. Er war intelligent, machte einen guten Eindruck und war sehr ehrgeizig. Er berichtete: »Trotz meiner vielen Anstrengungen bekomme ich immer mit anderen Schwierigkeiten. Es ist auch wirklich zum Ärgern. Wie geschmacklos sind doch manche Menschen gekleidet. Und wie ungeschickt drücken sich die meisten Menschen aus . . .«

Er führte noch eine ganze Reihe von Dingen auf, die ihn an den Mitmenschen störten. Der junge Mann lehnte andere bereits deshalb schon ab, weil sie nicht seinen Vorstellungen entsprachen.

Wen wundert es also, daß er mit seinen Mitmenschen in Schwierigkeiten kam. Der junge Mann machte gleich drei Fehler. Auf zwei wurde bereits eingegangen.

Hier seine Fehler:

1. Er akzeptierte nicht, daß andere ein Recht darauf haben, anders zu sein.
2. Er versuchte, ein notorischer Weltverbesserer zu sein.
3. Er meinte, jeder Mensch müsse vollkommen sein.

Ein sehr wichtiger Lebensgrundsatz ist: leben und leben lassen. Natürlich hat jeder das Recht auf seinen eigenen Standpunkt. Es muß aber nicht der des anderen sein. Denken Sie daran: Niemand ist vollkommen. Jeder hat angenehme und weniger angenehme Seiten.

15. Können Sie auf verschiedenen Ebenen kommunizieren?

Sind Sie sich bewußt, auf welcher Ebene Sie Ihre Gespräche führen?

Es gibt mehrere Ebenen des Gesprächs:
1. *Die oberflächliche Ebene.* Gespräche dieser Art sind sehr häufige Konversationen. Sie tauschen Höflichkeitsfloskeln aus, wie zum Beispiel: »Endlich gibt es schönes Wetter.« Die Gespräche sind sehr kurz. Sie und Ihr Partner geben nichts voneinander preis. Sie halten den anderen versteckt auf Distanz.
2. *Die Ebene des verhaltenen Aufeinandereingehens.* Hier zeigen Sie schon mehr Interesse am anderen und der andere an Ihnen. Die Offenheit zueinander ist aber sehr begrenzt. Sie machen nicht nur Konversation auf Ebene 1, sondern präsentieren auch gelegentlich etwas von

Ihrem Oberflächen-Ich. Das Gespräch ist schon vertrauter. Viele Gespräche mit Bekannten verlaufen so. Sie stellen sich auf Ihr Gegenüber mehr als auf der Ebene 1 ein. Sie spielen Ihr Rollenverhalten und geben nichts von Ihrem wahren Ich preis.

3. *Das tiefe Gespräch.* Hier öffnen Sie sich mehr und zeigen gelegentlich Seiten Ihres wahren Ichs.

Abbildung 4 zeigt, aus welchen Bereichen des Ichs die drei Arten des Gesprächs geführt werden.

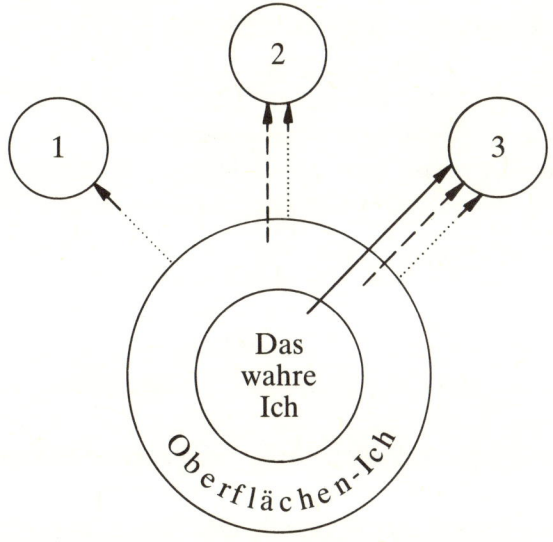

Abb. 4 Gesprächsebenen aus den verschiedenen Bereichen des Ichs
1: Oberflächliche Ebene
2: Verhaltenes Aufeinandereingehen
3: Das tiefe Gespräch (hierbei treten auch Elemente aus 1 und 2 auf)

Eine Frau sagte mir einmal: »Ich bin von den Mitmenschen so enttäuscht, besonders von Männern. Lerne ich jemand kennen, dann offenbare ich immer die tiefsten Seiten meines Ichs. Nach einiger Zeit distanzieren sich die Leute von mir, und ich komme mir vor wie eine ausgenommene Weihnachtsgans.«

Welchen Fehler machte die Frau? Sie war offenbar nur auf die Gesprächsebene 3 fixiert. Sie übertrug die Ebene der Kommunikation, die sie mit ihrer Mutter pflegte, auf jeden anderen Menschen. Sie konnte im Umgang mit anderen nicht differenzieren und war auf einer frühkindlichen Ebene stehengeblieben. Anstatt mit den Gesprächsebenen 1 und 2 abzutasten, wie sich eine Beziehung entwickelt, enthüllte sie zwanghaft immer mehr Seiten ihres Ichs. Sie war auf dieses Verhalten so festgelegt, daß sie gar nicht registrierte, wie wenig sich ihr Gegenüber ihr eigentlich öffnete. Wäre sie in ihrer Kommunikation beweglicher gewesen, hätte sie sich Unangenehmes ersparen können. Natürlich läßt sich ein Risiko bei tiefen Gesprächen nicht vermeiden. Sie haben es aber in der Hand, die Ebene des Gesprächs zurückzunehmen, wenn Sie kein Echo bekommen.

16. Mangelndes Selbstvertrauen zerstört Kommunikation

Ist Ihnen schon einmal aufgefallen, wie sich die meisten Menschen in Tagungsräumen, Klassenzimmern oder Kirchen setzen? Die hintersten Reihen sind nur zu oft zuerst besetzt. Die Menschen wollen nicht auffallen. Der Grund dafür ist mangelndes Selbstvertrauen.

Mangelndes Selbstvertrauen und Angst vor den Mitmenschen und Situationen gehören eng zusammen. Wenn Sie

Ihre zwischenmenschlichen Beziehungen verbessern wollen, müssen Sie Ihr Selbstvertrauen stärken. Lähmende Angst entsteht immer dann, wenn Sie Ihre Energien mißbrauchen, sich das Negative auszumalen, das vielleicht eintreten könnte. Machen Sie sich zunächst bewußt, warum Sie Angst haben. Grenzen Sie also Ihre Angst ein. Doch das Wissen darum befreit Sie noch nicht von der Angst. Sie müssen Ihre Energien schon in eine positive Richtung lenken. Lenken Sie Ihre Energien darauf, das abzuwenden, wovor Sie sich ängstigen. So verstärken Sie Ihr Selbstvertrauen. So werden Sie im Umgang mit anderen sicherer.

17. Was stört zwischenmenschliche Beziehungen?

Der Mann sagt zu seiner Frau: »Du hast ja immer eine andere Meinung als ich.« »Zum Glück, Egon. Sonst hätten wir beide unrecht.«

Ein Richter sagt: »Angeklagter Rot, Sie haben zu Herrn Grün gesagt, er ist es nicht einmal wert, daß ihn der Teufel hole.« Rot: »In Ordnung, ich nehm's zurück. Ich gebe es zu: Grün ist nicht wert, daß ihn der Teufel hole.«

Eine Kriegszeitung im Ersten Weltkrieg sucht eine Kurzgeschichte: Einzige Bedingung ist: Sie darf nicht mehr als 200 Worte haben. Folgende Story erhielt den ersten Preis: »Am Ende unseres Laufgrabens ist eine Latrine. Der Balken war angesägt. Das sind 11 Worte. Die übrigen 189 sagte Leutnant Müller, als er sich raufsetzte.«

Zwischenmenschliche Beziehungen können durch viele Dinge gestört werden. Es sind dies
– die mangelnde Fähigkeit, sich in den anderen hineinzuversetzen

- die Angst, sich zu blamieren
- geistige Unbeweglichkeit
- Dickköpfigkeit und Sturheit
- Unsicherheit und Unwissen
- Intoleranz
- Bequemlichkeit usw.

Viele Menschen wollen nicht einsehen, daß sie auf das Verständnis des anderen angewiesen sind. Wer das begreift, vermag auch dem Mitmenschen mehr Verständnis entgegenzubringen.

18. Entdecken Sie Ihre Verhaltensschablone

Haben Sie sich schon einmal Gedanken über Ihre Verhaltensweisen den Mitmenschen gegenüber gemacht? Wie stehen Sie zu anderen? Die Vielzahl der in diesem Buch noch dargestellten Methoden wird Ihnen helfen, Ihre ganz individuellen Verhaltensmuster zu erkennen. Die meisten Menschen sind sich nicht bewußt, welche Methoden sie ständig anwenden. Halten Sie hier am Abschluß des ersten Kapitels für einige Zeit inne. Denken Sie eine Weile über sich nach. Zu welchen Einsichten gelangen Sie? Schreiben Sie bitte auf.

Ich will _____

_____

_____

_____

Zusammenfassung

1. Dieses Buch hilft Ihnen, schädliche Verhaltensmuster zu erkennen, positive aufzubauen und so Ihre Beziehungen zu anderen zu verbessern.

2. Sie haben folgende Möglichkeiten:
   a) Sie bauen eine positive Atmosphäre und Stimmung auf
   b) Sie erhalten eine positive Atmosphäre und Stimmung
   c) Sie zerstören sie
   Entscheiden Sie sich für die Möglichkeiten a) und b).

3. Die Einstellung: »Wer so ist wie ich, ist gut. Wer anders ist, ist schlecht«, ist falsch.

4. Es gibt kein Ich ohne ein Du. Zwischen beiden besteht eine polare Beziehung. Wer sich nicht selbst erkennt, vermag auch den anderen nicht zu erkennen und umgekehrt.

5. Jeder macht über den Mitmenschen Annahmen. Diese beeinflussen das eigene Verhalten.

6. Sie müssen Ihre Annahmen überprüfen. Der erste Eindruck kann falsch oder richtig sein.

7. Erhoffen Sie von Mitmenschen keine Verhaltensweisen, zu denen diese aufgrund ihres Charakters nicht fähig sind.

8. Der Mitmensch ist anders als Sie. Vergeuden Sie keine Energien, Ihre Gedanken nur immer um sich selbst kreisen zu lassen. Sehen Sie die Wirklichkeit, wie sie ist.

9. Sie müssen zu jedem Menschen ein besonderes Beziehungsmuster entwickeln.

10. Jeder erwartet vom anderen, die Wirklichkeit so zu sehen, wie er sie sieht. Sind die Sichtweisen nicht identisch, so entstehen Auseinandersetzungen.

11. Wenn Sie in sich ruhen, können Sie den anderen verstehen, ohne mit ihm einverstanden zu sein.

12. Nehmen Sie den Umgang mit anderen nicht todernst. Betrachten Sie ihn als Spiel.

13. Versuchen Sie sich selbst zu verbessern. Doch regen Sie sich nicht über die vielen Ungerechtigkeiten in der Welt auf.

14. Zorn belastet Ihre Beziehungen zur Umwelt. Unterdrücken Sie Aggressionen nicht, sondern verwandeln Sie sie.

15. Es ist falsch, wenn Sie annehmen, die anderen seien gegen Sie.

16. Verletzte Eitelkeit bringt viele Menschen dazu, sich unbeliebt zu machen.

17. Wer nicht Mut und Risikobereitschaft entwickelt, geht bald jedermann aus dem Weg.

18. Erwarten Sie von Mitmenschen keine Vollkommenheit.

19. Es gibt drei Ebenen des Gesprächs: Die oberflächliche, die Ebene des verhaltenen Aufeinandereingehens und die Ebene des tiefen Gesprächs.
Sie müssen alle drei Gesprächsebenen beherrschen.

20. Zwischenmenschliche Beziehungen werden gestört durch: geistige Unbeweglichkeit, Dickköpfigkeit und Sturheit, Unsicherheit, Unwissenheit, Intoleranz, Bequemlichkeit, Unfähigkeit, sich in den anderen hineinzuversetzen usw.

21. Zu welchen Einsichten gelangen Sie bisher über sich selbst?

Kapitel 2

Wie wirken Sie auf andere?

1. Sind sie schüchtern?

Schüchternheit ist unter vielen Menschen sehr verbreitet. Schüchterne haben es sehr schwer, neue Menschen kennenzulernen und Bekanntschaften und Freundschaften zu schließen.

Das Gefühl der Schüchternheit ist keinem unbekannt. Schüchternheit verhindert, daß die Mitmenschen ihre positiven Seiten kennenlernen. Durch solche Unsicherheit wird aber nicht nur die Kommunikation erschwert. Hand in Hand mit der Schüchternheit gehen Ängste, Vereinsamung, Depressionen und getrübtes Denken. Schüchterne haben Angst vor Fremden, vor Autoritäten, einem anderen Geschlecht und ganz allgemein vor neuen Situationen.

Sie werden sich von der Schüchternheit leichter trennen, wenn Sie sich Gedanken darüber machen, wie sie sich entwickelt hat.

Wann haben Sie sich das erste Mal schüchtern gefühlt? War es in Ihrer Kindheit, als Sie Teenager waren oder bei welcher anderen Gelegenheit? Versuchen Sie sich an die Situationen zu erinnern. Haben vielleicht andere etwas zu Ihnen gesagt, das Sie schüchtern machte?

Ein Mann berichtete mir einmal: »Meine Schüchternheit trat das erste Mal auf, als ein Lehrer zu mir sagte: ›Die gute Leistung hätte ich Dir gar nicht zugetraut.‹« Ich machte dem Mann klar, daß er eine große Verzerrung und Fehldeutung der Situation vorgenommen hatte. Eigentlich hätte sich der Lehrer für sein schlechtes Denken über den Schüler schämen müssen. Statt dessen machte sich der Schüler die schlechte und falsche Meinung des Lehrers über sich zu seiner eigenen.

Zurück zu Ihnen. Wer oder was hat Sie dazu veranlaßt,

sich vielleicht schüchtern zu fühlen? Welche Entscheidungen haben Sie aus einer solchen Situation für sich gezogen? Welche Fehldeutungen oder Verzerrungen der Situation waren im Spiel? Wie signalisieren Sie anderen Ihre Schüchternheit? Schüchternheit trennt Sie nicht nur von Mitmenschen ab, sie hindert Sie auch, Ihre Ziele konsequent anzustreben. Überwinden Sie daher Schüchternheit. Stellen Sie sich Situationen, die Ihnen unbehaglich sind. Jeder muß sich dabei auch etwas überwinden. Um es mit einem Gleichnis auszudrücken: »Niemand kann schwimmen lernen, ohne sich naß zu machen.« Überwinden Sie Ihre Schüchternheit. Mit den in Kapitel 6 angegebenen Techniken schaffen Sie es.

2. Haben Sie Selbstzweifel?

Plagen Sie folgende Gedanken?
– »Werden mich die anderen mögen?«
– »Was werden die Mitmenschen von mir denken?«
– »Was kann ich tun, damit mich die anderen mögen?«

Oder hängt Ihre Stimmung sogar davon ab, wie die anderen über Sie denken? Glauben Sie, Sie seien dumm und wertlos? Welcher Art auch Ihre Selbstzweifel sind, sie stellen eine große Barriere im Umgang mit den Mitmenschen dar.

3. Sind Sie aggressiv?

Vor dem Fahrkartenschalter des Wiener Hauptbahnhofs steht ein Mann. Er überlegt:»Fahr ich nach Salzburg, oder fahr ich nach Warschau ...?«

Der Fahrkartenverkäufer wird ungeduldig und sagt barsch:»Na, wird's nun endlich?«

Da entgegnet der Reisende:»Nun werden Sie mal nicht frech. Es gibt schließlich in Wien noch andere Bahnhöfe.«

Spätestens wenn sich der Mann zu dem nächsten Bahnhof aufgemacht hätte, wäre ihm die Einsicht gekommen, wie er sich durch sein Verhalten nur selbst geschadet hat. Wer aggressiv wird, stört den Kontakt zum anderen. Daher ist es notwendig, aggressive Energien in konstruktive Bahnen zu lenken.

4. Sind Sie ein Abwiegler?

Der Abwiegler ist das ganze Gegenteil des Aggressiven. Churchill definierte:»Ein Abwiegler ist ein Mensch, der ein Krokodil füttert und hofft, daß es ihn als letzten frißt.« Der Abwiegler verhält sich scheu und schüchtern, tritt nicht für seine Rechte ein und kann sich nicht behaupten. Er tut immer das, was die anderen Menschen wollen. Während der Aggressive sich immer auf Kosten der Mitmenschen durchsetzen will, läßt sich der Abwiegler alles gefallen. Der Abwiegler ist nicht selbstbewußt und hat eine geringe Selbstachtung. Er gerät mit seiner Umwelt immer in Schwierigkeiten, da sie seine Schwäche ausnutzt. Er muß die Techniken positiver Selbstbehauptung lernen, die ich in meinem Buch »Jeder kann es schaffen« beschrieben habe.

5. Sind Sie ein Miesepeter?

Gewiß wissen Sie, was ein Miesepeter ist. Er ist ständig schlechter Laune, nörgelt herum und hat an allem etwas auszusetzen. Niemand kann es ihm recht machen. Mit seinem verkniffenen Gesicht signalisiert er den Mitmenschen seine ganze Verachtung. So wie seine innere Verfassung ist, so gibt sich der notorische Miesepeter nach außen. Der Miesepeter mag sich selbst nicht, und die Mitmenschen mögen ihn auch nicht.

6. Wie wirken Sie durch Ihr Äußeres?

Ein gutes Aussehen wirkt nicht nur vorteilhaft. Es beeinflußt im allgemeinen auch Ihr eigenes Wohlbefinden. Natürlich kann nicht jeder dem zur Zeit herrschenden Schönheitsideal entsprechen.

Eine vorteilhafte Frisur, ein geschicktes Make-up vermögen die Stärken Ihrer Erscheinung zu betonen und Unvorteilhaftes abzuschwächen. Bitten Sie daher den Friseur oder Ihre Kosmetikerin um einen Rat. Natürlich macht vorteilhaftes Aussehen nur einen Teil Ihrer Wirkung aus. Positive Stimmungen und Gefühle müssen in jedem Fall hinzukommen. Darauf wird noch in Kapitel 6 hingewiesen.

Auch die Art, wie Sie sich kleiden, verrät nach außen viel von Ihnen. Stil und Farben Ihrer Kleidung senden Botschaften. Sind Sie sich schon einmal bewußt geworden, wie Sie andere Menschen nach Ihrem Aussehen und dem Stil Ihrer Kleidung einschätzen? Lagen Sie mit Ihren Vermutungen oft richtig? Jeder Mensch reagiert auf bestimmte Kleidungsstile und deren Farben mit Assoziationen. Jeder

Kleidungsstil und jede Farbe senden Botschaften. Nicht selten erweisen sich solche Vermutungen später aber als Fehlurteile.

Achten Sie auf Ihr Äußeres. Lassen Sie Ihren Geschmack nicht von der herrschenden Mode diktieren. Wählen Sie eine Aufmachung und Kleidung, die Ihre positiven Eigenschaften verstärken. Lassen Sie sich dabei von der Überzeugung leiten, daß Sie einzigartig sind.

7. Rollenspiel und Aszendent

Selten zeigt sich der Mensch seinem Partner, seinen Bekannten und seiner Umwelt so, wie er im Kern ist. Die moderne Psychologie hat herausgefunden, daß jeder Mensch seiner Umwelt gegenüber eine oder sogar mehrere Rollen spielt. Jeder betreibt das Rollenspiel, um seinen Kern zu verbergen. Auch Sie. Mit Ihrem Rollenspiel wollen Sie einen ganz bestimmten Eindruck bei der Umwelt erwecken. Mit diesem Rollenspiel schützen Sie sich, weil Sie Angst haben, Ihrer Umwelt Ihren Kern zu präsentieren. Was allgemein als Persönlichkeit bezeichnet wird, ist die Rolle, mit der Sie Ihren Lebenskern verbergen. Daher ist die Persönlichkeit veränderbar, aber der Kern nicht. So betont auch die Astrologie, daß Sie Ihren Lebenskern nicht mit der Persönlichkeit verwechseln dürfen. Mit Ihrem Rollenspiel – also Ihrer Persönlichkeit – präsentieren Sie sich Ihrer Umwelt und werden auch danach von ihr eingeschätzt. Nach der Astrologie entscheidet Ihr Aszendent, welche Rolle Sie wählen. Steht ein Planet mit einem Orbis von höchstens 5 Grad am Aszendenten, dann bestimmt dieser das Rollenspiel. Der Stand der Sonne in Ihrem Geburtshoroskop dagegen sagt etwas über Ihren Lebenskern aus. Es ist nicht einfach, den Lebenskern hinter der Rolle aufzuspüren, da sich die Menschen mit ihren Rollen identifizieren. Wer sich aber nur in seiner Rolle bewegt, verliert den Kontakt zu seinem Kern. Er wird seelisch krank.

Nach einem Vortrag über Psychologie und Astrologie saß ich am Abend mit einigen Zuhörern und Zuhörerinnen beim Abendessen. Man stellte Betrachtungen über meinen Aszendenten an. Drei von vier Damen diagnostizierten meinen Aszendenten richtig, nur aufgrund dessen, wie ich meinen Vortrag gehalten hatte.

Doch zurück dazu, wie Sie auf andere und andere auf Sie wirken. Was fasziniert uns nun am Mitmenschen? Womit wirken wir selbst auf Mitmenschen? Ist es das Rollenspiel? Ist es der Kern? Fragen, mit denen wir uns noch später beschäftigen werden.

8. Zwölf verschiedene Rollenspiele

Nehmen wir einmal an, Sie seien am 11. Januar geboren. Dann steht die Sonne im Zeichen des Steinbocks. Ihre Geburtsstunde entscheidet darüber, in welchem Zeichen Ihr Aszendent steht. Sonnenzeichen und Aszendent sind nur in wenigen Fällen gleich.

Ihr Aszendent macht Aussagen darüber, wie Sie sich der Umwelt gegenüber zeigen. Die Astrologie kennt zwölf verschiedene Aszendenten. Es sind zwölf verschiedene Rollenspiele, die in diesem Abschnitt kurz beschrieben werden.

1. Die Widder-Aszendenten-Persönlichkeit

Bei diesem Rollenspiel wird die Persönlichkeit von Geltungsdrang und der Suche nach Anerkennung getrieben. Sie durchdenkt ihre Entschlüsse nicht gründlich und kann nicht abwarten. Sie kennt keine Rücksicht, erwartet sie aber von anderen. Sie will immer die erste sein und gönnt sich keine Ruhe. Mit viel Energie und Elan versucht sie voranzustürmen. Geht es nicht nach ihrem Willen, so kann eine solche Persönlichkeit sehr grob werden. Sie will die Umwelt verändern und schafft es auch meist. Sie kritisiert gern die Mitmenschen, reagiert auf die Kritik von anderen aber sehr empfindlich.

2. Die Stier-Aszendenten-Persönlichkeit

Eine solche Persönlichkeit wirkt ruhig, sicher und vertrauensvoll. Sie pflegt mit ihren Mitmenschen positive Kontakte, um sich vor Ärger mit anderen zu schützen. Eine solche Persönlichkeit läßt sich nicht beeinflussen, sie akzeptiert die Meinung ihrer Mitmenschen. Die Persönlichkeit läßt sich nicht auf riskante Unternehmungen ein. Sie ist empfindsam und liebt positive Beziehungen zu Verwandten und Nachbarn.

3. Die Zwilling-Aszendenten-Persönlichkeit

Sie ist sehr wortgewandt und kontaktfreudig und kann sich geschickt darstellen. Sie vermag Spannung und Atmosphäre aufzubauen. Sie ist ein begabter Redner und fesselnder Geschichtenerzähler. Nur zu leicht glaubt sie, einen richtigen Freund gefunden zu haben. Zu oft erkennt sie, sich geirrt zu haben, weil die Bindung doch oberflächlich ist. Sie zeichnet sich durch eine große Anpassungsfähigkeit aus. Sie hat eine sehr schnelle Auffassungsgabe, doch ihre Pünktlichkeit läßt zu wünschen übrig. Ihre Begeisterungsfähigkeit bringt sie manchmal dazu zu übertreiben. Sie ist ein gern gesehener Gesellschafter. Sie will die Mitmenschen nicht verändern, baut viel Stimmung auf. Oft ist sie in gefühlsmäßiger Beziehung zur Umwelt nicht tief.

4. Die Krebs-Aszendenten-Persönlichkeit

Sie zeigt sich gegenüber der Umwelt sehr vorsichtig und unsicher. Oft neigt sie zur Schüchternheit. Sie ist innerlich offen, aber auch leicht zu verletzen. Sie ist von Stimmungsschwankungen abhängig. So gibt es häufig Reibereien mit der Umwelt. Eine solche Persönlichkeit stellt sich nicht der Auseinandersetzung und weicht aus. Da sie ihr Handeln oft nicht erklärt, erweckt sie bei Mitmenschen leicht Ablehnung. Dabei trifft sie ihre Entscheidungen mit einer tiefen Intuition, die aber nicht logisch begründet werden kann. Sie ist sehr einfühlsam, doch die Umwelt erkennt das nicht an. Sie sieht ihre Probleme oft viel zu kompliziert und sorgt sich unnötig.

5. Die Löwe-Aszendenten-Persönlichkeit

Sie will, daß die anderen ihren Ideen und Vorstellungen zustimmen. So fühlt sich die Umwelt manchmal von ihr kommandiert. Oft ist sie ein Könner der Überredungskunst. Sie vermag lebendig darzustellen und auf andere Begeisterung zu übertragen. Da sie ein großes Selbstvertrauen hat und von der eigenen Sache überzeugt ist, wirkt sie auf andere auch überzeugend. Sie ist gebieterisch und erwartet Loyalität und Respekt. Sie hilft anderen Menschen. Für Schmeicheleien ist sie sehr empfänglich. Sie hat eine große Lebensfreude und will repräsentieren. Wer mit ihr Freundschaft geschlossen hat, kann sich auf sie verlassen. Sie strahlt große Kraft auf die Umwelt aus.

6. Die Jungfrau-Aszendenten-Persönlichkeit

Sie kann sehr gut beobachten und Mitmenschen durchschauen. Sie neigt dazu, der Umwelt mit Vernunft zu begegnen. Sie läßt sich nicht übervorteilen und besteht auf ihrem Recht. Sie ist nicht neidisch und gönnt jedem Menschen das, was er sich durch eigene Anstrengungen erworben hat. Sie hat eine schnelle Auffassungsgabe und nimmt berechtigte Kritik an. Sie vermag verworrene Situationen scharfsinnig zu beurteilen.

7. Die Waage-Aszendenten-Persönlichkeit

Sie liebt Ausgeglichenheit und Harmonie. Sie will der Umwelt gefallen und beeindruckt durch ihr elegantes Auftreten. Sie wartet lieber ab, daß etwas passiert, als daß sie selbst aktiv wird. Sie zeigt der Umwelt gegenüber Taktgefühl, Respekt und Höflichkeit. Sie beweist ihren guten Geschmack bei Kleidung, Möbeln und Schmuck. Sie ist ein gern gesehener Gast bei Gesellschaften. Wird sie jedoch einmal angegriffen, dann verliert sie schnell das Gleichgewicht, und manch Oberflächliches bricht zusammen.

8. Die Skorpion-Aszendenten-Persönlichkeit

Sie verhält sich gegenüber der Umwelt sehr leidenschaftlich. Das kann im positiven wie auch im negativen Sinne erfolgen. Sie ordnet sich nicht gern ein und widmet sich leidenschaftlich ihren Arbeiten. Sie kann sehr giftige Bemerkungen machen. Als Freund ist sie treu und zuverlässig. Da sie sich nicht beherrschen kann, wirkt ihre Leidenschaftlichkeit auf ihre Umwelt unangenehm. Andererseits vermag sie aber auch ihre Mitmenschen mitzureißen. Sie vermag andere Menschen gnadenlos zu durchschauen.

9. Die Schütze-Aszendenten-Persönlichkeit

Sie hat ein starkes Empfinden für Ehre und faires Spiel und versucht, danach ihr Leben zu gestalten. Die Persönlichkeit setzt sich für Gerechtigkeit ein und wird deshalb auch respektiert. Sie ist offen, freizügig und großmütig. Trotz der sozialen Einstellung kommt sie manchmal in Gefahr, andere auszunutzen. Sie hat ideelle Ziele, steht aber mit beiden Füßen auf dem Boden der Realität. Sie kann kluge Unterhaltungen führen, ohne viel über ein Thema zu wissen. Sie lehnt Lügen ab, bedient sich aber gelegentlich selbst Verschleierungen von Sachverhalten und vertuscht.

10. Die Steinbock-Aszendenten-Persönlichkeit

Die Persönlichkeit ist ernst und besonnen. Sie hält zur Umwelt Distanz. Sie arbeitet mit viel Zielbewußtsein und Konzentration und behauptet sich gegenüber der Umwelt beharrlich. Sie setzt sich nicht gern in Szene und bleibt lieber im Hintergrund. Worte und Versprechungen zählen für sie nicht. Sie beurteilt die Mitmenschen nach ihren Taten. Bevor sie zu einem Mitmenschen Vertrauen zeigt, muß sich dieser erst als vertrauenswürdig erwiesen haben. Sie hat ein feines Gespür für Stimmungen, die sich nicht in Worten ausdrücken. Sie ist bescheiden.

11. Die Wassermann-Aszendenten-Persönlichkeit

Sie vermag der Umwelt durch Reformen zu nutzen, sie kann aber auch anderen nur etwas vormachen. Sie zeigt sich kooperativ, liebt aber doch sehr die eigene Freiheit. Der Optimismus, den sie verbreitet, beruht oft nur auf Illusionen. Sie versucht, die Umwelt immer zum Besseren zu verändern. Sie selbst richtet sich aber nicht nach den Ratschlägen, die sie anderen gibt. Die Umwelt stört an ihr die große Sprunghaftigkeit. Heute steht sie mit einem Menschen noch in vertraulichem Gespräch, am nächsten Tag scheint sie ihn nicht mehr zu kennen. Sie will sich immer möglichst viele Türen und Verbindungen offenhalten.

12. Die Fische-Aszendenten-Persönlichkeit

Sie ist zu den liebevollsten und mitfühlendsten Menschen des Tierkreises zu rechnen. Die Welt erscheint ihr zu hart. Die Persönlichkeit ist oft sehr bescheiden und ängstlich. Sie ist sehr empfindsam und leicht zu verletzen. Sie ist nicht nur gefühlsbetont und phantasievoll, sondern leicht zu beeindrucken. Um mit der Umwelt besser auszukommen, versucht sie häufig, Mitleid zu erregen. Sie ist ein sehr intuitiver Mensch und nimmt aus der Umwelt häufig übersinnliche Erfahrungen auf.

Das wahre Ich – der Kern oder das Sonnen-Ich – kann durch die Aszendenten-Persönlichkeit sehr gut ergänzt werden. So kann der Aszendent Löwe dem, der die Sonne im Zeichen Steinbock hat, Temperament und Begeisterungsfähigkeit geben. Und wer die Sonne im Zeichen Zwilling hat, kann durch den Aszendenten Jungfrau im notwendigen Fleiß und in Ausdauer gefördert werden.

Kennen Sie Ihre Aszendenten-Persönlichkeit? Über Ihre Aszendenten-Persönlichkeit und Ihr wahres Ich gibt Ihnen Ihr Geburtshoroskop Auskunft. Wie Sie es erhalten, finden Sie am Ende des Buches angegeben. Das Geburtshoroskop hat schon vielen Menschen zu großer Selbsterkenntnis verholfen. Ihre Persönlichkeitsanalyse hilft Ihnen, Ihren individuellen Weg zur Entfaltung zu beschreiten.

9. Die neue Höflichkeit

Wahrscheinlich haben Sie sich auch einmal darüber amüsiert, welche Regeln es früher am kaiserlichen Hof zu beachten galt. Als die höfischen Zeiten zu Ende gingen, nahmen meist adlige »Benimm-Tanten« für sich das Recht in Anspruch zu bestimmen, wie sich ein Mensch richtig bzw. falsch benimmt. Jene verstaubten und antiquierten Benimmregeln sind aber schon längst überholt.

Ist deshalb gutes Benehmen heute entbehrlich geworden? Ist es einfach reine Glückssache? Nachlässiges und ungebührliches Benehmen wird von den meisten Menschen als rücksichtslos und als unangenehm empfunden. Höflichkeit muß sich an bestimmten Notwendigkeiten im menschlichen Zusammenleben orientieren. Es sind dies Rücksicht,

66

Toleranz und Hilfsbereitschaft. Mit Höflichkeit wollen Sie den Mitmenschen erfreuen. Ein freundlicher Gruß wird immer als angenehm empfunden. Mit Höflichkeit erweisen Sie den Mitmenschen eine Ehre. Wenn Sie zu anderen höflich sind, werden die Menschen im allgemeinen auch zu Ihnen höflich sein.

Wie können Sie zu anderen höflich sein? Es gibt viele Möglichkeiten.

Sie können
- den anderen vorgehen lassen
- ihm die Tür aufhalten
- ihm aus dem Mantel helfen
- ihm den Kaffee eingießen
- ihm Milch oder Zucker reichen
- die Worte bitte und danke benutzen
- ihm etwas aufheben, das er verlor
- ihm einen Platz anbieten usw.

Natürlich bleibt es Ihnen überlassen, sich so zu verhalten, wie Sie wollen. Denken Sie aber daran, daß Sie so von anderen nach Ihren Umgangsformen eingeschätzt werden. Wer auf andere wirken will, muß sich also entsprechend verhalten.

Es gibt nicht wenige Höflichkeitsmuffel, die von einer großen Selbstgefälligkeit sind. Aber auch sonst nette Leute können sich danebenbenehmen. Gründe dafür sind Mängel in der Bildung und sehr oft Gedankenlosigkeit. Solche Menschen können aber aus guten Büchern oder von anderen Menschen lernen. Vielleicht lernen Sie auch aus folgender Geschichte, die ich selbst erlebte:

Vor Jahren machte ich eine Reise zu den Seychellen.

Mittag- und Abendessen gab es häufig am Buffet. Wenn der Gong ertönte, stürzten sich alle Gäste auf die Leckerbissen. Jeder wollte der erste sein. Ein Schweizer Freund kommentierte das Verhalten mit drei deutlichen Worten: »Wie die Wölfe!« Wer eine Viertelstunde später erschien, konnte sich nur noch mit dem begnügen, was übriggeblieben war. Auch auf Bird-Island, einer Trauminsel etwa 400 km vor den Hauptinseln, herrschten solche Sitten. Was erlebte ich dort zu meiner Überraschung? Eine vor mir am Buffet stehende Dame – eine Japanerin – drehte sich zu mir um, fragte mich, was ich haben wolle, und legte mir die gewünschten Sachen auf meinen Teller. Sie war die Frau eines Vorstandsmitgliedes einer großen japanischen Uhrenfirma, die Niederlassungen in aller Welt hat. Bereits nach dem Mittagessen lernte ich ihren Mann kennen, mit dem sie unterwegs war. Ihre höfliche Seite war der Beginn einer Freundschaft zwischen meiner und ihrer Familie. Vor wenigen Monaten hat sie uns sogar in Gummersbach besucht.

Erkennen Sie die großen Folgen der Höflichkeit? Bemühen daher auch Sie sich darum, höflicher zu werden. Sie werden staunen, wie positiv sich Ihre Beziehungen zu Mitmenschen entwickeln.

10. Sie können sich ändern

Es gibt eine ganze Reihe schädlicher Eigenschaften und Schwächen, die sich jeder abgewöhnen kann. Die Einstellung: »Du mußt mich eben so nehmen, wie ich bin«, ist ebenso selbstherrlich wie falsch. Natürlich ist jeder ein wertvoller Mensch. Es gilt aber bei jedem, etwas zu verbessern. Selbstwertgefühl und Selbstkritik schließen sich nicht aus, sondern ergänzen sich. Wer sagt: »Ich bin eben so«, denkt überhaupt nicht daran, sich zu verändern. Dafür erwartet ein solcher Mensch vom anderen, daß er sich ihm anpaßt. Nur zu oft verbirgt sich hinter einer solchen Haltung auch ein Desinteresse am Mitmenschen überhaupt.

Was gilt es bei Ihnen zu verbessern? Was möchten Sie verändern? Welches Ideal streben Sie an? Lenken Sie Ihre Energien darauf, wie Sie sein wollen. Sehr wirksame Techniken dafür habe ich in meinem Buch »Lebe besser, lebe gern« dargelegt.

Zusammenfassung

1. Schüchternheit verhindert, daß Sie Ihre positiven Seiten zeigen. Hand in Hand mit Schüchternheit gehen Ängste, Depressionen, Vereinsamung und getrübtes Denken.

2. Falls Sie schüchtern sind, machen Sie sich bewußt, was Sie dazu veranlaßt hat. Erkennen Sie die falschen Vorstellungen über die Wirklichkeit, die dabei im Spiel waren.

3. Selbstzweifel stören Ihre Kommunikation mit Mitmenschen. Trennen Sie sich von Selbstzweifeln.

4. Verwechseln Sie Selbstbehauptung nicht mit Aggressivität und Unterwürfigkeit nicht mit Freundlichkeit.

5. Der Miesepeter vermag mit Mitmenschen nicht gut umzugehen.

6. Betonen Sie die Stärken Ihrer äußeren Erscheinung, und schwächen Sie Unvorteilhaftes ab.

7. Jeder Mensch bedient sich eines Rollenspiels. Die Umwelt beurteilt Sie nach Ihrem Rollenspiel, mit dem das wahre Ich, der Kern, maskiert wird.

8. Nur wer mit seinem wahren Wesen in Berührung kommt, ist seelisch gesund.

9. Ihr Aszendent hat Einfluß auf Ihr Rollenspiel. Geburtsdatum und Geburtszeit bestimmen Ihren Aszendenten. Beschreibt Ihr Aszendent Ihr Rollenspiel richtig? Bedenken Sie: Die Astrologie ist ein Suchsystem, das in den meisten Fällen zu richtigen Ergebnissen führt. Sie dürfen aber nie etwas übernehmen, was Ihrer eigenen Erfahrung widerspricht.

10. Bemühen Sie sich um Höflichkeit. So zeigen Sie dem Mitmenschen, daß Sie ihn achten. Mitmenschen schätzen Sie nach Ihren Umgangsformen ein.

11. Sie können sie ändern und verbessern. Nutzen Sie Ihre Chance.

Kapitel 3

Haben Sie die richtige Einstellung zu sich selbst?

1. Die Geschichte vom Frosch und der Milch

Kennen Sie die Geschichte vom Frosch und der Milch? Ein Frosch fiel in die Milch. Da er nicht glaubte, sich retten zu können, tat er nichts. So ertrank er. Ein anderer Frosch wiederum strampelte mit aller Kraft und wehrte sich gegen das Ertrinken. Durch sein Strampeln schlug er die Milch zu Butter. Deren feste Oberfläche ermöglichte es ihm, aus dem Gefäß zu springen und sich in Sicherheit zu bringen.

Was will die Fabel sagen? All Ihre Handlungen werden von einem inneren Plan beeinflußt. Sie handeln danach, obwohl Sie es meistens nicht wissen. Wenn Sie glauben, sich helfen zu können, so schaffen Sie es auch. Was Sie von sich selbst halten, bestimmt auch Ihre Beziehung zu anderen. Ihr Bild, das Sie von sich haben, lenkt Ihre Interessen, Gefühle und Aktivitäten. Viele Menschen haben ein schlechtes Bild von sich und unterschätzen ihre Möglichkeiten. Solche Menschen glauben nicht an ihre eigene Stärke. Wer an sich selbst glaubt, hat auch meistens Erfolg. Selbst dem Menschen mit Selbstvertrauen mißlingt gelegentlich etwas. Doch er sucht nicht die Fehler bei anderen, sondern bei sich selbst. Lagen seine Ziele jenseits seiner Möglichkeiten, so wartet er ab. Er widmet sich dem, womit er im Moment Erfolg hat.

Eine andere Geschichte veranschaulicht eine weitere Lebensrealität, die ebenso gilt. Manchmal fällt ein Mensch in einen reißenden Strom. Nicht wenige ertrinken, weil sie sich mit aller Kraft dagegen wehren. Es gibt aber Menschen, die verhalten sich geschickt. Sie lassen sich vom Fluß treiben, bis sie in die Nähe des Ufers kommen. Und wenn dort die Strömung schwächer ist, retten sie sich an Land. Die Moral von der Geschichte ist einfach: Sie dürfen

Ihre Energien nicht verwenden, gegen zur Zeit nicht wandelbare Lebensumstände anzukämpfen. Sie müssen Ihre Energien nutzen, das zu tun, was möglich ist. Am Ende wandelt sich dann doch alles zum Guten.

2. Haben Sie eine Abneigung gegen sich?

Wer sich für schlecht und unzulänglich hält, wird vom Leben und den Mitmenschen nur Negatives erwarten. Wenn Sie sich und die Mitmenschen anerkennen, können Sie selbstsicherer sein. Daher müssen Sie Ihre guten Seiten erkennen und vor allem auch sehen wollen. Selbsterkenntnis ist nötig, eigene Fehler einzusehen. Aber zuviel Selbstkritik ist negatives Denken und verringert die Selbstachtung. Daher ist es so notwendig, eine liebevolle Haltung gegenüber sich selbst anzunehmen. Wenn Sie sich nicht mögen, so werden auch die Mitmenschen Sie nicht mögen. Wenn Sie sich nicht selbst achten, werden auch die Mitmenschen Sie nicht achten. So einfach ist es. Daher sind Sie sich selbst zunächst das größte Problem. Der erste Schritt dazu, die eigene Abneigung gegen sich zu überwinden, ist, sie zu erkennen. Absolute Vollkommenheit ist für niemanden möglich. Sie können sich ihr nur nähern.

Wer immer nur in Moralbegriffen von Gut und Böse über sich denkt, wird bald das Opfer innerer Zerrissenheit. Selbstbejahung bedeutet, sich zu lieben, aber nicht zu stagnieren, sondern zu wachsen, um der zu werden, der Sie wirklich sind. Bejahen Sie also Ihr Sein. Das Glück liegt schon in Ihnen. Nutzen Sie aber auch die von mir dargelegten Techniken, sich mit Geduld und ohne Verkrampfung zu wandeln. So sind Sie auf dem Weg vom Sein zum *Werden*.

74

3. Tendieren Sie zur Selbsterniedrigung?

Selbsterniedrigung kann viele Formen annehmen. Es gibt nicht wenige Verhaltensweisen, mit denen Sie sich herabsetzen können. Hier einige Beispiele:

- In einem Saal mit mehreren Menschen ruft jemand: »Hallo, Sie Idiot«, und Sie drehen sich um, weil Sie sich gemeint fühlen.
- Sie erhalten Komplimente und weisen sie zurück. Vielleicht lobt jemand Ihr Kleid, und Sie sagen abwertend: »Das ist doch schon längst nicht mehr modern, und ich hatte es bereits weggelegt.«
- Sie beziehen sich auf die Meinung anderer, weil Sie Ihrer eigenen zu wenig Gewicht beimessen. Eine solche Äußerung ist zum Beispiel: »Mein Mann sagt auch . . .«
- Ihr Mann oder Ihre Frau schenkt Ihnen etwas. Sie denken: »Eigentlich habe ich das gar nicht verdient.«
- Sie spielen Ihre Leistung herunter. Jemand lobt vielleicht Ihre Erfolge. Sie erwidern: »Eigentlich habe ich nur Glück gehabt.«

Beenden wir hier die Beispiele. Es ließen sich noch viele anführen. Obwohl die Menschen erwachsen sind, beurteilen Sie sich noch heute so, wie es früher ihre Eltern und Lehrer mit ihnen taten. Dabei haben Sie die Möglichkeit, sich endlich von dem zu trennen, was Sie so oft störte. Also überlegen Sie: Haben Sie eine schlechte Meinung über sich? Warten Sie nur darauf, daß andere Ihren Wert herabsetzen? Sollte es so sein, dann trennen Sie sich von einem solchen Verhalten.

4. Mögen Sie sich?

Wer sich nicht mag, wird immer »Gründe« dafür finden. Daher gilt es, sich zunächst die Ursachen für ein solches Verhalten bewußt zu machen. Jeder kann lernen, sich mehr zu lieben. Das Training dafür beginnt mit der Achtsamkeit auf Ihre Gedanken. Wenn Ihnen zum Beispiel bewußt wird, daß Sie sagen: »In der Angelegenheit hatte ich nur Glück und deshalb Erfolg«, so sollten Sie sich Ihrer eigenen Herabsetzung bewußt werden. Wenn in Ihrem Kopf die Bewußtseinsglocke geklingelt hat, ergänzen Sie: »Glück hatte ich deshalb, weil ich tüchtig war.«

Wenn Sie aufmerksam Ihre Äußerungen verfolgen, wird es Ihnen mit der Zeit gelingen, Ihre herabsetzenden Äußerungen zu unterlassen. Wer sich selbst nicht mag, den mögen auch die anderen nicht. Denken Sie daran: Sie sind einmalig. Sie sind wertvoll. Niemand kann immer Erfolg haben. Einige Utopisten haben mit ihren Spinnereien schon viele Menschen derart manipuliert, daß sie sich schon selbst nicht mehr mögen, wenn sie einmal einen Mißerfolg haben. Eine große Hilfe, die Furcht vor dem Mißlingen zu verlieren, ist folgende Einstellung: Sie gehen in der Sache auf und versuchen nicht Ihren eigenen Wert anderen zu beweisen.

Wer sich ständig die Frage stellt: »Werde ich erfolgreich sein«, zieht seine Energie von der Tätigkeit ab und beschäftigt sich nur mit der eigenen Unzulänglichkeit. Eine solche Haltung ist völlig falsch. Die Tätigkeit selbst muß Sie befriedigen und das Wissen, etwas Gutes zu tun. Selbstsicher zu sein bedeutet, sich seiner selbst sicher zu sein, ohne nach dem Beifall der anderen zu schielen.

5. Die Suche nach Bestätigung

Ein alter Tiger sieht, wie ein junger erfolglos in seinen Schwanz zu beißen versucht. Er fragt:»Was tust du da?«

Der junge Tiger antwortet:»Ich habe gehört, das Glück des Tigers liegt in seinem Schwanz, deshalb will ich ihn packen.«

Darauf entgegnet der alte, weise Tiger:»Auch ich weiß, das Glück eines Tigers liegt in seinem Schwanz. Springe ich über einen Graben, einen Bach oder einen Fels, so folgt mir das Glück, wohin ich auch laufe. Daher habe ich es nicht nötig, meinen Schwanz festzuhalten.«

Ähnlich paradox verhält es sich im Umgang mit Mitmenschen. Je mehr Sie auf die Bestätigung durch andere aus sind, desto weniger erhalten Sie sie.

Die Suche nach Bestätigung ist ein frühkindliches Verhalten. Das Kind will von seinen Eltern geliebt werden. Also versucht es, ihnen alles recht zu machen. Ist der Mensch schließlich erwachsen, versucht er weiterhin, es allen recht zu machen, nur nicht sich selbst. Verhaltensweisen, die auf Bestätigung durch andere abzielen, sind zum Beispiel:

- Sie tun Dinge, um andere zu beeindrucken, entscheiden sich aber nicht für Ihre eigenen Wünsche.
- Sie fühlen sich gedemütigt, wenn jemand Ihre Ansichten nicht teilt.
- Sie entschuldigen sich häufig.
- Sie fühlen sich unwohl, wenn Ihnen die Mitmenschen keine Anerkennung geben.

6. Selbstachtung und die Mitmenschen

Natürlich sollen Sie Ihre Selbstachtung steigern. Das bedeutet aber nicht, den Mitmenschen für unbedeutend zu halten. Wer an seinen eigenen Vorteil überhaupt nicht denkt, hofft, durch Unterwerfung und Besänftigung ein gutes Verhältnis aufzubauen. Das ist aber nicht möglich. Da es an Respekt fehlt, ist ein Gleichgewicht nicht möglich. Der Widerstreit zwischen Interessen führt zum Konflikt (siehe Abbildung 5 a). Abbildung 5 b zeigt, daß eine gute Beziehung, Freundlichkeit und Friede möglich sind. Ein wichtiges Prinzip des Handelns, um zu dieser Übereinstimmung zu kommen, ist die Beachtung des Grundsatzes: »Jeder kehre vor seiner eigenen Tür.« Was bedeutet das? Sie müssen das tun, was Sie für richtig ansehen und auf die Interessen des anderen Rücksicht nehmen. Sie haben aber nicht das Recht, den anderen zu sagen, was sie zu tun haben. Erinnern Sie sich an Kapitel 1, Abschnitt 4. Es gibt kein Ich ohne ein Du! Wir können diese Feststellung ergänzen. Ihre Unabhängigkeit und die Bedingtheit von anderen schließen sich nicht aus, sondern sie ergänzen sich.

7. Sie sind für Ihre Gefühle verantwortlich

Bereits in meinem Buch »Lebe besser, lebe gern« habe ich darauf hingewiesen, wie Sie mit Ihren Gefühlen umgehen sollten. Leider meinen die meisten Menschen, sie seien ihren Gefühlen restlos ausgeliefert.

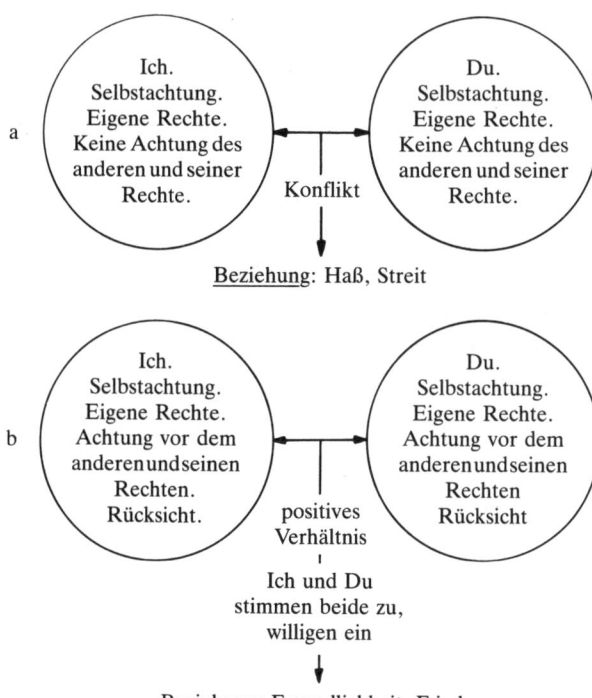

Abb. 5   Das Verhältnis zwischen Ich und Du
a) Konflikt: Selbstachtung, aber keine Achtung vor dem anderen
b) Positives Verhältnis: Selbstachtung und Achtung vor dem anderen

Folgende Äußerungen sind typisch:
- Ich fühle mich blamiert.
- Sie geht mir auf die Nerven.
- Ich bin gegenüber meinen Gefühlen (besser Zwangsgefühlen) machtlos.
- Du machst mich traurig.

Beenden wir hier die Aufzählung. Sie können durchaus Herr Ihrer Gefühle sein. Die Wahrheit ist:
- Sie haben sich selbst blamiert, weil Sie die Meinung anderer für wichtiger als Ihre eigene über sich halten.
- Sie gehen sich selbst auf die Nerven.
- Sie können Ihre Gefühle lenken, wenn Sie wollen.

Nicht die anderen, Sie selbst sind für Ihre Gefühle verantwortlich. In Kapitel 6 werden wir uns mit Techniken beschäftigen, wie Sie Ihr Emotionsniveau anheben und stabilisieren. So werden Sie erfolgreicher im Umgang mit Ihren Mitmenschen.

8. Eine Frau lernt, Positives an sich zu entdecken

Während eines Seminars äußerte eine sechzigjährige Dame: »Ich habe überhaupt keinen Grund, auf mich stolz zu sein.« Zunächst herrschte betretenes Schweigen im Raum. Nun hatte die Dame aber im Verlauf des Seminars bereits einige Dinge aus ihrem Leben erzählt. Verschiedene Seminarteilnehmer meldeten sich zu Wort und wiesen sie auf Leistungen hin, auf die sie stolz sein könne. Was entgegnete die Dame darauf? »Ich habe doch immer nur meine Pflicht getan.«

Im Laufe der Unterhaltung offenbarte sich die Ursache ihrer schwachen Selbsteinschätzung. Ihr Sohn und ihre Schwiegertochter hatten ein behindertes Kind. Obwohl die Dame auf den Sachverhalt nicht den geringsten Einfluß gehabt hatte, meinte sie, sie hätte im Leben versagt. Ich brauchte lange Zeit, um ihr klarzumachen, daß wir zwar viel, aber nicht alles in unserer eigenen Hand haben. Als sie sich nach dem Seminar von mir verabschiedete, standen ihr die Tränen in den Augen, und sie sagte: »Mir ist ein Stein vom Herzen gefallen. Ich habe ein ganz neues und positives Lebensgefühl erlebt.«

9. Hören Sie auf zu klagen

Können Sie sich eigentlich selbst mögen und bejahen, wenn Sie klagen? Wer sich bejaht, wird nicht klagen. Und ist es nicht Energievergeudung, wenn Sie sich über etwas beklagen, das Sie nicht mehr ändern können? Wer sich gesund erhält, wird auch nicht über das Wetter jammern. Klagen Sie also nicht. Nutzen Sie die Energie besser dafür, sich zu mögen und sich etwas Gutes zu tun. Klagen Ihnen die Mitmenschen die Ohren voll, dann fragen Sie: »Kann ich Ihnen Ihr Schicksal erleichtern?« Und wenn Ihre Mitmenschen dennoch weiterjammern, unterbrechen Sie sie, und zeigen Sie ihnen Möglichkeiten, wie sie glücklicher werden.

10. Können Sie über sich lachen?

Im Leben jedes Menschen gibt es viele humorvolle Situationen. Wer die Fähigkeit entwickelt, über sich lachen zu können, zeigt nicht nur seinen Humor. Er beweist auch seine Fähigkeit, sich und andere nicht so tierisch ernst zu nehmen. Lachen Sie also über sich selbst, Ihre Torheiten und Ihre Schwächen. Wer von seinen Mitmenschen angelacht wird und sich herabgesetzt fühlt, zeigt Schwäche.

11. Sie sind einmalig

Es gibt mehrere Milliarden Menschen. Kein anderer ist so wie Sie. Sie sind einmalig. Jeder spielt zwar eine oder auch mehrere Rollen. Auf dieses Rollenspiel wurde schon hingewiesen. Wer sich nur in dieser Rolle wohl fühlt, verliert den Zugang zu seinem wahren Ich, seinem Lebenskern. Dort liegt Ihre Einmaligkeit. Diese gilt es zu entdecken. Viele wollen ihn vor ihren Mitmenschen verbergen. Sehr oft ergeben sich Schwierigkeiten in zwischenmenschlichen Beziehungen, wenn ein Mensch zunächst vom Rollenspiel des anderen fasziniert war und dann dessen wahren Lebenskern erkennt.

Zusammenfassung

1. Was Sie von sich selbst halten, bestimmt Ihre Beziehung zum Leben und zu Ihren Mitmenschen.

2. Selbsterkenntnis und Selbstkritik bedeuten nicht, sich selbst zu verachten.

3. Lieben Sie sich, Sie sind wertvoll. Entwickeln Sie sich weiter. Beschreiten Sie den Weg vom Sein zum Werden.

4. Hüten Sie sich vor Selbsterniedrigung.

5. Ertappen Sie sich bei abwertenden Gedanken über sich, so bauen Sie wertvolle Gedanken über sich auf.

6. Wer nur auf Bestätigung durch andere aus ist, ist nicht selbstsicher. Geltungsstreben löst Angst aus.

7. Selbstachtung und Achtung des Mitmenschen sind miteinander eng verbunden.

8. Sie sind für Ihre Gefühle verantwortlich.

9. Wer klagt, fühlt sich schlecht und vergiftet zwischenmenschliche Beziehungen.

10. Lernen Sie, über diese oder jene Ihrer Verhaltensweisen zu lachen.

11. Sie sind einmalig. Entdecken Sie Ihren wahren Kern.

Kapitel 4

Schaffen Sie bessere Kontakte

1. Die richtige Einstellung zum Mitmenschen

Ein Mann sagte einmal zu seinem Freund: »Drei Dinge mag ich nicht. Meinen Schwiegervater, eine Pudelmütze und Nudeln. Nun kannst du dir vorstellen, wie ich mich fühle, wenn mir mein Schwiegervater mit einer Pudelmütze gegenübersitzt und Nudeln ißt.«

Wahrscheinlich schmunzeln Sie über diese Anekdote. Aber überlegen Sie: Lassen Sie sich nicht auch manchmal von Mitmenschen, deren Eigenarten und Fehlern hochbringen? Die Kontakte zu Mitmenschen sind für viele ein großes Problemfeld, das nur zu oft Spannungen und Konflikte erzeugt. Woran liegt es? Nur wenige sind in der Lage, den Mitmenschen so zu nehmen, wie er ist. Echte Gelassenheit zeigt sich vor allem in der Gelassenheit den Mitmenschen gegenüber. Obendrein ist es auch ein Zeichen großer Reife und innerer Sicherheit, den anderen so zu ertragen, wie er ist, ohne ängstlich oder aggressiv zu werden.

Natürlich werden Sie immer irgendeinen Grund finden, um den anderen abzulehnen. Sie gewinnen aber dann eine auch für Sie bessere Einstellung zum Mitmenschen, wenn Sie an folgendes denken:

1. Kein Mensch ist vollkommen. Jeder hat Fehler und auch gute Seiten.
2. Jeder hat das Recht, anders zu sein.
3. Versuchen Sie nicht, jeden Menschen zu verbessern.

Ist Ihnen schon einmal folgender Tatbestand bewußt geworden: Wenn Sie schlechter Laune sind und Ihr Denken außer Kontrolle gerät und Ihre Gedanken wie die Wäschestücke in einem Wäschetrockner umherpurzeln, so finden

Sie an jedem Menschen nur Negatives. Wenn Sie sich aber Mühe geben, so können Sie am anderen aber auch Positives entdecken. Natürlich ist es wichtig, den Mitmenschen so zu sehen, wie er ist. Wenn Sie zum Beispiel einem neidischen Zeitgenossen über Ihre Erfolge erzählen, dann erreichen Sie nicht ein harmonisches, sondern ein disharmonisches Verhältnis. Daher ist es schon notwendig, sich auf jeden Menschen richtig einzustellen, um Disharmonien zu vermeiden. Entscheidend ist immer die Einstellungsebene bzw. die Bewußtseinsebene, von der Sie auf den anderen schauen. Abbildung 6 bringt dies zum Ausdruck. Die höhere Bewußtseinsebene verändert nicht die Sicht, sondern die Einstellung zur Wirklichkeit. Nur die höhere Bewußtseinsebene ermöglicht Ihnen auf Dauer den geschickten Umgang mit Ihren Mitmenschen.

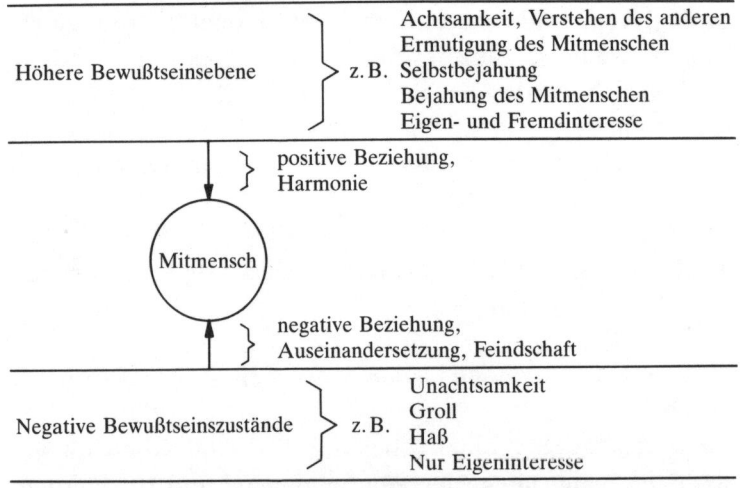

Abb. 6 Die höhere Bewußtseinsebene ermöglicht Ihnen positive Beziehungen zum Mitmenschen

88

Möchten Sie wissen, wie Sie die seelischen Voraussetzungen dafür schaffen? In Kapitel 6 finden Sie dazu bewährte Techniken.

2. Werden Sie aktiv

Wenn Sie bessere Kontakte schaffen wollen, müssen Sie selbst die Initiative ergreifen. Wer abwartend denkt: »Soll doch der andere den ersten Schritt tun, soll sie doch bei mir anrufen, mag er doch das Gespräch beginnen«, hat nicht die richtige Einstellung den Mitmenschen gegenüber. Aus dieser Grundhaltung spricht nicht innere Stärke, sondern Schwäche. Gehen Sie also auf Ihre Mitmenschen zu. Ergreifen Sie die Initiative. Sprechen Sie Ihre Mitmenschen an. Denken Sie daran: Die meisten Menschen freut es, wenn Sie auf sie zugehen. Tatsache ist: Der Starke und Selbstbewußte geht auf andere zu. Nur der Schüchterne traut sich nicht. Werden Sie daher aktiv. Lassen Sie Ihre innere Sonne leuchten. Gehen Sie auf Ihre Mitmenschen zu. Machen Sie es nicht wie folgender Mann: Er will auf einen Mitmenschen zugehen. Doch da kommen ihm Zweifel. Was ist, wenn ihn der andere ablehnt? Er meint: »Vielleicht hat der andere was gegen mich? Diese Unsicherheit läßt sich ja gar nicht ertragen. Der soll sich doch bloß nicht einbilden, ich sei auf ihn angewiesen. Überhaupt gibt es ja so viele schlechte Menschen.« Also entscheidet sich der Mann, dem anderen ganz deutlich zu sagen, wie wenig er von den Menschen und auch von ihm hält. So hat er wenigstens die Sicherheit, das zu bekommen, was er unbewußt erwartet: Disharmonie und Feindschaft. Schließlich ist Sicherheit mehr wert als Unsicherheit.

Vielleicht konnte er anfangs sogar Zeichen der Freundlichkeit beim anderen entdecken. Er ist aber stolz darauf, daß er sich nicht hat einwickeln lassen. Der Mann meint, er habe die Situation gemeistert.

Entdecken Sie, wo der Fehler liegt? Der Mann hatte die Situation selbst geschaffen. Er ist zum Opfer seines eigenen Verhaltens geworden.

Denken ist zwar notwendig, um Handlungen vorzubereiten. In diesem Beispiel sind die Gedanken aber an die Stelle der Handlungen getreten. Sie verfallen in einen Selbstbetrug, wenn Sie sich Ihrer Gedanken nur bedienen, um Initiative zu vermeiden. Unentschlossenheit ist der Feind jeder Initiative. Ergreifen Sie also die Initiative, ohne mit den beschriebenen Denkweisen Bumerangeffekte zu schaffen. Gehen Sie auf den anderen zu. Und kämpfen Sie nicht gegen eingebildete Schwierigkeiten. Und werden Sie nicht zum Opfer Ihrer falschen Prophezeiungen.

3. Werden Sie sich der Bedeutung der ersten fünf Minuten bewußt

Als ich noch in Berlin lebte und dort studierte, klagte mir einmal ein Doktorand sein Mißgeschick: »Als ich die Dame im Lokal erblickte, war ich fasziniert von ihr. Ich hatte die Frau meiner Träume getroffen. Als sie mir im Gespräch ihren Namen, nämlich Zwiebel, nannte, mußte ich so lachen, daß der Kontakt sofort beendet war.«

In den meisten zwischenmenschlichen Kontakten entscheiden die ersten fünf Minuten über den weiteren Verlauf der Begegnung. Ihr Unterbewußtsein und das der Mitmenschen wertet alle Eindrücke aus und fällt eine Entscheidung über den anderen. Wenn Sie im Umgang mit Mitmenschen geschickter sein wollen, gilt es, diese Tatsachen zu beachten.

4. Nehmen Sie den anderen wichtig

Jeder Mensch wünscht zutiefst, wichtig zu sein. Die Werbung macht sich seit langem das Bedürfnis der Menschen nach Anerkennung und Ansehen zunutze. Geben Sie Ihren Mitmenschen das Gefühl, daß sie wichtig sind? Oder lassen Sie anderen gegenüber folgende Einstellung erkennen: Du bist ein Niemand, Du bist ein Nichts? Was ist die Folge: Die anderen mögen Sie natürlich nicht leiden.

Bemühen Sie sich einmal um die andere Verhaltensweise: Geben Sie Ihren Mitmenschen das Gefühl, daß Sie sie wichtig nehmen. Sie werden Sie mögen und auch gern etwas für Sie tun. Probieren Sie es aus. Sie werden über das Echo eines solchen Verhaltens staunen. Ihre Frau wird Sie inniger lieben, Ihre Kinder achten Sie mehr, der Chef fördert Sie, und ganz allgemein wird Ihr Umgang mit anderen harmonischer. Verfallen Sie nicht in den Fehler, nur den Menschen ein Gefühl von Wichtigkeit zu vermitteln, von denen Sie sich Vorteile erhoffen.

5. Ermutigen Sie Ihre Mitmenschen

Ihre Fähigkeit, Mitmenschen ermutigen zu können, ist im Umgang mit Mitmenschen besonders gefordert. Sind Sie schon einmal ermutigt worden? Dann wissen Sie, welche starke Wirkung eine Ermutigung hat. Mit Ermutigungen

91

können Sie aber auch selbst einen großen Einfluß auf andere ausüben. Es liegt ganz bei Ihnen. Sie können einen Mitmenschen ermutigen oder entmutigen. Ermutigen Sie ihn, so fühlt er sich besser. Entmutigen Sie ihn, so fühlt er sich schlechter. Die Fähigkeit, Mitmenschen zu ermutigen, ist die wichtigste Eigenschaft im Umgang mit Mitmenschen. Worauf beruht die große Kraft der Ermutigung? Sie flößt dem anderen mehr Selbstvertrauen ein. Die meisten Menschen haben nicht genug Selbstvertrauen, sie halten sich für nicht gut genug. Viele bewerten sich noch heute so, wie es ihre Eltern, Lehrer, Ausbilder usw. mit ihnen getan haben. Daher haben viele Menschen ein Gefühl der Unzulänglichkeit.

Wie können Sie den Mitmenschen ermutigen?
– Geben Sie ihm das Gefühl, daß Sie ihn schätzen. Bereits die Art, wie Sie ihn grüßen, bringt Ihre innere Einstellung zum anderen zum Ausdruck. Zeigen Sie freundliche Gefühle.
– Geben Sie ihm Anerkennung. Schenken Sie ihm aufrichtige Komplimente. Loben Sie ihn. Loben Sie die Arbeit des anderen, seine Ideen, die Art, wie er sich kleidet. Gratulieren Sie ihm zu Erfolgen. Schenken Sie anderen kleine Aufmerksamkeiten. Lassen Sie Ihre Mitarbeiter an Ihren Erfolgen teilhaben.
– Bemühen Sie sich, den Satz:»Mir gefällt an Ihnen (dir) ...« häufiger anzuwenden.
– Sagen Sie dem Mitmenschen etwas Freundliches.

Nutzen Sie die große positive Kraft, die von der Ermutigung ausgeht.

6. Offenheit und Heuchelei

Hat Sie Ihr Partner vielleicht einmal gefragt, wie zum Beispiel die Nachspeise schmeckt, die er nach einem ganz neuen Rezept zubereitet hat? Wenn Sie offen wären, müßten Sie vielleicht sagen: »Die Nachspeise schmeckt mir überhaupt nicht.« Sie wollen aber den anderen nicht kränken. Um das Problem zu lösen, sagen Sie vielleicht: »Die Nachspeise schmeckt ganz besonders.« Sie hoffen dabei, Ihr Partner würde die Antwort richtig deuten und Sie so verstehen. Die Chancen dafür sind aber gering.

Welchem Konflikt sind Sie zum Opfer gefallen? Auf der sachlichen Ebene müßten Sie dem Partner sagen: »Die Nachspeise schmeckt mir nicht.« Da Sie den Partner mögen, antworten Sie dem Partner auf der Beziehungsebene: »Die Nachspeise schmeckt mir.« Schließlich möchten Sie ihn nicht verletzen und so unangenehme Gefühle bei ihm auslösen. Ähnliche Situationen können sogar groteske Formen annehmen.

Vielleicht ist Ihnen folgende Geschichte bekannt: Ein Mann findet nach der Hochzeitsnacht zum Frühstück eine Portion Müsli vor. Die Frau hofft, dem Mann so eine große Freude zu bereiten. Er will sie nicht verletzen und nimmt sich vor, der Frau einige Tage später zu sagen, daß sie kein Müsli mehr kaufen solle, wenn die Packung leer ist. Doch die Gattin war sehr aufmerksam. Noch bevor die erste Packung aufgebraucht war, stellt sie eine neue Packung auf den Frühstückstisch. Inzwischen hat sich der Mann damit abgefunden, jeden Morgen Müsli essen zu müssen. Am Vorabend der silbernen Hochzeit nimmt sich der Mann endlich vor, sein restliches Leben nicht damit zu verbringen, weiterhin Müsli zu sich zu nehmen. Nun stellen Sie sich das Drama vor, das sich am Morgen des 25. Hochzeitstages abspielt, wenn der Mann endlich seinen Gefühlen der Morgenspeise gegenüber freien Lauf läßt.

Eine ältere Dame berichtete mir einmal: »Ich habe einen Wagen, mit dem ich mit meiner Freundin oft spazierenfahre. Die Rente meiner Freundin ist erheblich höher als meine, sie hat sich aber bisher nie an den Benzinkosten beteiligt. Ich bin sehr wütend, wage aber das Thema mit meiner Freundin nicht zu besprechen, da ich befürchte, unsere Freundschaft könnte darunter leiden.«

Eine Ehefrau entschloß sich, gesund zu leben, und würzte das Mittagessen immer mit reichlich Knoblauch. Das schmeckte dem Mann überhaupt nicht. Sie sagte: »Wenn du mich liebtest, dann würdest du auch Knoblauch essen.«

Eine häufige Einstellung vieler Menschen ist: »Wenn du mich magst, dann muß dir auch das Freude bereiten, was mir gefällt.«

Die gegenseitige Aufrechnung von Verpflichtungen kann soweit gehen, wie es folgender Witz zum Ausdruck bringt:

Sie: »Liebst du mich?«
Er: »Liebst du mich denn?«
Sie: »Ja, ich liebe dich.«
Er: »Wenn du mich liebst, dann liebe ich dich auch.«

7. Aufrichtigkeit und Ehrlichkeit

Es wurde schon darauf hingewiesen: Zwischen Ihnen und dem anderen besteht zwar eine polare Beziehung. Doch Sie unterscheiden sich von anderen. Leider wagen viele

Menschen nicht, sich zu ihren eigenen Gefühlen zu bekennen.

Stellen Sie sich bitte folgende Situation vor: Sie wollen einen Bekannten zum Wochenende besuchen. Sie fragen: »Kann ich dich am Wochenende besuchen?« Dem anderen ist es aber gar nicht recht. Er sagt Ihnen dennoch zu. Doch während Sie sich seiner Gastfreundschaft »erfreuen«, haben Sie die ganze Zeit das Gefühl, daß Ihr Bekannter Sie lieber los sein würde. Geheuchelte Gefühle sind nicht selten. In zwischenmenschlichen Beziehungen wird durch Unehrlichkeit viel Schaden angerichtet. Wer sich zu etwas nur verpflichtet fühlt, aber es nicht gern tut, erweckt beim Mitmenschen zunächst große Hoffnungen. Doch er wird dessen Erwartungen nie erfüllen können.

Zurück zum Beispiel des erwähnten Besuchs. Nehmen wir an, der Gastgeber antwortet: »Tut mir leid, ich bin an diesem Wochenende sehr müde und möchte lieber allein sein. Treffen wir uns doch ein anderes Mal.« Wäre nicht ein solches Verhalten für die Entwicklung der gegenseitigen Beziehungen förderlicher und erfrischender?

Ein mir bekannter leitender Richter geht sogar noch einen Schritt weiter. Er sagte mir einmal: »Ich habe mit sehr guten Freunden abgesprochen, daß wir uns gegenseitig keine Begründung mehr geben, wenn uns ein Besuch nicht recht ist.« Nein zu sagen hilft dem anderen, uns besser zu verstehen. Sie können nicht erwarten, daß Sie mit Ihren Mitmenschen in allen Fragen übereinstimmen.

Aufrichtigkeit und Ehrlichkeit bedeuten aber nicht, mit jedem streiten zu müssen. Wer immer recht haben will, steht unter einer großen Last. Wer dem anderen zugesteht: »Vielleicht hast du recht«, kann Wunder bewirken.

Die weisesten Menschen haben meist die häufigsten

Zweifel. Hüten Sie sich davor, unaufrichtig zu sein. Mit Unaufrichtigkeit und Heuchelei geben Sie immer den Menschen nach, die Sie auf Ihre Bedürfnisse hinbiegen wollen. Ehrlichkeit gegenüber anderen und Eigeninteresse gehören eng zusammen. Fühlen Sie sich nicht mehr ständig anderen gegenüber verpflichtet. Erst dann werden die Beziehungen zu Ihren Mitmenschen auch besser werden. Machen Sie es sich also zum Grundsatz: Zeigen Sie keine falschen Gefühle. Natürlich sollen Sie auch nicht die Holzhammermethode anwenden. Wir werden uns im nächsten Abschnitt daher mit dem Feingefühl beschäftigen.

Zeigen Sie in persönlichen Beziehungen keine falschen Gefühle. Vielleicht sind Sie etwas ängstlich, und Sie fragen:»Was wird aber aus meinen persönlichen Beziehungen werden, wenn ich keine falschen Gefühle zeige? Ist ein solches Verhalten nicht eben doch riskant?« Das Leben und damit auch zwischenmenschliche Kontakte stellen immer ein Risiko dar. Dieses Risiko müssen Sie tragen. Mit Aufrichtigkeit und Offenheit kommen Sie jedoch weiter und fühlen sich wohler als mit Unaufrichtigkeit und Heuchelei. Zur Aufrichtigkeit und Offenheit gehört Feingefühl. Doch nicht nur die Begleitumstände, auch die Wahl des Zeitpunktes ist sehr wichtig. Verzögern Sie den Zeitpunkt nicht unnötig, wenn Sie etwas Unangenehmes sagen müssen. Sonst kann es Ihnen wie in der Geschichte mit dem Mann und dem Müsli gehen. Nur eben daß die Situation etwas anders ist und es sich nicht um Müsli handelt.

Halten wir fest: Es hat keinen Sinn, sich auf Dauer zu verstellen. Eines der größten Komplimente, die Ihnen jemand machen könnte, wäre:»Bei Ihnen brauche ich mich nicht zu verstellen.« Dann schätzen Sie den Mitmenschen. Er weiß, daß Sie ihn in seiner Einzigartigkeit annehmen.

8. Haben Sie Einfühlungsvermögen?

Eine Dame hat ihre Freundin zum Kaffee in ihre Wohnung eingeladen. Die Torte schmeckt beiden. Nach einer Weile fragt die eine: »Willst du nicht noch ein Stück essen?« Darauf entgegnet die andere: »Du, ich habe schon zwei gegessen, obendrein beginne ich eine Abmagerungskur.« Darauf erwidert die andere: »Erstens hast du nicht erst zwei, sondern bereits sechs Tortenstücke gegessen. Und zweitens wirst du wohl kaum abnehmen.« Es ist wohl überflüssig, die Holzhammerwirkung dieses Satzes weiter zu erläutern. Die Dame hatte kein Einfühlungsvermögen. Einfühlungsvermögen ist die Fähigkeit, die Gefühle des andern nachzuempfinden. Das erfordert, gleichsam aus sich selbst herauszutreten und in die Haut des anderen zu schlüpfen. Dann empfinden Sie nach, was der andere denkt und fühlt. Und Sie brauchen dafür keine Worte.

Gewiß haben auch Sie schon einmal erfahren, was es bedeutet, von einem Menschen abgelehnt zu werden. Nach einer solchen Enttäuschung verstehen Sie die Bekümmertheit des anderen viel besser.

Früher habe ich mir die berechtigte Frage gestellt: Warum mußte ich dieses oder jenes Unangenehme erleben? Mir ist schon längst bewußt geworden, daß solche Erfahrungen es erst ermöglichen, daß wir mit anderen mitfühlen können. Und natürlich lehren jeden Menschen solche Erfahrungen Nachsichtigkeit und Toleranz.

George Orwell berichtet in seiner Autobiographie über seine Erlebnisse im Spanischen Bürgerkrieg. Er beschreibt darin, wie er sich anschickte, auf einen feindlichen Soldaten das Gewehr zu richten. Eben in diesem Moment läßt dieser die Hosen herunter, um einem dringenden Bedürfnis zu folgen. Orwell schreibt, es war ihm unmöglich, auf einen Menschen in einer solch hilflosen Lage zu schießen.

Zurück zu Ihnen. Wie entwickeln Sie Mitgefühl? Sie brauchen sich nur zu fragen: »Wie würde ich reagieren, wenn man mir dieses oder jenes zufügte?«

9. Verbreiten Sie positive Stimmungen

Erinnern Sie sich daran, wie Sie sich fühlten, als Sie es mit einem mürrischen Menschen zu tun hatten? Jeder möchte lebensfrohe und begeisterte Menschen um sich haben. Nur wer selbst in einer positiven Stimmung ist, vermag auch positive Stimmungen zu verbreiten. Sie fühlen sich so, wie Sie sich zu fühlen glauben. Sie vermögen Ihr Emotionsniveau anzuheben und auch positive Gefühle auf Ihre Mitmenschen auszustrahlen. In Kapitel 6 erfahren Sie Techniken, wie Sie das Ziel erreichen. Hier einige Verhaltensweisen, mit denen Sie positive Stimmungen auslösen:
– Beklagen Sie sich nicht über das Wetter.
– Erzählen Sie Ihren Mitmenschen erfreuliche Nachrichten. Es bringt Ihnen überhaupt nichts und schadet nur, wenn Sie unerfreuliche weitererzählen.
– Mit Ermutigung, Anerkennung, Optimismus und Hilfsbereitschaft lösen Sie bei Ihren Mitmenschen angenehme Gefühle aus.
– Schenken Sie Ihren Mitmenschen Vertrauen. Lassen Sie die anderen wissen, daß Sie an Ihren Erfolg glauben.
– Loben Sie Ihre Mitmenschen.

Geben Sie jemandem die Hand, dann lassen Sie Ihre Lebendigkeit in den Händedruck fließen. Dann spürt der an-

98

dere die Ehrlichkeit Ihrer Begrüßung: »Ich freue mich, Sie kennenzulernen.«

Überlegen Sie: Sprechen aus Ihrer Begrüßung »Guten Morgen« oder Ihrer Frage: »Wie geht es Ihnen?« aufrichtige Gefühle? Denken Sie daran, die positive Stimmung, die Sie verbreiten, wird in den meisten Fällen bei den Mitmenschen ein solches Echo auslösen, daß Sie sich noch wohler fühlen.

10. Sie müssen sich selbst bedeutend fühlen, wenn Sie anderen Mitmenschen das Gefühl geben wollen, bedeutend zu sein

Wenn Sie den Mitmenschen das Gefühl geben, sich bedeutend zu fühlen, so belohnen Sie sich damit selbst! Versuchen Sie es, und Sie bestätigen es. Sie werden sich danach noch bedeutender fühlen, ohne jedoch arrogant zu werden. Sie werden es aber nicht schaffen, wenn Sie selbst kein Selbstwertgefühl haben. Daher ist es so wichtig, daß Sie von echtem Selbstwertgefühl durchdrungen sind.

11. Dienen kommt vor Verdienen

Der Wunsch, mehr Geld zu verdienen, ist gewiß nicht zu verurteilen. Geld ermöglicht es Ihnen, fremde Länder zu bereisen. Damit können Sie Ihrer Familie oder Ihrem Partner und sich selbst Annehmlichkeiten des Lebens ermöglichen. Vor allem haben Sie mit Geld die Möglichkeit, anderen Menschen zu helfen.

Erschreckend ist jedoch, auf welche Art die meisten

Menschen versuchen, Geld zu verdienen, sie denken immer nur an Geld. Solche Menschen vermitteln zum Beispiel den Kunden das Gefühl, nur an deren Geld interessiert zu sein. Wen wundert es, daß sie nie zu mehr kommen. Worin liegt der Fehler? Die ganze Einstellung solcher Menschen ist falsch. Vor dem Geldverdienen muß das Dienen stehen. Stellen Sie sich darauf ein, dem Mitmenschen zunächst zu dienen, also zu helfen. Wer sich darauf einstellt, der Umwelt durch Leistung und Service zu dienen, wird darin auch eine Sinnmöglichkeit seines Lebens entdecken. Denken Sie also zunächst ans Dienen. Dann stellt sich mehr Geld gleichsam von selbst ein.

12. Seien Sie begeistert

Wissen Sie, was Begeisterung ist? Es ist das Gefühl, etwas als besonders schön oder großartig zu empfinden. Wofür begeistern Sie sich? Wenn Sie von etwas begeistert sind, dann spüren die Mitmenschen Ihre innere Lebendigkeit. Dann strahlen Sie Leben aus. Dann werden Ihre Worte aufrichtige Gefühle auslösen. Sie müssen selbst an das glauben, was Sie sagen. Mit Ihrer Aufrichtigkeit und Lebendigkeit fesseln Sie Ihre Mitmenschen. Versuchen Sie, einen Menschen zu finden, der Geschick im Umgang mit Menschen hat und nicht begeistert ist. Sie werden ihn nicht finden.

13. Entwickeln Sie Ausstrahlung

Vielleicht haben Sie schon manchmal Menschen bewundert, die persönliche Ausstrahlungskraft haben? Das ist keineswegs ein Privileg ganz weniger Menschen. Auch Sie können sie entwickeln. Ausstrahlungskraft wird Ihnen im Umgang mit Mitmenschen sehr helfen. Ausstrahlungskraft hat überhaupt nichts mit Ihrem Aussehen zu tun. Ausstrahlungskraft hat sogar eine größere Wirkung auf Mitmenschen als das Aussehen. Ausstrahlungskraft ist auch nicht ein Vorrecht der Jugend, ganz im Gegenteil. So manche nicht mehr ganz junge Dame wirkt durch ihre Ausstrahlungskraft viel mehr als so ein Fotomodell mit seinem eingefrorenen Lächeln auf dem Titelbild einer Illustrierten. An Ihrer äußeren Erscheinung können Sie nur wenig verändern, wohl aber an Ihrer Ausstrahlungskraft. Und eben darauf kommt es an. Ihre persönliche Ausstrahlungskraft wirkt von innen. Sie kommt vom Zentrum Ihrer Psyche. Mit den in Kapitel 6, Abschnitt 3, angegebenen Übungen lernen Sie, Ihr inneres Licht zum »Leuchten« zu bringen und nach außen auszustrahlen. Aber auch noch andere Faktoren entscheiden über Ihre Ausstrahlungskraft. Es sind dies die bereits erwähnte Begeisterung, positives Denken und vor allem positives Fühlen, Heiterkeit, Wohlwollen und besonders auch Ihr Selbstwertgefühl.

Ausstrahlungskraft ist eine Kraft, die Sie auf andere übertragen. Arbeiten Sie daher daran, Ihr inneres Licht zum Leben zu erwecken. Die Mitmenschen können sich seiner Wirkung nicht entziehen.

14. Wie lernen Sie zu lächeln?

Jeder weiß, wie unecht es wirkt, wenn jemand sich zu einem Lächeln zwingt. Lächeln ist aber nur dann echt, wenn es von innen heraus kommt. Deshalb gilt es, zunächst sein inneres Licht leuchten zu lassen und so die eigene Ausstrahlung zu verstärken. Versuchen Sie dazu, mit den Augen zu lächeln. Stellen Sie sich vor, Sie lächeln mit den Augen, und tun Sie es. Probieren Sie es aus. Denken Sie überhaupt nicht an den Mund, und machen Sie sich keine Gedanken über den Gesichtsausdruck. Wenn Sie das innere Lächeln spüren, verändert sich auch Ihr Gesichtsausdruck ganz automatisch. Er lockert sich. Die Mundwinkel heben sich leicht an. Ihr Gesicht beginnt zu strahlen. Ein Ausdruck heiterer Freundlichkeit stellt sich ein. Lassen Sie also das innere Licht leuchten. Lenken Sie die innere Heiterkeit in die Augen. Überlassen Sie dann den Rest dem natürlichen Ablauf. Dann wirkt das Lächeln, ungekünstelt, offen und ehrlich.

15. Wer sich selbst mag, den mögen auch die anderen

Die Einstellung vieler Menschen zu sich selbst hat Ronald D. Laing in seinem Buch »Der Knoten« dargestellt:

»Ich achte mich selbst nicht.
Ich kann niemanden achten, der mich achtet.
Ich kann nur jemanden achten, der mich nicht achtet.
Ich achte Jack,
weil er mich nicht achtet.
Ich verachte Tom,

weil er mich nicht verachtet.
Nur eine verächtliche Person
kann jemanden so verächtlichen wie mich achten.«

Nicht wenige Menschen schauen zu dem auf, der sie verächtlich behandelt. Für sie ist ein solcher Mensch sogar noch eine »überlegene Persönlichkeit«.

Hand aufs Herz: Mögen Sie jemanden, der sich selbst verachtet? Wer überhaupt kein Selbstwertgefühl hat, den verachten auch die Mitmenschen. Daher ist es so wichtig, Selbstwertgefühl aufzubauen. Alle Religionen stellen in ihrer ursprünglichen Form das Selbstwertgefühl des Menschen in den Vordergrund. Leider ist durch hierarchische Strukturen in allen Religionen nur zu oft das Gegenteil bewirkt worden. Religiöse Hierarchien bemühen sich im eigenen Interesse um Überlegenheit gegenüber den Gläubigen und unterminieren deren Selbstwertgefühl, um sie so besser in der Hand zu haben. Mögen Sie sich selbst. Mögen Sie die Mitmenschen. Dann entwickeln Sie auch Geschick im Umgang mit Mitmenschen.

16. Wie werden Sie beliebter?

Wenn Sie beliebt sind, so läuft Ihr Umgang mit Mitmenschen reibungslos ab. Alle Angelegenheiten in zwischenmenschlichen Beziehungen scheinen sich meist wie von selbst zu erledigen. Sind Sie aber unbeliebt, dann stellt sich für Sie eine Schwierigkeit nach der anderen ein. Mitmenschen legen Ihnen gleichsam einen Stein nach dem anderen in den Weg.

Sehr oft gibt es auch folgende Situation: Menschen kommen zusammen, um über eine Beförderung, eine Klubmitgliedschaft oder eine Auszeichnung zu entscheiden. Der Vorsitzende stellt die Frage: »Was halten Sie von Herrn Müller?« Ein Mitglied der Kommission sagt: »Fachlich ist er ganz gut, ich bin mir aber nicht sicher, ob er mit den Mitmenschen gut auskommt. Es ist sehr zweifelhaft, ob ihn die anderen respektieren werden.« Ähnlich fallen vielleicht bis auf zwei Ausnahmen auch die Antworten der anderen Anwesenden aus. Die Folge ist, daß der Bewerber abgelehnt wird.

Worum es sich auch immer handelt, die Beliebtheit eines Menschen spielt neben der fachlichen Qualifikation eine große Rolle. Nur zu oft wird die Beliebtheit in ihrer Bedeutung höher als das Können eingestuft. Sogar bei der Ernennung und Einstellung von Professoren wird nicht selten danach vorgegangen. Diese Erfahrung machte ich, als ich selbst einmal Mitglied einer Kommission für die Berufung eines Professors an einer Hochschule war. Obwohl ein Bewerber fachlich sehr qualifiziert war, wurde er nach einem Gespräch und einer Probevorlesung nicht in die engere Auswahl gezogen. Was war der Grund? Die meisten Kommissionsmitglieder äußerten sich abschließend über ihn kurz zusammengefaßt so: »Er paßt nicht in unseren Kreis.« Ob Sie es als gerecht ansehen oder nicht. Tatsache ist: Über Ihren Erfolg bestimmt in hohem Maße der Faktor Beliebtheit. Wie werden Sie nun aber beliebt?

Schauen Sie dazu bitte auf die Abbildung 7. Merkmale der Beliebtheit sind: 1. Aufrichtigkeit, 2. positive Ausstrahlung, 3. das Geben von Ermutigung, Lob, Anerkennung, 4. interessant für den anderen zu sein, 5. Freundlichkeit, 6. Höflichkeit, 7. Gelassenheit, 8. Ausgeglichenheit.

Wenn Sie die Mitmenschen mögen, Ihre innere Kraft auf

andere übertragen, werden Ihnen die Mitmenschen auch mit Zuneigung begegnen. Dann sind Sie beliebt. Eine solche Beliebtheit hat aber mit Kriechertum überhaupt nichts zu tun, ganz im Gegenteil. Entwickeln Sie die genannten Merkmale, so werden Sie eine starke Persönlichkeit.

Wer beliebter werden will, darf auch keine Unbeliebtheitsmerkmale entwickeln. Diese sind ebenso in Abbildung 7 aufgeführt. Es sind dies: 1. Egoismus, 2. negative Ausstrahlung, 3. Unaufrichtigkeit, 4. Arroganz, 5. Rechthaberei, 6. nervöses Verhalten, 7. Unsicherheit, 8. blinder Eifer, 9. Labilität, 10. Ungepflegtheit und 11. Eitelkeit. All diese Merkmale schwächen auch die Stärke Ihrer Persönlichkeit. Daher ist es auch in Ihrem Interesse, sich davon zu trennen.

Nun gibt es auch »Beliebtheitsmerkmale«, die Mitmenschen zunächst durchaus angenehm sind. Es sind jedoch Verhaltensweisen, mit denen Sie Ihrer eigenen Persönlichkeit schaden. Diese Merkmale sind in Abbildung 7 unter der Überschrift »negative Beliebtheitsmerkmale« aufgeführt. Es sind dies: 1. Redseligkeit, 2. Mitteilsamkeit, 3. Nachgiebigkeit, 4. Lenkbarkeit. Solche Verhaltensweisen sind dem Mitmenschen auf den ersten Blick durchaus angenehm. Langfristig schaden Sie sich damit und auch den Beziehungen zum Mitmenschen sehr, da man vor Ihnen die Achtung und den Respekt verliert. Daran sollten Sie immer denken, wenn Sie versuchen sollten, sich mit solchen Verhaltensweisen bei anderen beliebt zu machen.

Schließlich gibt es auch noch Merkmale, die für Sie sehr vorteilhaft sind und die Ihre Persönlichkeit stärken, die aber für nicht wenige Mitmenschen durchaus nicht angenem sind, da man mit Ihnen nicht nach »Belieben« verfahren kann. Diese »positiven Unbeliebtheitsmerkmale« sind

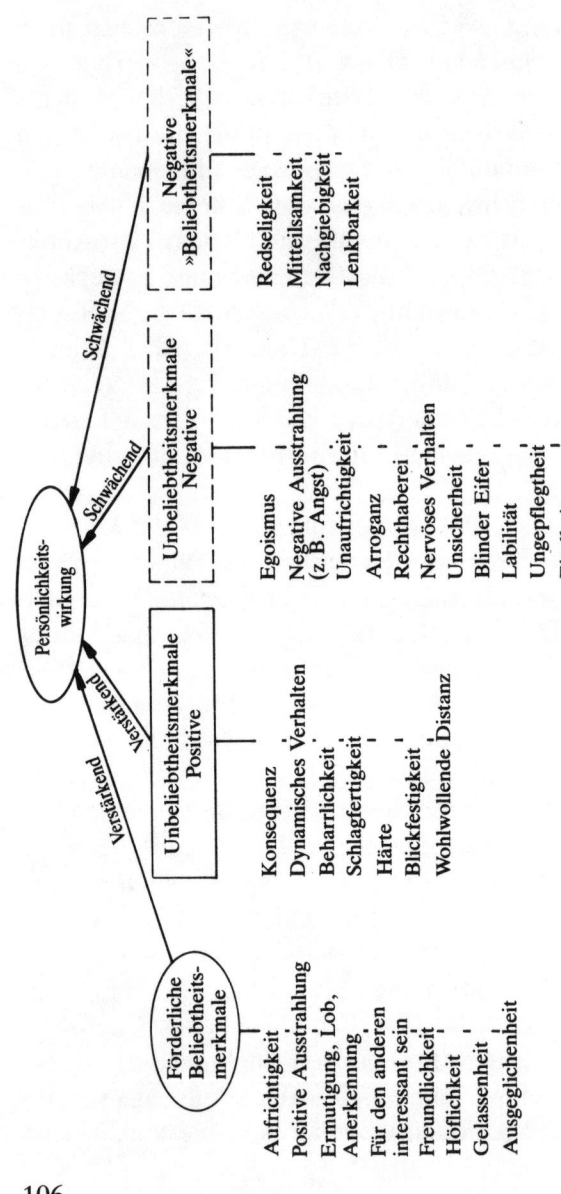

Abb. 7

106

ebenso in Abbildung 7 aufgeführt. Es sind dies: 1. Konsequenz, 2. dynamisches Verhalten, 3. Beharrlichkeit, 4. Schlagfertigkeit, 5. Härte, 6. Blickfestigkeit, 7. wohlwollende Distanz. Genaugenommen müßten wir sagen, daß dies nur Unbeliebtheitsmerkmale gegenüber schwachen Mitmenschen sind. Allerdings werden solche Verhaltensweisen kurzfristig auch bei persönlichkeitsstarken Mitmenschen manchmal unangenehme Gefühle auslösen.

Trennen Sie sich also von der Vorstellung, Sie könnten eine starke Persönlichkeit werden, wenn Sie beim Mitmenschen immer und zu jeder Zeit angenehme Gefühle auslösen. Denken Sie daran: Jeder ist für seine Gefühle selbst verantwortlich. Sie bemühen sich, beim Mitmenschen positive Stimmungen auszulösen, indem Sie die erforderlichen Beliebtheitsmerkmale verstärken und negative Unbeliebtheitsmerkmale schwächen. Da aber Beliebtheit nicht damit verwechselt werden darf, es nur anderen, aber nie sich selbst recht zu machen, folgt daraus auch eine weitere Konsequenz. Sie müssen auch die positiven Unbeliebtheitsmerkmale entfalten und negative Beliebtheitsmerkmale vermeiden.

17. Werden Sie rücksichtsvoller

Ich erlebte einmal in einer Gruppe, wie sich einige Teilnehmer die größten Grobheiten sagten. Der Konferenzleiter war hilflos, und so endete alles in einer Katastrophe.

Eine Ehrlichkeit ohne Güte kann sehr verletzend sein. Wenn jemand mit dem Satz beginnt: »Offen gesagt ...«, dann schlagen seine Worte meistens tiefe Wunden beim anderen.

Hüten Sie sich davor, sich in Zorn und Wut zu Worten hinreißen zu lassen, die Sie später bereuen. Vorwürfe lassen sich vermeiden, wenn Sie in solchen Situationen stets die Frage an jeden richten: »Was kann getan werden, damit es in Zukunft besser läuft?«

Wenn sich die Anwesenden darauf konzentrieren, vermeiden sie, ihre Energien mit gegenseitigen Verletzungen zu vergeuden.

18. Lösen Sie bei Ihren Mitmenschen positive Gefühle aus

Zeigen Sie dem anderen ehrliche Gefühle. Das ist eine selbstsichere Handlungsweise. Die Art, wie Sie das tun, ist viel wichtiger als die Worte, die Sie sprechen, oder die Art Ihrer Kommunikation. Geben Sie dem anderen emotionale Zuwendung.

Folgende Worte zeigen einen starken Gefühlsausdruck: »Sie (du) bedeuten (bedeutest) mir sehr viel.«

Unterstreichen Sie die Aussagen mit:
– einem kräftigen ausgedehnten Händedruck
– dem Anfassen
– dem Drücken eines Armes
– einem um die Schulter gelegten Arm
– einem Berühren der Wangen (bei sehr innigen Beziehungen)

Verwenden Sie Formulierungen wie:
– »Sie (du) sind (bist) großartig (oder Klasse).«
– »Ich verstehe Sie (dich) sehr gut.«
– »Sie (du) können (kannst) immer mit mir rechnen.«

- »Ich bin immer für Sie (dich) da.«
- »Ich vertraue Ihnen (dir).«

Zeigen Sie auch durch Ihr Handeln Ihr Vertrauen. Weitere mögliche Formulierungen sind:
- »Ich glaube an Sie (dich).«
- »Sie (du) schaffen (schaffst) es.«
- »Ich habe oft an Sie (dich) gedacht.«
- »Ich freue mich, Sie (dich) wiederzusehen.«
- »Eben habe ich an Sie (dich) gedacht.«
- »Was Sie (du) gemacht haben (gemacht hast), finde ich schön.«

Vielleicht meinen Sie: Natürlich kenne ich solche Aussagen. Wenden Sie diese aber auch an? Oder denken Sie einfach: Der Mitmensch weiß schon, was ich für ihn empfinde?

Vielleicht meinen Sie: Der Mitmensch legt auf solche Äußerungen keinen Wert. Das ist ein großer Irrtum. Hand aufs Herz: Würden Sie nicht auch solche Worte gern hören? Bereitet es Ihnen nicht auch Freude, bewundert und gebraucht zu werden? Nur zu leicht beginnt jeder an den positiven Gefühlen des anderen zu zweifeln, wenn ihm nicht oft genug die ehrliche Zuneigung der Mitmenschen versichert wird. Selbst bei sehr innigen Beziehungen, wie zum Beispiel in der Partnerschaft, ist die Annahme falsch, der Partner würde schon die eigenen positiven Gefühle für ihn kennen. Ein solcher Irrtum führt nur zu oft zum Scheidungsanwalt. Hier einige häufige Klagen von Frauen und Männern:

– »Wir reden nicht mehr miteinander.«
– »Sie sagt mir überhaupt nicht, daß sie mich liebt.«
– »Ich habe keine Ahnung, was er fühlt.«

Ich kenne einige Menschen, die in jungen Jahren der Ansicht waren, es sei Schwäche, Gefühle zu zeigen. Als sie jedoch älter und reifer wurden, machte es ihnen nichts aus, auch Gefühle durch Gesten und Umarmung zum Ausdruck zu bringen. Keiner von ihnen hat an Autorität verloren. Im Gegenteil. Wer Gefühle zeigen kann, zeigt Stärke. Äußern Sie also Ihre Gefühle, besonders Ihre Zuneigung für den anderen. Gerade aggressive und unsichere Menschen fühlen sich unbehaglich, wenn sie Komplimente hören. Auch für Sie kann es wie für viele Menschen schwierig sein, für andere lobende Worte zu finden. Hier gilt: Tun Sie es immer wieder. Im Laufe der Zeit verlieren Sie Ihre Befangenheit, ehrliche und aufrichtige Gefühle zu zeigen.

Warten Sie nicht auf die richtigen Worte. Drücken Sie das aus, was Sie empfinden. Handeln Sie so. Sie fühlen sich wohler. Der andere fühlt sich wohler. Sie steigern Ihr Selbstwertgefühl. Es wurde schon erwähnt: Würdigen Sie Komplimente nicht herab, die Sie erhalten, indem Sie sagen: »Das war nichts Besonderes« oder »Ich hatte einfach einen guten Tag.« Damit setzen Sie die Urteilsfähigkeit des anderen herab. Das steht Ihnen nicht zu. Denn der andere hat ein Recht auf seine Gefühle und Ansichten. Nehmen Sie also die positiven Gefühle an, die Ihnen entgegengebracht werden.

Natürlich sollen Sie sich nicht selbst loben. Es wäre aber falsch, wenn Sie die positiven Urteile anderer zurückweisen würden, anstatt sie anzunehmen.

19. Meine Erlebnisse auf einer Bahnreise

Ich stand abends an einem Bahnsteig und wartete auf meinen Zug. Vor mir stand eine Gruppe von Menschen, die offenbar gemeinsam unterwegs waren. Ein Mann löste sich aus der Gruppe und begab sich zu einem Schaffner, um ihn etwas zu fragen. Als er wieder zur Gruppe zurück und an mir vorbeikam, sagte ich zu ihm: »Sie machen noch am Abend einen fröhlichen Eindruck.« Er erwiderte: »Nicht nur am Abend. Ich fühle mich schon den ganzen Tag sehr glücklich. Sie sind jedoch der erste, der das bemerkt.« Dann stieg er in den Zug, der eingefahren war. Wenig später wurde die Tür des Wagens noch einmal geöffnet. Derselbe Mann rief zu mir: »Ich danke dir.«

Zusammenfassung

1. Gelassenheit ist sehr wichtig im Umgang mit Mitmenschen.

2. Kein Mensch ist vollkommen. Jeder hat gute und weniger gute Seiten. Erkennen Sie die positiven Eigenschaften, ohne die negativen zu ignorieren.

3. Eine höhere Bewußtseinsebene verändert nicht das Erkennen des Mitmenschen, aber Ihre Einstellung zu ihm.

4. Haben Sie eine höhere Bewußtseinsebene erreicht, schaffen Sie positive Beziehungen zu Ihren Mitmenschen.

5. Ergreifen Sie die Initiative, und gehen Sie auf Ihre Mitmenschen zu.

6. Verfallen Sie nicht in den Fehler, über eine Situation immer nur nachzudenken, ohne aktiv zu werden. Das Denken darf nicht zum Ersatz von Handlungen werden.

7. Wenn Sie den Kontakt zu Ihren Mitmenschen verbessern wollen, so müssen Sie sich der Bedeutung der ersten fünf Minuten bewußt sein. Bemühen Sie sich besonders, die ersten fünf Minuten positiv zu gestalten.

8. Geben Sie Ihren Mitmenschen das Gefühl, bedeutend und wichtig zu sein.

9. Die Fähigkeit, Mitmenschen zu ermutigen, ist die wichtigste Eigenschaft im Umgang mit Mitmenschen.

10. Mit Lob und Anerkennung ermutigen Sie andere.

11. Mit Offenheit und Ehrlichkeit schaffen Sie bessere Beziehungen zu Ihren Mitmenschen.

12. Mit Unaufrichtigkeit und Heuchelei geben Sie den Mitmenschen gegenüber nach, die Sie auf ihre Bedürfnisse hin manipulieren wollen.

13. Wenn Sie zu Ihren Mitmenschen ehrlich sind, so vertreten Sie auch Ihre Eigeninteressen sehr geschickt. Mit Aufrichtigkeit und Offenheit kommen Sie weiter als mit Unaufrichtigkeit und Heuchelei.

14. Mit Feingefühl wählen Sie den richtigen Zeitpunkt und bringen Ihre Mitteilungen geschickt an.

15. Verbreiten Sie positive Stimmungen, und vermeiden Sie, negative zu schaffen.

16. Sie müssen sich selbst bedeutend fühlen, um den Mitmenschen das Gefühl zu vermitteln, bedeutend zu sein.

17. Denken Sie zunächst an das Dienen den Mitmenschen gegenüber. Mehr Geld stellt sich dann gleichsam wie von selbst sein.

18. Mit Begeisterung strahlen Sie innere Lebendigkeit aus.

19. Ausstrahlungskraft ist im Umgang mit Mitmenschen wichtiger als gutes Aussehen.

20. Ihre Ausstrahlungskraft ist Ihre »innere Sonne«, die von innen leuchtet.

21. Ihre Ausstrahlungskraft wird unterstützt durch Begeisterung, positives Denken und Fühlen, Heiterkeit, Wohlwollen und Selbstwertgefühl.

22. Lernen Sie von innen und mit den Augen zu lächeln.

23. Nur wenn Sie sich selbst mögen, mögen Sie auch die anderen, und die anderen mögen Sie.

24. Entwickeln Sie Beliebtheitsmerkmale, die Ihre Persönlichkeit stärken, und trennen Sie sich von solchen, die Ihre Beliebtheit schwächen.

25. Verzichten Sie auf Beliebtheitsmerkmale wie zum Beispiel Redseligkeit und Lenkbarkeit, die Ihnen nur kurzfristig »Beliebtheit« bringen, aber den Beziehungen schaden.

26. Haben Sie den Mut, Beliebtheitsmerkmale wie Konsequenz und Beharrlichkeit zu entwickeln, die kurzfristig bei vielen unbeliebt, auf Dauer aber helfend im Umgang mit anderen und mit sich sind.

27. Zeigen Sie den Mitmenschen aufrichtige Gefühle. Üben Sie sich darin, positive Gefühle für die anderen zu entwickeln.

28. Jeder hört gern, was Sie Gutes für ihn empfinden. Gewöhnen Sie sich an, auch Ihre positiven Gefühle den Mitmenschen gegenüber zum Ausdruck zu bringen.

Kapitel 5

Geschickte Konversationstechniken

1. Grundsätzliches zum Thema Konversationstechniken

Ein dreißigjähriger Mann sagte mir einmal: »Ich wollte, ich könnte mich mit meinen Mitmenschen besser unterhalten. So könnte ich mehr Kontakte anbahnen. Da ich aber mit der Konversation Schwierigkeiten habe, fühle ich mich in Gegenwart anderer nicht wohl.«

Da Konversationstechniken im Umgang mit Mitmenschen sehr wichtig sind, wollen wir uns in diesem Kapitel mit den verschiedenen Möglichkeiten beschäftigen, mit anderen Konversation zu pflegen.

Auf dem Gebiet der Konversation ist absolute Vollkommenheit nicht möglich. Sie wäre auch gar nicht erwünscht und würde die zwischenmenschlichen Beziehungen nicht fördern. Obendrein ist die Frage, welche der in diesem Kapitel genannten Konversationstechniken in jeder Situation die beste ist, gar nicht zu beantworten. Ihr eigenes Feingefühl und die gegebene Situation entscheiden, welche der verschiedenen Techniken Sie anwenden. Außerdem werden bei einer Unterhaltung auch immer mehrere Konversationstechniken angewandt. Daher müssen alle Konversationstechniken zu Ihrem Repertoire gehören. Erst dann vermögen Sie sich auf die Vielfalt der Situationen geschickt einzustellen.

Alle Konversationstechniken helfen Ihnen aber nur dann, wenn Sie folgendes beachten:

1. Strahlen Sie Selbstvertrauen aus.
2. Gehen Sie mutig auf den anderen zu.
3. Zeigen Sie dem Mitmenschen, daß Sie ihn mögen. Zeigen Sie ihm Ihr Interesse.

4. Denken Sie nicht darüber nach, wie Sie auf den anderen wirken. Stellen Sie ihn in den Mittelpunkt des Interesses.
5. Seien Sie aufmerksam für die Reaktionen des anderen.
6. Seien Sie aufrichtig. Bestimmen Sie die Ebene der Aufrichtigkeit, die Sie in den verschiedenen Situationen zeigen.
7. Lassen Sie sich durch eine Zurückweisung nicht verunsichern.
8. Trainieren Sie alle aufgeführten Konversationstechniken. So werden Sie gewandter.
9. Lächeln Sie mit den Augen.
10. Geben Sie den anderen zu verstehen, daß Sie sich selbst und die anderen mögen.

Nur wenn Sie diese Punkte beachten, entfalten die beschriebenen Konversationstechniken ihre Wirkung.

2. Wie stellen Sie sich vor?

Gehen Sie auf Ihre Mitmenschen zu. Beachten Sie die im vorangegangenen Abschnitt genannten zehn Punkte. Stellen Sie sich so vor: Sagen Sie, wie Sie heißen, sagen Sie zum Beispiel: »Mein Name ist Karl Müller.«
Sprechen Sie deutlich, damit der andere Ihren Namen richtig versteht. Merken Sie sich auch den Namen des Gegenübers. Nennen Sie Ihr Gegenüber im Gespräch auch wiederholt bei seinem Namen. Frauen haben oft Hemmungen, auf einen Mann zuzugehen. Sie vermuten, es könnte so verstanden werden, daß sie auf sexuelle Kontakte aus sind. Es liegt aber ganz an der Frau, dem Mann in den fol-

genden Minuten zu verstehen zu geben, weder darauf noch auf einen Ehemann aus zu sein. Natürlich können Sie sich auch über einen Bekannten, einen Dritten, vorstellen lassen. Die eigene Kontaktanbahnung erfordert aber doch mehr Mut. Üben Sie sich also darin, sich selbst anderen vorzustellen. Wirken Sie dabei aber nicht verkrampft. Unterlassen Sie es, sich an die Nase zu greifen (Betroffenheit) oder am Kopf oder am Gesicht zu kratzen (Unsicherheitssignale).

Nach der Vorstellung empfiehlt es sich, die Konversation mit Fragen zu beginnen. Mit dem Einstieg über Fragen wollen wir uns im nächsten Abschnitt beschäftigen. Was machen Sie aber nach den Fragen, wenn Ihr Gegenüber sie beantwortet hat? Dann können Sie zum Beispiel ein besonders interessantes Erlebnis erzählen, das Sie hatten. Sollte wider Erwarten dadurch kein Kontakt zustande kommen, dann entschuldigen Sie sich nicht dafür, den anderen angesprochen zu haben.

3. Mit Fragen den Anfang machen

Der Einstieg über Fragen kann auf mehrere Arten erfolgen.

1. Sie erfragen Informationen, um damit ein Gespräch einzuleiten, zum Beispiel:
   »Guten Tag. Ich heiße Heinz Müller. Und Sie?«
   »Karl Schwalbe.«
   »Wohnen Sie auch in dieser Stadt?«
   »Ja, so ist es.«
   »Was schätzen Sie an dieser Stadt?«

Unterbrechen wir hier die Unterhaltung. Fragen sind eine Möglichkeit, die Konversation einzuleiten.

Stellen Sie keine Fragen, die ganz einfach mit einem Ja oder Nein beantwortet werden können. Solche Fragen werden als geschlossene bezeichnet. Natürlich könnten Sie nach einem Ja oder Nein die Frage nach dem Warum stellen. Eine solche Frage könnte aber persönlich und aufdringlich empfunden werden.

Eine geschlossene Frage, die auf eine Ja-Antwort abzielt, eignet sich zwar dazu, beim Gesprächspartner eine gewisse Gesprächsbereitschaft zu wecken. Gehen Sie aber dann zu offenen Fragen über.

Im Urlaub können Sie Ihr bisher unbekanntes Gegenüber fragen:

»Wie finden Sie diesen Urlaubsort?«

»Sind Sie das erste Mal in diesem Ort?«

2. Sie bauen Ihr Gespräch auf Informationen auf, die Ihnen bekannt sind oder die Sie im Gespräch erfahren, und stellen dazu Fragen: »Ich habe eben gehört, Sie haben einen längeren Urlaub in Nepal verbracht. Was hat Ihnen dort besonders gefallen?«...

3. Sie stellen Fragen zur Außenwelt, z. B.: »Im Fernsehen und in der Presse steht das Ereignis...im Mittelpunkt. Wie denken Sie darüber?«

Kommt dazu keine Antwort oder bedauert der andere, dazu nichts zu wissen, so fragen Sie: »Wofür interessieren Sie sich?«

Stellen Sie dann dazu Fragen.

120

4. Sie nutzen Informationen, die sich im Laufe der Unterhaltung ergeben.
   Folgende Unterhaltung ist ein Beispiel:
   »Wir haben in diesen Sommerferien Afrika besucht. Die Tierwelt hat uns dort fasziniert.«
   »Wir waren mit dem Automobil in Kanada unterwegs, doch das Autofahren hat mir keinen Spaß gemacht.«
   »Macht Ihnen das Autofahren in Deutschland oder der Schweiz mehr Freude?«
   »Nein, überhaupt nicht. Ich bin beruflich viel unterwegs.«
   »Welchen Beruf haben Sie?«

5. Sie geben dem Mitmenschen Informationen über sich preis, um so mehr über ihn zu erfahren. Zum Beispiel: »Ich bin Ingenieur. Was tun Sie beruflich?«
   Es empfiehlt sich, mit solchen persönlichen Fragen nicht das erste Gespräch einzuleiten.

6. Sie versuchen tiefere Informationen über den anderen zu erhalten, indem Sie sich selbst mehr offenbaren, zum Beispiel: »Ich habe mir vorgenommen, eine Expedition in den Himalaja durchzuführen. Landschaften, Kulturen und Religionen haben mich immer schon fasziniert. Was übt auf Sie eine ganz besondere Faszination aus?«
   Bei dieser Art der Konversation sprechen Sie bereits den Kern des anderen an. Daher ist es auch hier notwendig, solche Fragen nicht gleich zu Beginn des Gesprächs zu stellen. Ein gewisses Vertrauen zueinander ist schon notwendig.

7. Stellen Sie dem anderen Fragen nach dem Wohlbefinden, zum Beispiel: »Wie geht es Ihnen?«
Es ist die einfachste und die am häufigsten gestellte Frage.

Nutzen Sie die Möglichkeit, auf sieben verschiedene Arten Fragen zu stellen.

4. Erlebnisse erzählen

Erlebnisse zu erzählen ist eine gute Möglichkeit, Konversation zu treiben. Diese Erlebnisse sollten aber nicht zu lange zurückliegen. Beginnen Sie mit Fragen wie: »Wissen Sie, was ich heute (neulich) erlebt habe?« oder »Wissen Sie, was ich heute gehört habe?«
Erzählen Sie dann, was Sie erlebt oder gehört haben.

5. Verbinden Sie ein Kompliment mit einer Frage

Ein Kompliment muß immer aufrichtig sein. Hüten Sie sich daher vor Übertreibungen, da das Kompliment sonst geheuchelt wirkt.
Hier ein Beispiel: Nach der Vorstellung und einigen Nettigkeiten entwickelt sich folgendes Zwiegespräch:

Er: »Sie haben ein besonders schönes Armband. Ich finde das Design exquisit.«
Sie: »Sie beobachten sehr gut. Die Feinheiten der Goldschmiedekunst kann man doch erst dann richtig bewundern, wenn man eine Lupe zu Hilfe nimmt.«

122

Er: »Ist das Armband ein altes Familienerbstück?«

Sie: »Nein, ich habe es in Südamerika gekauft.«

Er: »Sie waren in Südamerika?«

Sie: »Ja, und es hat mir dort prächtig gefallen. Übrigens stellen einige Motive Szenen am Hofe des Inkakaisers dar.«

Er: »Haben Sie auch die alten Inkastätten in Peru, wie zum Beispiel Machu Picchú und das Goldmuseum in Lima, besucht?«

Sie: »Natürlich war ich dort. Es war eine der schönsten Reisen, die ich je gemacht habe.«

Er: »Auch ich war vor drei Jahren in Peru. Ich habe mir von dort mehrere Bücher über die präkolumbianischen Kulturen mitgebracht.«

Nun wird die Unterhaltung sehr lebendig. Beide fassen Vertrauen zueinander. Die Unterhaltung wird herzlich. Am Schluß der Party verabreden sich beide für den übernächsten Tag.

Als Einleitung für ein Gespräch eignet sich auch die Frage. »Ihr ... (Sie erwähnen etwas ganz Besonderes beim anderen) sieht sehr schön aus«, und dann stellen Sie eine Frage dazu. Natürlich wirken aufrichtige Komplimente auch ohne anschließende Frage. Die Frage dient dazu, das Gespräch nicht abbrechen zu lassen.

6. Legen Sie sich Konversationsstoff zurecht

Die einfachste Weise, sich über Fakten zu unterhalten, besteht darin, über das Wetter zu reden. Das ist gewiß kein origineller Einstieg. Immerhin bringt es aber die Unterhaltung in Gang. Natürlich können Sie sich auch über die Umgebung unterhalten. Doch ein solches Thema erschöpft sich bald. Worüber unterhalten Sie sich dann?

Eine Dame berichtete mir: »Ich bin mit einem Diplomkaufmann verlobt. Wenn wir eingeladen sind, weiß ich nie etwas zu sagen. Ich komme mir schon richtig minderwertig vor.«

Ich erwiderte: »Sie interessieren sich doch für Psychologie. Besonders auf dem Gebiet der Traumdeutung haben Sie doch ein beachtliches Wissen. Warum bringen Sie nicht einmal auf einer Party das Gespräch darauf? Die Anwesenden werden Ihnen sehr dankbar sein, wenn nicht immer nur über kaufmännische Dinge gesprochen wird.«

»Wie soll ich aber das Gespräch darauf bringen?« fragte sie. Ich erwiderte: »Lassen Sie zunächst die anderen mit der Konversation beginnen. Stellen Sie dann die Frage: ›Wer kann sich noch an seinen Traum erinnern, den er heute nacht gehabt hat?‹ Wenn niemand etwas dazu sagen will, dann erzählen Sie etwas über die verschiedenen Arten der Träume und über die Möglichkeiten, die Träume bieten.«

»Aber wie kann ich vielleicht eine Viertelstunde und mehr, ohne zu stocken, über ein solches Thema berichten?« fragte sie.

Ich erwiderte: »Natürlich müssen Sie sich den Unterhaltungsstoff schon vorher zurechtlegen. Machen Sie sich Stichpunkte. Bereiten Sie sich also vor. Ordnen Sie Ihre Gedanken, und bringen Sie sie in die richtige Reihenfolge. Nehmen Sie nichts aus Büchern, was Sie nicht verstanden haben. Lernen Sie nichts auswendig. Sie könnten es vergessen. Das Entscheidende jedoch ist: Erzählungen von Auswendiggelerntem fehlt es immer an Lebendigkeit. Üben Sie Ihre Erzählung, wenn Sie allein im Zimmer sind. Wählen Sie eine Freundin für eine Generalprobe aus.«

Zurück zu Ihnen. Was sind Ihre Interessen, von denen Sie auf einer Party erzählen könnten? Suchen Sie sich interessante Erlebnisse aus, von denen Sie glauben, daß Sie damit andere gut unterhalten können. Ihre Erlebnisse sollten aber nicht zu lange zurückliegen. Darauf wurde schon hingewiesen. Vermeiden Sie auch, mit den Geschichten anzugeben. Natürlich sollen Sie in Ihren Erzählungen ein gutes Bild abgeben, vermeiden Sie jedoch zu prahlen. Erzählen Sie etwas über das, was Sie in Büchern gelesen haben. Wählen Sie ganz allgemein solchen Stoff, von dem Sie glauben, er interessiert Ihre Mitmenschen.

Bringen Sie Tagesereignisse aus Fernsehen oder Zeitungen ins Gespräch. Oder berichten Sie über eine Fernsehdokumentation. Vermeiden Sie aber, bei Ihren Berichten arrogant zu wirken. Sie verletzen die Mitmenschen, wenn Sie zum Beispiel sagen: »Wußten Sie denn das nicht?« Politische oder religiöse Themen eignen sich nicht besonders gut als Gesprächsstoff. Natürlich kann es durchaus interessant sein, einen Menschen mit einer ganz anderen Meinung als der Ihren kennenzulernen. Die Erfahrung beweist aber immer wieder neu, daß so eher Zwietracht und Trennung als Gemeinsamkeiten entstehen.

Gewiß kennen Sie alle solche Menschen, die im Gespräch ständig über sich reden, sie wollen immer im Mittelpunkt des Interesses stehen. Vermeiden Sie eine solche Redseligkeit. Darauf wurde schon wiederholt hingewiesen. Redseligkeit ist genauso falsch wie ständiges Schweigen. Selbst der größte Schwätzer mag es nicht, wenn sich sein Gegenüber ausschweigt.

7. Mit einer Bitte eine Unterhaltung beginnen

Bitten sind eine ganz besondere Möglichkeit, ein Gespräch anzufangen. Wenn Sie den Mitmenschen um eine Auskunft bitten, die er wahrscheinlich geben kann, so schaffen Sie Kontakt. Der andere freut sich, seine Kenntnisse zeigen zu können. Solche Bitten beginnen mit der Einleitung: »Könnten Sie mir bitte sagen...«

Beispiele für einen solchen Gesprächsbeginn sind folgende Fragen:

- »Können Sie mir bitte sagen, wo Sie Ihren Wagen parken? Ich tue mich immer schwer, einen Parkplatz zu finden.«
- »Können Sie mir bitte zeigen, wohin es nach ... geht?«
  Bitten wirken angenehmer, wenn Sie dazu eine kurze Erläuterung geben, zum Beispiel:
- »Was ist für eine Ausrüstung für einen Bergurlaub erforderlich? Ich will dieses Jahr einen Urlaub in der Schweiz verbringen.«
- »Wie komme ich von hier auf die Autobahn? Ich habe mich bei der Herfahrt verfahren.«
- »Wer ist der Arzt Ihrer Kinder? Ich habe gehört, wie sehr er Ihrem Jungen geholfen hat, als er sich verletzte.«
- Wenn Sie in einem Kaufhaus eine Dame ansprechen wollen, können Sie sagen: »Können Sie mir helfen, für meine Schwester etwas Schönes auszusuchen?«
  Natürlich ist es nicht ratsam, mit dieser Konversationstechnik zu oft zu arbeiten, da Sie sonst den Eindruck erwecken, sich selbst allein nicht helfen zu können.

126

8. Kontakt über die Höflichkeit

Höflichkeit ist eine ausgezeichnete Möglichkeit, Kontakt zu anderen herzustellen. Höflichkeit war der Anfang meiner Freundschaft mit einer japanischen Familie. Es gibt viele Möglichkeiten, höflich zu sein.

Hier einige Beispiele:
- »Darf ich Ihnen noch etwas Salat auf den Teller legen?«
- »Darf ich Ihnen einen Drink eingießen?«
- »Darf ich Ihnen aus dem Mantel helfen?«
- »Darf ich Ihnen beim Tragen helfen?«
- »Darf ich Ihnen meinen Platz anbieten?«

Stehen Sie an einem kalten Buffet, dann sagen Sie den simplen Satz: »Sie sollten unbedingt diese Häppchen hier probieren« oder »Was darf ich Ihnen vom Buffet bringen?«, oder Sie bringen ihm oder ihr einen Teller mit Leckerbissen und sagen: »Ich habe Ihnen etwas mitgebracht.«

Beschränken wir uns hier auf diese Beispiele. Kontakt über die Höflichkeit ist aber nur der Anfang der Konversation. Sie müssen sich dann weiterer der in diesem Kapitel genannten Techniken bedienen, um erfolgreich Konversation zu treiben.

9. Gespräche über gemeinsame Bekannte

Solche Gespräche eignen sich sehr gut für Konversationen. Vorausgesetzt natürlich, es wird über die gemeinsamen Bekannten nur positiv gesprochen, und die Unterhaltung darf nicht in Klatsch ausarten.

Um solche Gespräche zu führen, ist es oft notwendig, erst nach gemeinsamen Bekannten in der Unterhaltung zu suchen.

10. Gespräche über Liebhabereien

Haben Sie einmal erlebt, wie Menschen aus sich herausgehen, wenn sie über ihre Hobbies berichten? Dann wissen Sie, wie schnell Sie tiefere Kontakte zum anderen schaffen, wenn Sie ihn auf seine Liebhabereien ansprechen.

Hier einige Beispiele:
- »Sie haben schon einige Tauchurlaube verbracht. Wie schaffen Sie es eigentlich, unter Wasser keine Angst zu haben? Mir wäre es in der Tiefe ungeheuer.«
- »Ich habe gehört, Sie interessieren sich für fernöstliche Religionen. Können Sie mir etwas über den Buddhismus berichten?«
- »Sie haben schon mehrere Viertausender bestiegen. Braucht man dafür eine besondere Ausbildung?«
- »Ich habe gehört, Sie wissen über das Handlesen Bescheid. Können Sie mir etwas zu meinen Handlinien sagen?«
- »Sie mögen Hermann Hesse als Schriftsteller sehr. Welches Buch hat Ihnen von ihm besonders gefallen?«
- »Ich sehe, Sie lesen ein Buch von Frisch. Worüber schreibt er?«
- »Sie haben schon lange Bergwanderungen gemacht. Ich glaube, ich hätte die Kondition dafür nicht.«
- »Sie sind begeisterter Drachenflieger. Ich hätte Angst davor.«

Begnügen wir uns mit diesen Beispielen. Sprechen Sie Ihre Mitmenschen auf Ihre Hobbies an. Sehr geschickt ist es, ihnen dazu Fragen zu stellen.

11. Finden Sie die Interessen Ihrer Mitmenschen heraus

Vor mehreren Jahren lernte ich auf einer Reise nach Sri Lanka einen singhalesischen Edelsteinhändler in Ratnapura kennen. Als ich ihm beiläufig erzählte, daß mich nicht nur die Landschaft, sondern auch der Buddhismus interessierte, entwickelte sich ein besonders herzlicher Kontakt zwischen uns. Unsere gemeinsamen Interessen hatten uns einander nähergebracht. Auch Ihre Kontakte zu Mitmenschen werden nicht nur oberflächlicher Art bleiben, sondern bald tiefer werden, wenn Sie mit anderen über gemeinsame Interessen sprechen. Solche gemeinsamen Interessen können zum Beispiel sein: Fotografieren, Filmen, Bergsteigen, Tauchen, die Kunst, Psychologie usw. Doch zunächst müssen Sie solche Interessen herausfinden. Wie machen Sie das?

Sie können sich dazu folgender Fragen bedienen:
– »Wie machen Sie es eigentlich, immer so begeistert zu sein?«
– »Ich interessiere mich unter anderem für das Tauchen. Haben Sie auch ein Hobby, das Ihnen teuer ist?«
– »Was interessiert Sie ganz besonders?«
– »Woraus schöpfen Sie die Kraft, immer so gelassen und optimistisch zu sein?«
– »Könnten Sie sich vorstellen, daß sich ein Mensch wohlfühlt, ohne Interessen zu haben?«

– »Würden Sie sich manchmal nicht lieber mehr Ihren Interessen widmen?«

Es empfiehlt sich, diese Fragen nicht gleich zu Beginn einer Unterhaltung zu stellen. Ihr Gegenüber könnte sonst meinen, er werde von Ihnen ausgefragt. Vermeiden Sie auch, dem anderen Ratschläge zu geben, wenn er nicht ausdrücklich darum bittet.

12. Humorvolle Gesprächsführung

Humor ist etwas, das alle Menschen mögen. Kinder wünschen sich humorvolle Eltern, Erwachsene einen humorvollen Partner. Humor darf aber nicht mit Spott oder Sarkasmus verwechselt werden. Spott fällt auf den Spötter zurück, er projiziert seine Mängel auf seine Mitmenschen, da er seine Aggressionen nicht verarbeiten kann. Humor ist etwas ganz anderes, er hat Heilsames. »Humor ist überwundenes Leiden an der Welt«, sagt schon Jean Paul. Gute Erzähler sind meistens humorvoll. Wer sich nämlich offen vor anderen äußert, erfüllt eine Grundvoraussetzung für die Entfaltung von Humor. Er wendet sich an Mitmenschen und an ihre Freuden und Sorgen. Der Humor erfordert Überblick und Distanzierung zur Situation. Mit Humor zeigen Sie Teilnahme am Mitmenschen. Sie wechseln die Perspektive und beziehen von einer höheren Warte Stellung. Um humorvoll zu erzählen, brauchen Sie Phantasie und Abstand zu sich selbst und zum Alltag.

Ein bekannter Staatsmann mußte sich einmal von einem Abgeordneten den Vorwurf anhören: »Wenn Sie könnten, wie Sie wollen, würden Sie mich umbringen.« Er antwortete: »Ja, ich würde Sie mit einer Feder so lange kitzeln, bis Sie sich zu Tode gelacht hätten.«

Auf humorvolle Art kommentierte ein Besucher das Verhalten eines Chefs. Er fragte die Sekretärin: »Wer brüllt denn im Nebenzimmer so laut?« Darauf erwiderte die Sekretärin: »Unser Direktor spricht mit Hamburg.« Darauf der Besucher: »Kann er nicht das Telefon benutzen?«

Der Berliner Zoologe Heck berichtet, wie er einmal mit Gehrock und Zylinder zu einer Beerdigung gegangen ist. Als er versucht, auf eine fahrende Straßenbahn zu springen, rutscht er aus, der Hut fällt ihm vom Kopf, und er setzt sich – als ob er es gewollt hätte – mitten auf der Straße auf den Zylinder. Ein vorbeifahrender Droschkenkutscher meint dazu: »Männeken, Männeken, wat soll dat! Det sind doch brotlose Künste.«

Es ist nicht einfach, Humor zu entwickeln. Einfacher ist es, wenn Sie in den ersten Minuten einer Konversation einen guten Witz erzählen. Das lockert die Atmosphäre auf. Sehr gut ist es, wenn der Witz auch eine Beziehung zur augenblicklichen Situation hat. Doch das erfordert einen großen Vorrat an guten Witzen, unter denen Sie dann auswählen. Wenn das Gespräch auf positives und negatives Denken zu sprechen kommt, pflege ich oft folgenden Witz zu erzählen:

Kohn wohnt in Amsterdam. Es ist eine schwüle Sommernacht, und er kann nicht einschlafen. Seine Frau hört, wie er sich hin- und herwälzt und fragte: »Kohn, ist dir nicht gut? Soll ich dir eine Erfrischung bringen?« Kohn entgegnet: »Davon wird das auch nicht besser. Ich muß morgen dem Blau, unserem Nachbarn, 1000 Gulden zurückgeben. Und die hab' ich nicht.« Verständlich, daß Kohn nicht schlafen kann.

»Laß mich das machen«, erwidert die Frau. Sie steht auf, geht ans Fenster, öffnet es und ruft zum Nachbarhaus hinüber: »Blau, Blau, hörst du mich?«

Nach einiger Zeit wird drüben das Fenster geöffnet. Und Herr Blau ruft zurück: »Was ist denn, Frau Kohn?«

»Mein Mann, der Kohn, kann dir morgen die 1000 Gulden nicht zurückgeben«, ruft sie durch die Nacht. Dann schließt sie das Fenster, legt sich ins Bett und sagt barsch zu ihrem Mann: »So, Kohn, nun gib Ruh. Jetzt ist es der Blau, der nicht schlafen kann.«

13. Zufälle provozieren

Es werden kleine Mißgeschicke provoziert, um Kontakt zum anderen oder zu einer Frau aufzunehmen. Ein Beispiel dafür ist das versehentliche Zusammenstoßen zweier Menschen. Solche Kontakte haben schon viele Menschen nähergebracht, denn der Zusammenstoß ist ein sehr leichtes Thema für eine Gesprächseinleitung. Es gibt Menschen, die schwören auf die Methode, jemandem aus Versehen etwas Mineralwasser auf das Kleid oder den Anzug zu schütten. Sie bieten dann nicht nur an, die Reinigungskosten zu tragen. Sie bestehen auch darauf, ihre Ungeschicklichkeit mit einem Essen wieder gutzumachen. Auch in diesem Fall läuft die Unterhaltung wie von selbst. Die Anhänger dieser Methode wenden sie bevorzugt dafür an, Kontakte zum anderen Geschlecht anzubahnen.

Unter die Kontaktanbahnung durch »provozierte Zufälle« fallen auch gezielte Bitten, zum Beispiel: »Haben Sie vielleicht einen Kugelschreiber? Meiner hat gerade (oder vorhin) den Geist aufgegeben.«

14. Peinliche Pausen überwinden

Gewiß haben auch Sie schon einmal bei einem Gespräch eine peinliche Pause erlebt. Eine solche Situation ist vielen Menschen unangenehm, und sie wissen sich dann nicht zu helfen. Meist ist die Gesprächspause auch nicht von Ihrem Gegenüber provoziert. Man weiß einfach nichts mehr zu sagen.

Die Situation entwickelt sich vielleicht wie folgt: Sie haben Ihrem Gesprächspartner etwas erzählt. Er sagt darauf entweder gar nichts oder kommentiert mit den Worten »Aha« oder »Hm«. Sie wissen überhaupt nicht, woran Sie mit dem anderen sind. Sie überlegen: »Was meint er wohl dazu?« Um die peinliche Pause zu überwinden, reden Sie noch weiter. Doch bald bleiben Sie stecken. Sie wissen nichts mehr zu sagen. Was tun Sie nun? Gehen Sie in einer solchen Situation so vor:

1. Lassen Sie sich nicht aus dem Gleichgewicht bringen.
2. Stellen Sie die klare Frage: »Was sagen Sie dazu?«
3. Sollte als Antwort wieder ein »Hm« oder ein kurzes »Na ja« erfolgen, so fragen Sie weiter: »Wie meinen Sie das?«
4. Fällt die Antwort auch wieder kurz aus, dann haken Sie nach: »Können Sie mir das bitte genauer erklären?«
5. Sollte danach wieder eine Pause entstehen, dann schweigen auch Sie. Lächeln Sie.

Was ist die Folge, wenn Sie sich so verhalten? Wenn das Schweigen des anderen gezielte Taktik ist, erkennt er die Erfolglosigkeit. Er wird gesprächiger werden, wenn er mit Ihnen im Gespräch bleiben will. Möchte er mit Ihnen die

Unterhaltung nicht aufrechterhalten, dann beenden Sie sie. In einer normalen Unterhaltung können Sie Pausen vermeiden, indem Sie die Gefühlssituation Ihres Gegenübers wiederholend beschreiben mit Bemerkungen wie:

– »Darüber haben Sie sich sicher doch sehr gefreut?«
– »Da haben Sie sich wohl geärgert, nicht wahr?«

Sie können auch die Aussagen Ihres Gegenübers wiederholen, zum Beispiel: »Sie meinen also, daß...«
Nun machen Sie nach dem Satz eine kleine Pause. Ihr Gegenüber fährt meistens in seinem Gespräch fort. Komplimente sind ebenfalls eine sehr gute Hilfe, um Pausen zu überwinden. Zum Beispiel:

– »Das haben Sie sehr gut formuliert. Ganz ausgezeichnet.«
– »Es ist eine Freude, sich mit Ihnen über... (Sie nennen das Gebiet oder Thema) zu unterhalten. Sie wissen soviel darüber.«
– »Es macht mir viel Spaß, mich mit Ihnen über... (Sie nennen das Gebiet oder Thema) zu unterhalten, da Sie das interessiert.«

15. Wie verabreden Sie sich mit dem anderen Geschlecht?

Alle in diesem Kapitel genannten Techniken können Sie anwenden, um sich mit ihr oder ihm zu verabreden. Welche Orte sind günstig, um einen Partner kennenzulernen? Dafür eignen sich Museen, Theater, Konzerte, Bibliotheken, Bücherläden. Davon im nächsten Abschnitt mehr.

Gehen wir hier von folgender Situation aus: Sie betreten ein Café. An einem Tisch sitzt eine Dame, die Sie unbedingt kennenlernen wollen. Was machen Sie? Sie gehen an den Tisch und fragen die Dame: »Ist dieser Stuhl noch frei?« Die Dame antwortet: »Ja.« Mit dieser Antwort können Sie mit hoher Wahrscheinlichkeit rechnen, vorausgesetzt, sie ist nicht in Begleitung dort und diese nur für kurze Zeit verschwunden.

Dann achten Sie auf das, was Ihr Gegenüber ißt oder trinkt. Sie fragen zwanglos: »Ich sehe, Sie essen... Schmeckt das gut?« Wahrscheinlich wird Ihre Tischnachbarin antworten: »Es schmeckt gut.« Nun haben Sie das zweite Ja erhalten. Selbst wenn die Dame erwidern sollte: »Es schmeckt mir nicht«, können Sie antworten: »Dann versuche ich... Ich sage Ihnen dann, ob das schmeckt.«

Haben Sie eine Gesprächsbereitschaft bei der Dame erkannt, versuchen Sie weitere Ja-Antworten zu erhalten, um die positive Atmosphäre zu verstärken. Sie können sagen: »Die Atmosphäre hier ist sehr nett. Finden Sie das auch?«

Versuchen Sie nach einer Weile vom unpersönlichen zum persönlichen Gespräch zu wechseln. Stellen Sie die Dame in den Mittelpunkt des Gesprächs. Vermitteln Sie »Sie-Botschaften«. Dazu eignet sich ein Kompliment mit einer anschließenden Frage. Sagen Sie zum Beispiel: »Sie verbreiten sehr viel Optimismus. Bestimmt haben Sie auch ein sehr faszinierendes Interessengebiet. Darf ich fragen, wofür Sie sich interessieren?« Da jeder Mensch gern über sich und seine Interessen spricht, wird nun eine angeregte Unterhaltung zustande kommen. Fragen Sie: »Sind das Ihre Lieblingsblumen, die dort drüben auf dem Tisch stehen, oder welche mögen Sie?« So erfahren Sie, welche Blumen

Sie Ihr in die Wohnung schicken können. Doch bisher wissen Sie ja noch gar nicht, wie die Dame heißt. Stellen Sie sich ihr also vor. Das Beste ist, Sie geben Ihr Ihre Visitenkarte. Bitten Sie die Dame auch um ihre Karte oder um ihre Telefonnummer. Sagen Sie:»Ich freue mich, Sie später anzurufen.« Wenn die Dame noch mißtrauisch ist und Ihnen ihre Telefonnummer nicht geben will, dann versuchen Sie bereits jetzt, eine feste Verabredung für einen anderen Tag zu treffen. Klappt auch das nicht, dann ist die Dame bereits vergeben oder Sie sind nicht Ihr Typ. Versuchen Sie Ihr Glück ein anderes Mal bei einer anderen, die Ihnen vielleicht noch mehr gefällt. Vielleicht sind Sie eine Leserin, und Sie fragen sich: Weshalb ist für mich kein Tip dabei? Ich habe bei meinen Seminaren nicht wenige Damen getroffen, die so selbst aktiv eine Bekanntschaft anbahnten. So könnte das genannte Beispiel auch mit vertauschten Rollen stattfinden. Was spricht eigentlich dagegen? Ich meine, nichts.

Vielleicht wendet der Leser ein: Und was ist, wenn ich bereits im Café bin und esse, während die Dame das Café betritt? Dann nehmen Sie Ihre Visitenkarte, und schreiben Sie drauf, was vorzüglich schmeckt. Geben Sie dann die so beschriebene Visitenkarte dem Kellner, damit er sie ihr bringt, während sie noch mit der Speiseauswahl beschäftigt ist. Sie können sich dann später neben sie setzen und fragen, ob das Essen auch schmeckt.

16. Weitere Konversationstechniken, um Partner kennenzulernen

Für ein spontanes Kennenlernen eignen sich Museum, Theater und Konzert. Das »anständige Mädchen« weiß, daß es keine Schande ist, sich in einem Museum ansprechen zu lassen. Gleiches gilt für Theater und Konzert.

Beginnen wir mit dem Museum. Hüten Sie sich beim Gesprächsanfang vor plumpen Schmeicheleien, übertriebenen Fachsimpeleien oder davor, den Lehrmeister zu spielen. Haben Sie den Eindruck, die Dame ist an einem Ausstellungsstück sehr interessiert, dann lächeln Sie sie an. Natürlich wäre es falsch, mit der profanen Einleitung zu beginnen: »Ich meine, die Farben sind heute billiger als zu Zeiten des Künstlers.« Besser ist es zu sagen: »Was würde der Künstler wohl zu uns sagen, wenn er noch lebte und hinter uns stünde?« Ebenso können Sie auch fragen: »Was fasziniert Sie an diesem... oder jenem... Werk?« oder »Was, glauben Sie, wollte der Künstler mit dem Werk zum Ausdruck bringen?« oder »Würden Sie das Bild bei sich zu Hause aufhängen?«

Versuchen Sie, humorvoll zu sein und nicht mit verbissener Miene zu fachsimpeln. Sie können auch sagen: »Zu jener Zeit schätzte man sehr gutes Essen. Ich hoffe, Sie tun es auch. Darf ich Sie zum Essen einladen?« Natürlich können Sie auch sagen: »Ich habe in dem Buch von Herrn Ryborz gelesen, daß in Museen besonders charmante Mädchen sind. Deshalb bin ich hier. Es stimmt tatsächlich. Darf ich Sie zum Essen einladen?« Sie können die Dame auch in die Cafeteria des Museums zu einem Kaffee einladen. Dort treffen Sie eine weitere Verabredung fürs Museum oder einen anderen Ort.

Nun zum Theater. Hüten Sie sich vor einem längeren Gespräch. Dafür reicht die Zeit nicht. Bieten Sie der Dame an, ihr einen Drink zu beschaffen. Fragen Sie:»Was kann ich Ihnen zum Trinken besorgen? Das Getümmel an der Bar stört Sie bestimmt. Ich bin gleich wieder da.« Oder Sie besorgen sich vorher einen Drink und sagen zu ihr:»Ich nehme an, ein Schlückchen Wein ist Ihnen lieber, als zu verdursten.« Sollte die Dame schon etwas trinken, dann fragen Sie:»Wie haben Sie es geschafft, so schnell etwas zum Trinken zu bekommen?« Versuchen Sie sich noch vor dem Klingelzeichen mit der Frau an der Garderobe zu verabreden. Bieten Sie ihr an, ihre Sachen an der Garderobe abzuholen. Laden Sie sie dann in ein gutes Lokal ein. Hat sie keine Zeit, so tauschen Sie Ihre Telefonnummern aus, damit Sie sie anrufen können.

Bei Konzerten können Sie auf dieselbe Art vorgehen. Wenn Sie in Bibliotheken eine Frau ansprechen, so reden Sie über die Literatur, mit der sie sich beschäftigt. Fällt Ihnen dazu nichts ein, so sagen Sie:»Passiert es Ihnen auch immer, daß die Bücher, die Sie suchen, ausgeliehen sind?«

In Bücherläden können Sie Frauen Hinweise geben, was sich zu lesen lohnt. Natürlich können Sie sie auch bitten, Ihnen bei der Auswahl eines Buches zu helfen. In Kaufhäusern haben Sie die Möglichkeit, den Trick anzuwenden, sich von der Frau bei der Auswahl eines Gegenstandes helfen zu lassen. Ebenso können Sie sich ihr auch als Hilfe beim Tragen anbieten.

Hier noch eine weitere Möglichkeit: Versuchen Sie, Einladungen zu Parties zu erhalten.

Was kann aber nun eine Frau tun, um zu einem Mann Kontakt aufzunehmen? Für sie gelten die gleichen Möglichkeiten. Sind Sie eine Frau, dann haben Sie keine Scheu, einen Mann anzusprechen. Männer haben gewiß nichts dagegen. Übrigens gehen Sie keine Verpflichtungen ein, wenn Sie einen Mann ansprechen. Hat er keine Lust, das Gespräch mit Ihnen fortzusetzen, dann gehen Sie weiter. Übrigens kann es durchaus vorkommen, daß Sie auf jemanden stoßen, der gar keinen Kontakt will. Es ist aber besser, das zu ertragen, als sich auf keinen Menschen mehr zuzuwagen.

17. Wie verabschieden Sie sich?

Beschäftigen wir uns nun mit der Abschlußphase des zwischenmenschlichen Kontakts. Oft fällt den meisten Menschen der Gesprächseinstieg nicht leicht. Wie Sie ein Gespräch beginnen, ist Ihnen in den Abschnitten dieses Kapitels dargelegt worden. Doch auch der Abschied ist eine Gesprächsphase, sie muß ebenso beachtet werden.

Wie verabschieden Sie sich? Werden Sie unsicher, wenn Sic sich verabschieden wollen? Nicht wenige Menschen handeln so. Sie empfinden den Abschied als höchst unangenehm. Das Gegenüber spürt das unbewußt auch. Was ist eigentlich der Grund für diese Unsicherheit? Der Mensch hat kein richtiges Selbstvertrauen und keine Selbstsicherheit entwickelt. Unbewußt ängstigt er sich davor, wieder allein zu sein. Da er nicht in sich ruht, fürchtet er sich vor jeder Veränderung. Er will vom anderen nicht ablassen. Daher ist es so wichtig, das eigene Selbstwertgefühl und das Selbstbewußtsein zu stärken. Das hilft Ihnen nicht nur bei Verabschiedungen, sondern auch, mit den großen Veränderungen in Ihrem Leben besser fertig zu werden, die zu jedem Leben gehören.

Der Abschied hat aber auch noch einen wichtigen Einfluß auf Ihre weiteren Kontakte zu anderen Menschen. Mit dem Abschied vermögen Sie die nächste Begegnung mit dem anderen bereits positiv vorzubereiten. Oder Sie können beim Gesprächspartner das Gefühl auslösen, Ihnen das nächste Mal aus dem Wege zu gehen. Wie ist also beim Abschied vorzugehen?

Es gilt drei Dinge zu beachten:
1. Geben Sie dem anderen das Gefühl, daß Sie seine sachlichen Aussagen schätzen. Sie können sich dazu folgender Sätze bedienen:
   - »Ich stimme Ihnen hierin vollkommen zu.«
   - »Richtig, was Sie da getan haben.«
   - »Ich hätte ebenso gehandelt.«
2. Signalisieren Sie Ihrem Gegenüber, Sie wollen das Gespräch abbrechen. Unterbrechen Sie den Blickkontakt. Schauen Sie zur Tür.
3. Bringen Sie nun zum Ausdruck, daß Ihnen die Unterhaltung Freude bereitet hat. Sagen Sie vielleicht:
   - »Es war schön, sich mit Ihnen zu unterhalten.«
   - »Das Gespräch hat mir viel Freude gemacht.«

Lächeln Sie mit den Augen. Drücken Sie die Hand Ihres Gegenübers, und sagen Sie: »Auf Wiedersehen, ich hoffe, Sie bald wiederzusehen.«
Verfahren Sie so, haben Sie bereits sehr gute Voraussetzungen für das nächste Gespräch geschaffen.

18. Erweitern Sie Ihre Kontaktmuster

Wenn Sie bessere Kontakte zu Ihren Mitmenschen schaffen wollen, gilt es, sich zunächst der eigenen Kontaktmuster bewußt zu werden, die Sie bereits anwenden. Welche der hier beschriebenen Möglichkeiten wenden Sie an? Welche wollen Sie noch in Ihr Repertoire aufnehmen? Bemühen Sie sich darum, Ihre Kontaktmethoden zu ergänzen. Wenden Sie die eine oder andere Technik im Alltag an, deren Sie sich bisher noch nicht bedient haben. Wenn Sie sich so von Einseitigkeiten trennen und Ihr Spektrum der Kontaktmethoden erweitern, vermögen Sie sich auch besser der Phantasie zu bedienen. So werden Sie im Umgang mit anderen kreativer.

Beobachten Sie aber ebenso, welche Wirkung Ihre Körpersignale auf den Mitmenschen haben. Lernen Sie aus Ihren Wahrnehmungen.

19. Werden Sie geselliger

Um Mißverständnisse zu vermeiden, zunächst einige Worte, was ich darunter nicht verstehe. Die Zeit, die Ihnen zur Verfügung steht, ist sehr beschränkt. Darum kann Ihr Leben nicht darin bestehen, sich von einer Party zur anderen treiben zu lassen. Nutzlose Unterhaltungen, langweilige Besuche können also nicht unter größerer Geselligkeit verstanden werden. Geselligkeit darf auch nicht mit falscher Beliebtheit verwechselt werden. Geselligkeit besteht auch nicht darin, jedermann gegenüber sein Innerstes offenzulegen. Gesellig zu werden bedeutet, die eigenen Barrieren einzureißen, mehr und geschickter auf Mitmenschen zuzugehen. Sie werden geselliger, wenn Sie die in dem Kapitel angegebenen Techniken trainieren.

Verfahren Sie wie folgt:
- Machen Sie sich mit mehr Menschen bekannt.
- Verwickeln Sie mehr Menschen in ein Gespräch.
- Trainieren Sie die in diesem Kapitel beschriebenen Techniken.
- Arbeiten Sie an Ihrer inneren Ausstrahlung.
- Nutzen Sie Ihre Phantasie, um Ihre Konversation einfallsreich zu gestalten.

Dann gelingt es Ihnen, erfolgreiche Kontakte zu denjenigen Menschen anzubahnen, die Sie gern kennenlernen möchten. Sie entscheiden selbst, ob Sie einen Kontakt vertiefen oder eher oberflächlich halten wollen. So werden Sie erfolgreicher im Umgang mit anderen.

20. Überprüfen und verbessern Sie Ihre Konversation

Ihre Konversationen werden nur besser werden, und Sie entwickeln nur dann neue Verhaltensmuster, wenn Sie systematisch alle genannten Möglichkeiten einsetzen. Tabelle 1 zeigt Ihnen eine Übersicht über die Möglichkeiten der Konversation. In den jeweiligen Spalten sind Ziffern von 1–5 angegeben. Die Zahl 1 bedeutet, daß Sie diese Konversationsart nur gering einsetzen, die Zahl 5 dagegen bringt den stärksten Einsatz zum Ausdruck.

Schauen Sie sich wenn möglich den Bogen vor der Konversation an. Füllen Sie ihn möglichst nach der Konversation aus, das heißt, kreuzen Sie an, welche Konversations-

142

Kontaktbogen Tabelle 1

Gespräch mit
männlich ☐   weiblich ☐

Kontaktbereitschaft des anderen
schwach ☐   mittel ☐   stark ☐

Ihr Kontakteinsatz
schwach ☐   mittel ☐   stark ☐

Gesprächsformen	1	2	3	4	5
1. Fragen nach den Daten des anderen					
2. Anbieten von Informationen					
3. Gespräch über die Umgebung					
4. Frage nach dem Beruf					
5. Gespräch über gemeinsame Bekannte					
6. Aufgreifen von erhaltenen Informationen					
7. Bitten um Auskunft					
8. Bitten um Hilfe					
9. Fragen nach Interessen					
10. Komplimente machen					
11. Kompliment und Fragen					
12. Erlebnisse erzählen					
13. Ermutigungen					
14. Sympathie ausdrücken					
15. Höflichkeitsgesten					
16. Positive Äußerungen über sich					
17. Fragen zu den Tagesereignissen					
18. Zurechtgelegter Informationsstoff					
19. Preisgabe von Informationen					
20. Humor					

Gesprächsformen	1	2	3	4	5
21. Zuhören, Aufmerksamkeit					
22. Offenheit für neue Themen					
23. Geistige Beweglichkeit					
24. Pausen überwinden					
25. Art der Verabschiedung					
26. Einladungen					
27. Andere Formen					

Sprache
☐ unklar ☐ undeutlich ☐ klar ☐ flüssig ☐ zögernd ☐ monoton
☐ wortreich ☐ krampfhaft ☐ weitschweifig ☐ spontan

Aufrichtigkeit und Offenheit der Unterhaltung
☐ oberflächlich ☐ tiefes Gespräch ☐ verhaltenes Öffnen

Nichtverbaler Kontakt

Körpersprache	ängstlich	abweisend	neutral	einladend
1. Blickkontakt				
2. Strahlen der Augen				
3. Arme				
4. Hände				
5. Körper				
6. Beine				
7. Stimmung				
8. Gesamteindruck				

Verbesserungen: —————————————————————————

144

technik Sie angewandt haben und in welcher Intensität. Das gibt Ihnen ganz neue Einblicke in Ihr Konversationsverhalten und hilft Ihnen, bessere Konversationen zu führen.

Zusammenfassung

1. Voraussetzungen für eine gute Konversation sind: Strahlen Sie Selbstvertrauen aus; gehen Sie mutig auf den anderen zu; zeigen Sie, daß Sie den anderen und sich selbst mögen. Seien Sie aufmerksam für die Reaktionen des Mitmenschen. Stellen Sie ihn in den Mittelpunkt Ihres Interesses.

2. Stellen Sie sich Ihren Mitmenschen vor. Sprechen Sie Ihren Namen deutlich. Merken Sie sich den Namen Ihres Gesprächspartners. Sprechen Sie ihn im Gespräch wiederholt mit seinem Namen an.

3. Beginnen Sie ein Gespräch mit Fragen.

4. Bringen Sie eine Ihnen und dem anderen bekannte Tatsache ins Gespräch, und stellen Sie dazu Fragen.

5. Stellen Sie Fragen zu den Informationen, die Sie im Gespräch erfahren.

6. Geben Sie dem Mitmenschen Informationen über sich, um ihm dann Fragen zu seiner Person zu stellen. Richten Sie aber solche Fragen nicht gleich zu Beginn eines Gesprächs an den anderen.

7. Die häufigste Frage, mit der eine Unterhaltung eingeleitet wird, ist die nach dem Wohlbefinden des anderen: »Wie geht es Ihnen?«

8. Machen Sie dem Mitmenschen Komplimente, sie müssen aber ehrlich und vorteilhaft sein. Verbinden Sie ein Kompliment mit einer Frage.

9. Ein sehr einfacher Gesprächseinstieg besteht darin, über das Wetter oder die Umgebung zu reden.

10. Legen Sie sich Konversationsstoff für Unterhaltungen zurecht. Spielen Sie sich aber nicht mit Ihren Erzählungen auf. Der Mitmensch möchte zwar unterhalten werden, er will aber auch über sich erzählen.

11. Erlebnisse eignen sich gut für eine Unterhaltung, ebenso Interessengebiete.

12. Bereiten Sie sich vor. Sammeln Sie Gedanken und Ideen. Legen Sie sich für das Gespräch Stichpunkte zurecht. Lernen Sie aber keinen Text auswendig. Üben Sie Ihre Erzählung laut, wenn Sie allein im Zimmer sind.

13. Politische oder religiöse Themen eignen sich im allgemeinen nicht als Gesprächsstoff.

14. Bitten stellen eine ganz besondere Möglichkeit dar, ein Gespräch anzufangen. Eine Bitte wirkt angenehmer, wenn Sie dazu eine kurze Erläuterung geben.

15. Aufmerksamkeit und Höflichkeit eignen sich ebenso dafür, ein Gespräch anzufangen, als auch dazu, eines in Gang zu halten.

16. Finden Sie die Interessen des Gesprächspartners heraus, und stellen Sie ihm dazu Fragen.

17. Entwickeln Sie eine humorvolle Gesprächsführung. Das erfordert einen Überblick und eine Distanzierung zur Situation.

18. Wenn Sie einen guten Witz erzählen, lockern Sie die Atmosphäre auf.

19. Mit provozierten Zufällen bahnen Sie Kontakte an.

20. Sie vermeiden unangenehme Pausen, wenn Sie die Gefühlssituation Ihres Gesprächspartners wiederholend beschreiben. Sie können auch seine Aussagen mit anderen Worten wiederholen.

21. Nutzen Sie die Möglichkeiten, in Museen, Konzerten, Bibliotheken, Kaufhäusern und bei Parties einen Partner kennenzulernen.

22. Achten Sie nicht nur darauf, wie Sie ein Gespräch beginnen. Verschaffen Sie sich auch Klarheit über die besondere Art, wie Sie sich verabschieden.

23. Mit der Art, wie Sie sich verabschieden, beeinflussen Sie die nächste Begegnung positiv oder negativ.

24. Drei Dinge gibt es für den Abschied zu beachten. Geben Sie dem Mitmenschen das Gefühl, daß Sie seine Aussage schätzen. Sagen Sie: Das Gespräch hat mir Freude gemacht. Verabschieden Sie sich mit den Worten: Ich hoffe, Sie bald wiederzusehen.

25. Werden Sie sich Ihrer individuellen Kontaktmuster bewußt. Erweitern Sie Ihr Repertoire an Konversationstechniken.

26. Entwickeln Sie Feingefühl und Einfühlungsvermögen. Dazu ist Aufmerksamkeit für den anderen notwendig.

27. Geselligkeit besteht nicht darin, Ihre Zeit mit anderen totzuschlagen. Wenn Sie geselliger werden, können Sie leichter und erfolgreicher Kontakte zu den Menschen anbahnen, die Sie kennenlernen wollen.

Kapitel 6

So schaffen Sie die seelischen Voraussetzungen, mit Mitmenschen richtig umzugehen

1. Bauen Sie Selbstzweifel ab

Beschäftigen Sie sich oft mit Fragen wie:
– Was werden die anderen von mir denken?
– Wie wirke ich auf die anderen?
– Werden mich die Mitmenschen nicht ablehnen?

Meinen Sie, nicht so gut wie andere zu sein? Sind Sie ängstlich, auf Mitmenschen zuzugehen? Unterdrücken Sie Gedanken und Gefühle, um nicht aufzufallen? Und entdecken Sie an sich nur negative Eigenschaften? Dann wird es höchste Zeit, etwas zur Steigerung Ihres Selbstbewußtseins zu tun. Sie müssen selbstbewußter werden. Selbstbewußt bedeutet, in Kontakt mit Ihrem eigenen Selbst zu sein.

2. Trennen Sie sich von falschen Glaubenssätzen

Um Selbstzweifel abzubauen, müssen Sie zunächst das negative Gefühl des Selbstzweifels zulassen. Nur so beginnen verdrängte Energien zu fließen. Erst dann werden sich Ihnen Ihre falschen Einstellungen enthüllen. Verdrängen Sie also das unangenehme Gefühl nicht. Nehmen Sie es an. Häufige negative Einstellungen sind:

– Ich habe Schlechtes getan und muß bestraft werden.
– Mit mir stimmt etwas nicht, und deshalb verdiene ich nichts Gutes.
– Alle Menschen sind schlecht.
– Ich bin hilflos dem Schicksal ausgeliefert.
– Ich bin nicht begabt.

Begnügen wir uns mit diesen Beispielen. Es gibt sehr viele dieser negativen Einstellungen. Wir wollen sie »falsche Glaubenssätze« nennen. Solche Glaubenssätze hindern Sie daran, gemäß Ihrer wahren Natur zu leben.

Niemand ist völlig frei von falschen Glaubenssätzen. Sind Ihnen Ihre falschen Glaubenssätze schon bewußt geworden? Nehmen Sie ein Blatt Papier zur Hand. Schreiben Sie auf: Der Grund für mein mangelndes Selbstbewußtsein ist:_____

_____

Schreiben Sie nun die Gedanken auf, die Ihnen in den Sinn kommen. Solche Gedanken könnten sein:

– Ich kann nicht so gut reden wie andere.
– Ich verdiene nicht das Beste.
– Mitmenschen sind erfolgreicher als ich.
– Es ist zu schwer.
– Ich habe Angst.
– Meine Eltern meinen, ich schaffe es nicht.
– Ich habe mehrmals Mißerfolge erlebt.
– Ich mag mich nicht.
– Ich fühle mich unwohl, wenn ich unter Menschen bin.

Schauen Sie nun auf die Sätze, die Sie auf das Papier geschrieben haben. Überlegen Sie einige Minuten, ob Sie das wirklich für richtig halten. Denken Sie darüber nach, wie Sie sich mit einem solchen Glaubenssatz selbst einengen. Solche falschen Glaubenssätze sind wie Klammern, die Sie von sich selbst abtrennen. Abbildung 8 soll Ihnen den Sachverhalt veranschaulichen.

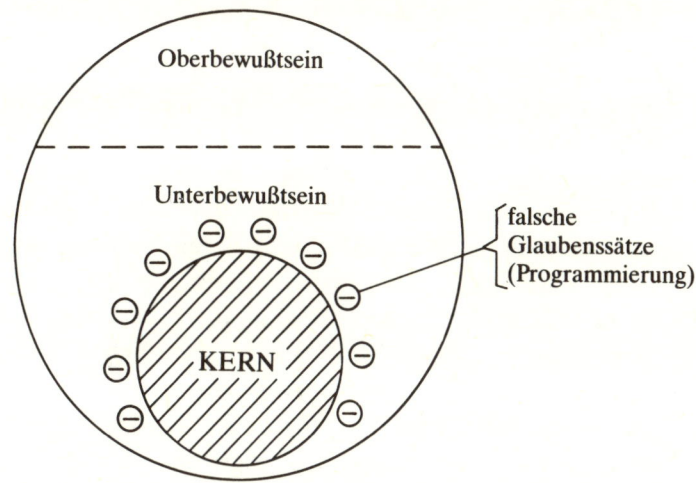

Abb. 8   Falsche Glaubenssätze umklammern den Kern.

Erkennen Sie, wie Sie sich durch die negativen Einstellungen selbst einengen?

Vielleicht entwickeln sich während dieser Übung bei Ihnen negative Gefühle. Lassen Sie diese Gefühle zu. Nehmen Sie sie an. Erst dann können Sie sich davon trennen. Vielleicht fallen Ihnen bei der Übung Erlebnisse aus der Kindheit ein. Mag sein, Sie erinnern sich an eine negative Äußerung eines Lehrers über Sie. Und Sie erkennen plötzlich, wie diese Äußerung Ihr Denken beeinflußt hat.

Setzen Sie sich eine Weile mit Ihren negativen Einstellungen auseinander. Zerreißen Sie dann die Liste. Diese Handlung soll symbolisch zum Ausdruck bringen, daß die negativen Glaubenssätze keinen Einfluß mehr auf Sie haben. Ersetzen Sie dann die negativen Glaubenssätze durch positive. Sie brauchen dazu die negativen nur ins Gegenteil zu verkehren. Im Falle der vorher erwähnten Gedanken sähe das so aus:

- Ich kann gut reden.
- Ich bin das Beste wert.
- Ich bin erfolgreich.
- Es ist leicht.
- Ich bin mutig.
- Ich liebe mich.
- Ich fühle mich wohl, wenn ich unter Menschen bin.

Solche positiven Bejahungen werden auch als Affirmationen bezeichnet. Positive Glaubenssätze ergeben sich also aus negativen durch einfache Umkehrung.

Eine geeignete Affirmation für viele Menschen, deren Selbstwertgefühl von anderen abhängt, ist:»Ich brauche mich nicht anzustrengen, anderen zu gefallen. Ich mag mich, wie ich bin. Das ist entscheidend.«Nutzen Sie also die Kraft der Affirmationen. Was geschieht, wenn Sie so verfahren? Abbildung 9 gibt Ihnen die Antwort.

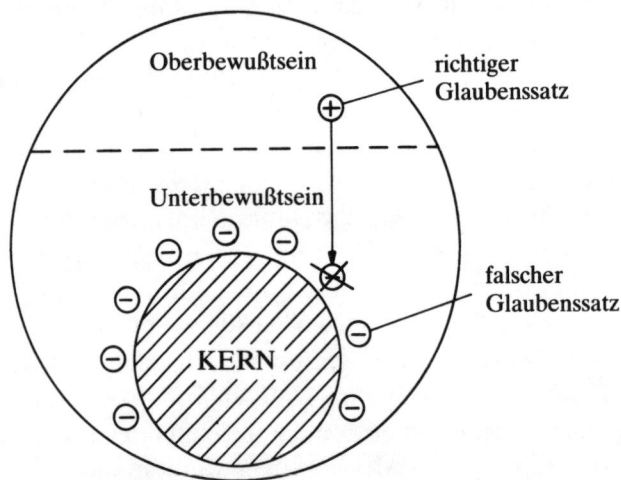

Abb. 9   Richtige Glaubenssätze löschen falsche.

154

Ihre positiven Gedanken – die richtigen Glaubenssätze also
– löschen die negativen Einstellungen. Leider erfolgt die
Löschung nicht sofort. Sie müssen eine solche Übung schon
wiederholt durchführen. Am besten nehmen Sie die Affirmationen mit in Ihr tägliches Bejahungsprogramm hinein.

3. Schaffen Sie ein positives Selbstbild

Affirmationen sind eine Möglichkeit, das Selbstbild zu verändern. Hier noch eine Übung, das positive Selbstbild zu
verstärken. Die vorangegangene Übung diente dazu, sich
seiner Schwächen bewußt zu werden. Lernen Sie aber auch
Ihre Größe kennen. Machen Sie sich dazu vier Ihrer wertvollsten Eigenschaften bewußt, die Sie bereits entwickelt
haben. Ziehen Sie daraus den Schluß: Sie sind wertvoller,
als Sie glauben.

Sie wissen nun, wie Sie sind. Doch wie sollen Sie werden? Alles Gute ist bereits in Ihnen. Es muß aber noch ver-
wirklicht werden. Dazu ist kreatives Visualisieren eine sehr
hilfreiche Technik. Schließen Sie die Augen, stellen Sie sich
bildhaft vor, wie Sie sein wollen. Ich habe diese Technik
des Visualisierens in meinem Buch »Lebe besser, lebe
gern« beschrieben. Bauen Sie ein positives Selbstbild auf.
Stellen Sie sich vor, wie Sie sein wollen. Ein Mann berichtete mir über Erfahrungen mit dem kreativen Visualisieren:»Ich stelle mir vor, ich fühle mich wohl und bin begeistert. Ich strahle meine Begeisterung nach außen.« Sein Visualisieren unterstützt er mit den Affirmationen: Ich glaube an mein Glück. Ich mag mich und liebe mich.

Das Visualisieren und die Affirmationen machen Ihnen
Mut, eine neue Sache anzupacken.

Nicht wenige Menschen würden über diese Übung lächeln, da sie sich nicht vorstellen können, daß sie hilft. Erzählen Sie daher keinem etwas über Ihre Übungen. Führen Sie sie durch. Und behalten Sie Ihren Erfolg für sich.

4. Ihr Bewußtseinszustand entscheidet

Bei einem Kontaktseminar wies ich die Teilnehmer während der Übungen darauf hin, nicht zu vergessen, in jedes Gespräch eine Anerkennung einzubauen. Eine Dame fragte mich:»Wirkt das Ganze nicht gestellt? Ich wüßte nicht, welches Kompliment ich machen sollte. Außerdem habe ich selbst noch keine erhalten.«

Die Dame sah also in einer Anerkennung eine Unaufrichtigkeit. Ich erwiderte:»Mir selbst gibt eine Anerkennung, die ich anderen gebe, ein sehr gutes Gefühl. Obendrein schenke ich damit einem Menschen Freude.«

Haben Sie etwa auch ein beklemmendes Gefühl, den Mitmenschen etwas Nettes zu sagen? Vielleicht ist der andere am Anfang mißtrauisch, weil er vermutet, Sie wollten etwas von ihm. Die meisten Menschen freuen sich aber über ein Kompliment sofort. Und selbst der Mißtrauischste wird auf Dauer positiv gestimmt. Übrigens habe ich noch keinen Menschen getroffen, an dem ich nicht etwas Positives feststellen konnte. Schaffen Sie also den richtigen Bewußtseinszustand. Machen Sie Komplimente von ganzem Herzen.

Sie werden selbst nur glücklich, wenn Sie von Herzen gütig und warmherzig sind. Nur dann entwickeln Sie eine tiefe Zufriedenheit, die auch auf die Menschen ausstrahlt, die Ihre Gegner sind. Wenn Ärger und Haß in Ihrem Bewußtsein groß werden, verlieren Sie die Übersicht über Situationen und das Urteilsvermögen. Dann hat Ihr Gegner Vorteile. Manchmal ist es notwendig, daß Sie Ihrem Gegenüber energisch entgegentreten. Das können Sie durchaus ohne Ärger und Haß machen. Gelassenheit und Geduld helfen Ihnen, die Situation besser zu überschauen.

Die Entfaltung solcher positiven Bewußtseinsformen kann aber nicht von außen kommen. Die einzige Möglichkeit, solche neuen Formen zu entwickeln, besteht in der Kontrolle und in der Lenkung Ihres Bewußtseins. Das erfordert Disziplin. Wie Sie dies tun, erfahren Sie in den folgenden Abschnitten. Bauen Sie also heilsame Bewußtseinszustände auf. So werden Sie zu Ihrem eigenen Retter.

5. Visualisieren und Affirmationen schaffen bessere Beziehungen zu den Mitmenschen

Sie spüren intuitiv, ob ein Mitmensch Sie schätzt. Auch der andere hat ein feines Gespür dafür, wie Sie über ihn denken. Sind Sie sich bewußt, was Sie für diesen oder jenen Menschen empfinden? Machen Sie sich klar, wie Ihre Beziehungen zum anderen sind. Überlegen Sie dann, was für Beziehungen Sie zum Mitmenschen wünschen. Finden Sie heraus, was Sie vom anderen erwarten. Machen Sie sich bewußt, welche falschen Glaubenssätze Sie an den gewünschten Beziehungen hindern. Überlegen Sie: Ich habe keine guten Beziehungen zu Mitmenschen aus folgendem Grund: _____

_____

_____

Schreiben Sie auf, was Ihnen dazu einfällt. Vielleicht schreiben Sie auf: Der andere ist schlecht. Kehren Sie dann die Aussage um. Also: Der andere ist gut. So haben Sie Ihre gewünschte Affirmation.

Visualisieren Sie, daß sich Ihre Beziehungen zum anderen so entwickeln, wie Sie es wünschen. Ergänzen Sie Ihr Visualisieren durch Ihre besonderen Affirmationen. Visualisieren hilft Ihnen, fixierte Bilder vom anderen zu durchbrechen. Nur zu oft stehen unsere routinemäßigen Betrachtungen über den anderen besseren Beziehungen im Wege. Kreatives Visualisieren hilft Ihnen, eingefahrene Einstellungs- und Verhaltensmuster abzubauen und bessere Beziehungen zu entwickeln.

Das Gute ist in Ihnen und auch in Ihren Mitmenschen. Es wird sich immer mehr manifestieren, wenn Sie kreativ visualisieren.

6. Lassen Sie die innere Sonne leuchten

Es wurde schon wiederholt erwähnt: Auf positive Ausstrahlung und positive Gefühle dem Mitmenschen gegenüber kommt es ganz besonders an. Wie erreichen Sie beide? Mit Affirmationen und Visualisieren schaffen Sie es. Das Visualisieren des Symbols Sonne hilft Ihnen ganz besonders, positive Gefühle zu entwickeln. Über die große, helfende Kraft der Symbole habe ich mehr in meinem Buch »Lebe besser, lebe gern« geschrieben.

Bringen Sie Ihre innere Sonne durch folgende Visualisierungsübung zum Leuchten:

Schließen Sie die Augen. Stellen Sie sich eine Sonne vor. Imaginieren Sie eine gelbe, strahlende Scheibe. Stellen Sie sich dann die Sonne in Ihrem Herzen vor. Stellen Sie sich vor, wie die Sonne von innen nach außen strahlt. Imaginieren Sie dann den Menschen, zu dem Sie bessere Beziehungen schaffen wollen. Stellen Sie sich dann vor, wie Ihre innere Sonne auf den anderen strahlt. Licht strahlt aus Ihrem Herzen zum Gegenüber.

Verzagen Sie nicht, wenn es Ihnen nicht sofort gelingt, eine Sonne zu imaginieren. Viele Menschen schaffen es nach meiner Erfahrung sofort, eine Sonne zu imaginieren. Doch gelingt es nicht auf Anhieb, sich die Sonne im Herzen vorzustellen. Mit einiger Übung werden Sie auch das bald schaffen. Nutzen Sie die große Kraft des Symbols Sonne, indem Sie es imaginieren. Dann verstärken Sie positive Gefühle. Ihre Ausstrahlungskraft wächst.

7. Trennen Sie sich von Groll

Verwechseln Sie inneren Groll nicht mit Zorn. Zorn ist ein sehr kurzfristiges Gefühl. Groll dagegen ist ein innerer Vorgang, der dauerhaft ist und Sie immer wieder neu unter seelischen Druck setzt. Zornig sind Sie vielleicht, wenn Sie gestürzt sind. Doch das Gefühl vergeht schnell.

Anders dagegen beim Groll. Das Gefühl dauert oft über Jahre an. Die Ursachen des Grolls liegen in den seelischen Verletzungen, die ein Mensch erlitten hat. Vielleicht ist jemand von seinen Eltern nicht genügend geliebt oder von anderen Menschen abgelehnt worden. Welcher Art Ihre Erfahrungen auch sind, das Spiel läuft immer wieder auf dieselbe Art ab. Der Mensch ruft sich das unangenehme Erlebnis immer wieder ins Gedächtnis zurück. Der Prozeß hört meist noch nicht einmal dann auf, wenn der Auslöser des Grolls schon längst verstorben ist. Es spielt dabei auch keine Rolle, ob das ausgelöste Gefühl berechtigt war oder nicht. Das Gefühl immer aufrechtzuerhalten erfordert immer neue, große physische und psychische Anstrengungen.

Werden auch Sie von innerem Groll gegenüber irgendwelchen Menschen beherrscht? Dann machen Sie sich bewußt, daß Sie es sind, der immer wieder neu das unangenehme Gefühl aufbaut. Denn das tun Sie, wenn Sie immer wieder an das unangenehme Ereignis denken. So fügen Sie sich selbst Schaden zu, weil Sie immer wieder das Erlebnis in die Erinnerung zurückrufen und das negative Gefühl immer wieder neu aufbauen. Abbildung 10 veranschaulicht Ihnen diesen Sachverhalt.

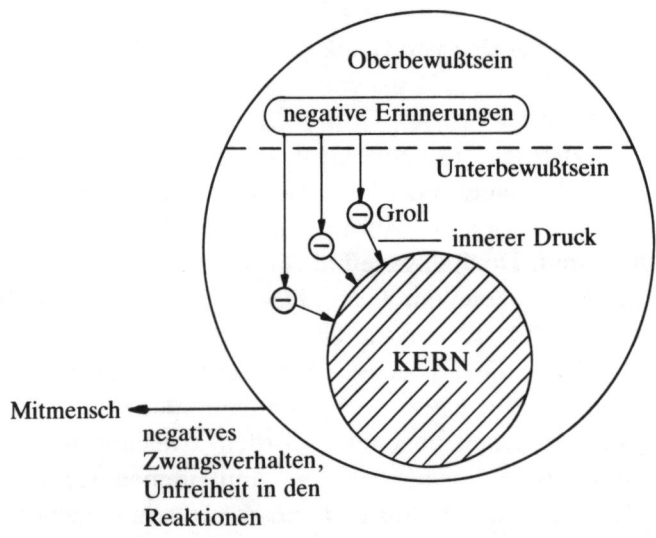

Abb. 10   Das Entstehen von innerem Groll und seine Folgen

Mit anderen Worten: Sie sind selbst die Quelle Ihres Leids. Was folgt daraus? Wenn Sie sich selbst wieder wohler fühlen wollen, müssen Sie Ihren Mitmenschen vergeben. Alle Religionen fordern den Menschen auf, demjenigen zu vergeben, der in ihm einen Groll ausgelöst hat. Sie wissen aber selbst, wie schwer das ist.

Emet Fox beschreibt in seinem Buch »Die Bergpredigt« eine praktische Methode, die auch Ihnen hilft, das Vergeben zu lernen. Viele meiner Seminarteilnehmer haben damit schon sehr gute Erfahrungen gemacht. Die Methode ist sehr einfach: Sie besteht darin, daß Sie sich den Menschen vorstellen, gegenüber dem Sie inneren Groll empfinden. Dann stellen Sie sich vor, wie dieser Mensch Gutes erlebt.

Vielleicht wenden Sie ein: Leugne ich nicht damit meine eigenen Gefühle? Das ist nicht der Fall. Probieren Sie diese Methode trotz eventueller Bedenken aus. Anfangs wird Ihnen die Übung schwerfallen. Nach einigen Übungen beginnen Sie, die Person von einem ganz anderen Standpunkt aus zu sehen. Sie billigen zwar die Tat des anderen nicht. Sie sehen aber die andere Person und ihr Verhalten langsam von einem anderen Standpunkt. Sie erkennen, inwieweit Sie selbst die Situation mit verursacht haben. Die Übung macht Ihnen auch bewußt, daß Sie es selbst sind, der das unangenehme Gefühl immer wieder neu aufbaut. Mit der Zeit wird es Ihnen sogar gelingen, dem anderen etwas Gutes zu wünschen. Ein deutliches Gefühl innerer Erleichterung stellt sich ein. Sie werden das Unbehagen und den inneren Druck los, unter dem Sie bislang standen. Ihr Umgang mit Mitmenschen wird gelöster und freier. Hier ist die Übung.

161

So befreien Sie sich von innerem Groll:

1. Setzen Sie sich auf einen Stuhl oder einen Sessel. Berühren Sie mit Ihren Füßen den Boden. Schließen Sie die Augen.
2. Entspannen Sie sich. Lockern Sie Ihre Muskeln. Sie können auch die von mir beschriebene Methode der Achtsamkeit auf den Luftstrom nutzen, die ich in meinem Buch »Wie Sie die universellen Kräfte Ihrer Psyche nutzen« beschrieben habe.
3. Visualisieren Sie dann den Menschen, gegen den Sie inneren Groll empfinden. Vielleicht erhält er Anerkennung, oder er wird reich. Visualisieren Sie etwas, das den anderen glücklich macht.
4. Achten Sie auf Ihr Verhalten. Ist es schwer für Sie, das Wohlbefinden des anderen zu visualisieren, so ist diese Reaktion ganz normal. Die Übung verläuft besser, wenn Sie sie mehrmals durchführen.
5. Überlegen Sie, welche Rolle Sie bei der Situation gespielt haben, die den Groll bei Ihnen ausgelöst hat. Machen Sie sich bewußt, wie der andere die Situation von seinem Standpunkt erlebt haben dürfte.
6. Machen Sie sich bewußt, ob sich Ihre innere Anspannung und Ihr Groll verringert haben. Nehmen Sie sich vor, sich diese Erfahrung und das neue Verständnis zu erhalten.
7. Beenden Sie nun die Übung. Öffnen Sie die Augen.

Sie benötigen für die gesamte Übung weniger als fünf Minuten. Wenden Sie die Übung an, wenn innerer Groll Sie zu plagen beginnt. An manchen Tagen werden Sie die Übung vielleicht überhaupt nicht nötig haben. Es kann aber auch Tage geben, an denen Sie die Übung sogar mehrmals durchführen sollten, wenn Sie nämlich innerer Groll aus dem Gleichgewicht bringen will.

Zugegeben, die Übungen erfordern Zeit und Geduld. Seminarteilnehmer berichteten mir, daß sie mit der Übung keine eigenen Gefühle unterdrückten. Sie lernten vielmehr, mit ihnen besser umzugehen. Auch Ihnen wird es mit der Zeit gelingen, negative Gefühle in positive zu verwandeln. Wenn Sie dem Mitmenschen vergeben, so vergeben Sie sich auch Ihre eigene Schuld an dem Ereignis.

Nicht wenige Menschen erzählten mir folgendes über ihre Erfahrungen: »Ich war böse auf mich, weil ich in einer Situation zu heftig reagiert hatte. Da ich mir meine Reaktion nicht verzeihen konnte, vermochte ich dem anderen auch nicht zu vergeben, der mich zu einem solchen Verhalten veranlaßt hatte. Die Übung machte mir den Zusammenhang deutlich bewußt. Ich lernte, mir selbst zu verzeihen. So konnte ich auch dem anderen verzeihen.«

Ein junger Mann berichtete mir über seine Erfahrungen mit der beschriebenen Visualisierungsübung. Er sagte: »Ich versuchte, mir das Bild meines Vaters vorzustellen. Als ich mich darum bemühte, mir meinen Vater glücklich vorzustellen, erkannte ich, daß ich selbst wütend auf mich war, weil ich nicht aktiv meine Ziele verfolgte. Ich versteckte mich hinter dem Groll auf meinen Vater, dem ich alle Schuld gab, um mich nicht mit mir auseinandersetzen zu müssen. Nicht meinem Vater mußte ich vergeben, sondern mir selbst.«

Überwinden Sie also Ihren inneren Groll. Dann sind Sie nicht mehr das Opfer eigener Emotionen. Sie fühlen sich wohl und gelangen zu innerer Freiheit. Ihr Umgang mit den Mitmenschen ist unbeschwerter und gelöster. Vor allem können Sie sonst durch inneren Groll gebundene Energien nun in Ihre Taten fließen lassen. Ihre Tatkraft wächst. Sie kommen Ihren Zielen näher.

8. Distanzieren Sie sich von sich selbst

Oft haben Sie es im Leben mit neuen Situationen zu tun. Das Neue ist aber für fast jeden unbequem und ungewohnt. Dennoch müssen Sie sich damit auseinandersetzen. So haben Sie mit neuen Menschen Kontakt, die Sie bisher noch nicht kannten und die Sie nicht einschätzen können.

Nun beschreibt das Buch viele oft wiederkehrende Situationen und gibt Ihnen Ratschläge, wie Sie sich geschickt verhalten. Es ist aber unmöglich, in einem Buch auf alle denkbaren Situationen im Umgang mit Menschen einzugehen. Dazu würden selbst mehrere Bücher nicht ausreichen. Obendrein müssen außerdem die Vorgeschichte und ganz besondere Hintergründe einer Situation beachtet werden. Sie brauchen also ein Verfahren, um auch selbst solche Situationen zu beurteilen. Dazu brauchen Sie einen Abstand zur Situation. Eben an diesem Abstand fehlt es den meisten Menschen. Weshalb ist das so schwer? So mancher seufzt: »Ach könnte ich doch aus meiner Haut schlüpfen. Alles wäre viel einfacher.« Die eigenen Gefühle trüben sehr oft den Blick auf die Wirklichkeit. Das, was Sie empfinden, ist meist nicht das, was wirklich ist. Und so erschweren die eigenen Gefühle die klare Beurteilung von Situationen. Vermögen Sie aber die eigenen Gefühle klar zu erkennen und sich davon zu distanzieren, so erkennen Sie eine Situation so, wie sie wirklich ist. Und das, was Sie dann erkennen, ist gar nicht mehr so unlösbar. Wie ist aber dabei vorzugehen?

164

So distanzieren Sie sich von einer Situation, um einen besseren Überblick zu erhalten:

Schließen Sie die Augen. Stellen Sie sich in der Situation vor. Visualisieren Sie den Ablauf der Situation. Sehen Sie also das Ereignis und sich selbst in dem Zusammenhang. So erleben Sie als Außenstehender die Tatsache, sich und Ihr eigenes Fühlen und Handeln.

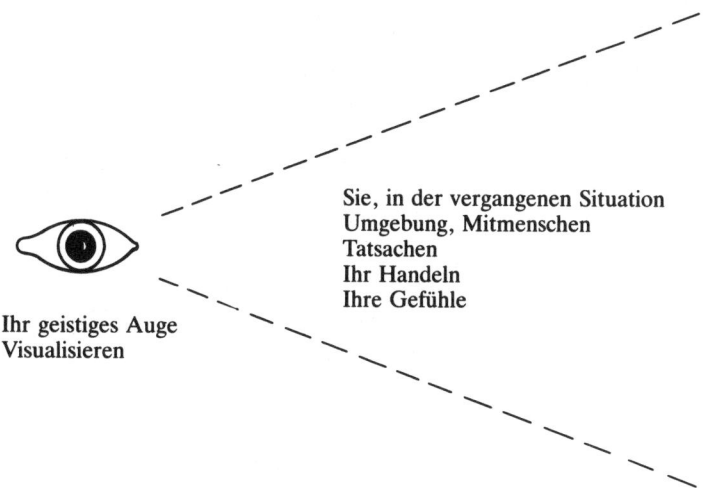

Abb. 11   Visualisieren gibt Ihnen die notwendige Distanz zur Situation

Ein solches Visualisieren gibt Ihnen Distanz zur Situation. Nun vermögen Sie zu trennen zwischen Ihrem Gefühl und dem, was ist. So beurteilen Sie die Situation objektiver. Dann können Sie freie Entscheidungen fällen.

9. Werden Sie gelassen

Gelassenheit ist immer seelische Ausgeglichenheit. Sie äußert sich vor allem im Umgang mit Mitmenschen. Der Kontakt zu Mitmenschen ist für viele ein Problemfeld, das sie immer wieder in Spannungen und Konflikte bringt. Die meisten Menschen können den anderen nicht so nehmen, wie er ist. Nur wer gelassen ist, ist seelisch stark und unverletzlich. Er kann ausgleichend auf andere einwirken. Man sollte annehmen, daß Menschen das Loslassen leichterfällt als das Anklammern. Doch das Gegenteil ist der Fall.

Loslassen fällt um so schwerer, je mehr man sich darum bemüht. Folgender Witz bringt den Sachverhalt zum Ausdruck: Onkel Baier lieh seinem Neffen 1000 Mark. Dieser versprach dafür, ihm ein unfehlbares Rezept zum Goldmachen zu schicken. Tatsächlich erhielt Onkel Baier auch nach einigen Tagen in einem Brief ein kompliziertes Rezept. Dieses hatte den seltsamen Zusatz: »Während der Goldexperimente darfst du nicht an ein Känguruh denken.« Nach zwei Wochen bekam der Neffe vom Onkel einen empörten Brief: »Du gemeiner Kerl! Mein ganzes Leben lang habe ich nicht an ein Känguruh gedacht. Jetzt muß ich den ganzen Tag daran denken.«

Gelassenheit erfordert, loslassen zu können. Begehren und Abhängigkeit hindern den Menschen loszulassen.

Ein Bauunternehmer lief über seinen Bauplatz. Er überlegte: »Soll ich dem Kunden acht Prozent Rabatt geben oder sechs?« Während seiner Überlegungen kam er in die Nähe einer Baugrube. Ein Mitarbeiter erkannte die bedrohliche Situation und rief warnend: »Chef, gib acht!« Doch der Bauunternehmer rief verkrampft: »Nein, niemals.« Und gleich darauf verschwand er in der Grube.

166

Gelassenheit ist nicht leicht zu erreichen. Widerwille, Abneigung und Haß wirken dem Loslassen entgegen. Das veranschaulicht folgende kurze Begebenheit: Ein Mann sagt zum anderen: »Alle Zähne mögen dir ausfallen, bis auf einen für Zahnweh.«

Widerwille gegen Mitmenschen raubt vielen Menschen das innere Gleichgewicht. Es liegt auf der Hand, wie sehr ein solches Verhalten den Umgang mit Mitmenschen belastet.

Ich fragte einmal in einer Großstadt einen älteren Menschen nach dem Weg. Er schaute mich zunächst sehr böse an und sagte: »Ich gebe niemandem mehr Wegbeschreibungen. Die Welt besteht nur noch aus Gaunern und Schurken.« Offenbar wirkte meine Gelassenheit in der Situation auf ihn sehr positiv, denn er sprach nach kurzer Pause zu mir: »Sie scheinen mir aber nicht dazuzugehören. Deshalb will ich Ihnen gegenüber eine Ausnahme machen.« Dann beschrieb er mir, wie ich am besten eine bestimmte Straße erreiche. Begehren und Widerwille sind zwei Verhaltensweisen, zwischen denen uns unser falsches Ich hin und her bewegt. Erst wenn Sie loslassen, distanzieren Sie sich vom falschen Ich. So führt Sie Loslassen zum wahren Ich. Wem es gelingt loszulassen, der erlebt einen großen inneren Frieden und eine neue Freiheit. Abbildung 12 veranschaulicht diesen Sachverhalt.

Gelassenheit erschließt Ihnen Ihr wahres Ich. In diesem Zustand sind Sie imstande, eine neutrale Einstellung zum anderen, aber auch Offenheit, Liebe und Zuwendung zu entwickeln.

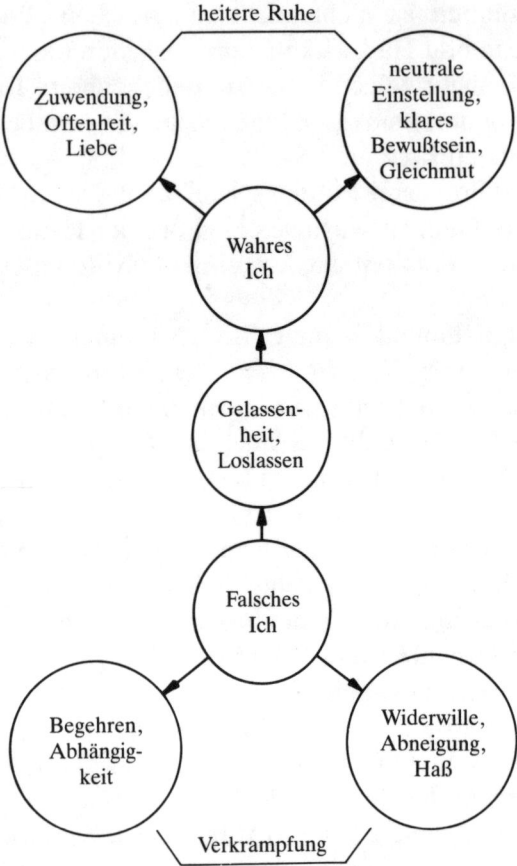

Abb. 12   Durch Gelassenheit lösen Sie sich vom
falschen Ich und seinen einengenden Verhaltensweisen und gelangen zum wahren Ich.

Was ist aber zu tun, um mehr Gelassenheit zu entwickeln?
1. Seien Sie nicht der Gefangene Ihrer Emotionen. Stärken Sie positive Emotionen durch Symbolvisualisierung (Sonne) und Gedankenlenkung.
2. Distanzieren Sie sich von einer Situation, indem Sie sie visualisieren.
3. Sie erreichen Ich-Distanzierung, wenn Sie über die Vergänglichkeit alles Irdischen nachdenken. Denken Sie an den eigenen Tod. Die Beschäftigung damit hilft Ihnen, Kleinigkeiten nicht überzubewerten.

Wenn Sie sich für weitere ausführliche Übungen zur Erlangung von Gelassenheit interessieren, lesen Sie bitte in meinem Buch »Lebe besser, lebe gern« nach.

Gelassenheit ist ein sehr hoher Bewußtseinszustand. Nur wer über den Dingen steht, dessen Anteilnahme und Liebe zu den Mitmenschen ist unerschütterlich. Daher hat der Buddhismus die Gelassenheit auch als göttlichen Bewußtseinszustand bezeichnet. Wer gelassen ist, dessen Gemütszustand hängt nicht davon ab, wie sich andere ihm gegenüber verhalten. Es fällt leichter, Gelassenheit zu lernen, wenn Sie daran denken: Das ganze Leben ist ein ständiges Loslassen und Neuwerden.

10. Wie Sie innere Festigkeit und Härte entwickeln

Eine Frau erzählte mir: »Ich bin ein sehr gutmütiger Mensch. Das erkennen die Mitmenschen bald. So werde ich immer wieder ausgenutzt. Ich müßte oft eine innere Festigkeit und Härte zeigen. Leider mangelt es mir an diesen Eigenschaften. So fühle ich mich gar nicht wohl. Mir graut deshalb manchmal vor gewissen Situationen, in denen ich mich durchsetzen müßte. Wie kann ich es schaffen, endlich mehr innere Festigkeit und Härte zu entwickeln? Dann wäre mir sehr geholfen.«

Ich erwiderte: »Schon in allen Kulturen war bekannt, daß Symbole eine große verwandelnde Kraft auf unsere Psyche haben. Sie brechen Konditionierungen der Vergangenheit auf und schaffen neue Bewußtseinszustände und Verhaltensweisen. Wenn Sie ein Symbol vor Ihrem geistigen Auge entstehen lassen, führt das zur Identifikation mit seinen Qualitäten. Nutzen Sie daher die verwandelnde Kraft eines Symbols. Seine Qualität läßt Sie neue Erfahrungen machen. Mit dem Symbol ›Diamant‹ stoßen Sie zu innerer Stärke vor. So werden Ihre Handlungen von innerer Festigkeit und Härte bestimmt.«

»Können Sie mir eine solche Übung näher erläutern?« fragte die Frau. Ich schlug der Dame den folgenden Text vor, um das Symbol »Diamant« zu visualisieren.

Der Diamant

Stellen Sie sich einen Diamanten vor. Sehen Sie seine Facetten. Sehen Sie die Schönheit des Edelsteins und seine Klarheit. Lassen Sie sich ganz von der kristallinen Schönheit des Kristalls durchdringen.

Das Wort »Diamant« wird vom griechischen Wort »Adamas«, der Unbezwingbare, der Unüberwindliche, abgeleitet. Identifizieren Sie sich mit dem Diamanten. Werden Sie ganz mit ihm eins. Während Sie sich mit dem Diamanten identifizieren, kommen Sie mit dem Teil in sich in Berührung, der genauso klar, unüberwindbar und hart ist wie der Diamant. Es ist Ihr Kern, Ihr Selbst.

170

Ihr Selbst ist Ihr Bewußtsein, das so klar ist wie der Diamant. Mit diesem klaren Bewußtsein erlangen Sie mehr Überblick in den verschiedensten Situationen. Ihr Selbst ist so hart und unbezwingbar wie der Diamant. Mit der inneren Härte meistern Sie alle Situationen. Mit der Unbezwingbarkeit Ihres Kerns gestalten Sie Ihre Zukunft. Nichts kann Ihrem Kern etwas anhaben. Äußere Zwänge haben keinen Einfluß auf Sie. Sehen Sie die Facetten des Diamanten. Identifizieren Sie sich mit seiner Klarheit, Härte, Unbezwingbarkeit. Geben Sie sich ganz dem Erlebnis hin.

Stellen Sie sich nochmals die Facetten des Diamanten vor. Stellen Sie sich vor, Licht fällt auf den Diamanten. Die Facetten verwandeln das Licht in ein »Feuer« vieler Farben. Das »Feuer« bringt Ihre Lebensfreude und Ihre Begeisterung zum Ausdruck, mit der Sie Ihre Ziele anstreben. Geben Sie sich ganz dem Erleben dieses »Feuers« hin.

Stellen Sie sich nun wieder den Diamanten ohne Licht vor. Lassen Sie sich ganz von seiner kristallinen Schönheit durchdringen. Identifizieren Sie sich mit dem Diamanten. So sind Sie in Kontakt mit Ihrem Kern, der ebenso unüberwindbar ist wie der Diamant. Lösen Sie nun das Symbol des Diamanten langsam auf. Nehmen Sie Ihren inneren Kern wahr. Lassen Sie sich ganz von seiner Wahrnehmung durchdringen.

Ich fuhr fort: »Am besten sprechen Sie den Text auf eine Kassette. Lassen Sie das Band laufen, wenn Sie visualisieren. Dann können Sie Ihre ganze Kraft auf die Entfaltung der Vorstellung richten. Unterstützen Sie die Wirkung des Symbols mit einer kurzen Bejahung. In Ihrem Fall empfiehlt sich: ›Ich mag mich – Ich bejahe mich – Ich liebe mich – Ich bin mir selbst verpflichtet.‹«

11. Entwickeln Sie Geduld

Die meisten Menschen werden von störenden Gefühlen und Gewohnheiten gelenkt. Sie wissen nicht richtig, was sie tun und sagen. Das Bewußtsein solcher Menschen ist nicht klar, sondern getrübt. Daran müssen Sie denken, wenn Sie unangenehme Erfahrungen mit anderen machen. Wenn Sie Ihre Geduld verlieren und Ihre Energien mit einem Zornesausbruch vergeuden, wird auch Ihr Bewußtsein getrübt. Sie verlieren, wie erwähnt, den Überblick über die Situation. Sie machen Fehler im Umgang mit anderen. Entwickeln Sie daher das Gefühl der Geduld. Verinnerlichen Sie es. Sie fühlen sich wohler.

So entwickeln Sie Geduld:
1. Lernen Sie, sich zu entspannen. Mit der in meinem Buch »Wie Sie die universellen Kräfte Ihrer Psyche nutzen« beschriebenen Entspannungsmethode schaffen Sie es.
2. Visualisieren hilft, den Energiefluß in Ihnen zu harmonisieren, und wirkt der Ungeduld entgegen.
3. Denken Sie oft an das Schöne in Ihrem Leben. So erfahren Sie innere Ausgeglichenheit.

Geduld ist Ihr großer Verbündeter im Umgang mit sich und anderen. Zugegeben, nicht jeder kann abwarten. Sie können sich aber dazu erziehen. Geduld entwickeln bedeutet, sich Zeit zu nehmen für eine Denkpause oder abzuwarten, bis sich der andere in seinem Zorn etwas beruhigt hat. Mit Ungeduld hat sich schon mancher geschadet. Damit sich gute Beziehungen entwickeln können, gilt es abzuwarten. Oft scheitern Verhandlungen deshalb, weil ein Partner auf

172

Biegen und Brechen alles sofort erreichen will. Sind Sie geduldig, dann arbeitet die Zeit für Sie. Das bedeutet natürlich nicht, den richtigen Zeitpunkt zu verpassen. Geduld zu entwickeln ist nicht leicht. Es erfordert Disziplin und Selbsterziehung. Geduld bedingt, daß Sie innehalten können. Das wiederum erfordert, eine beabsichtigte Handlung zu unterbrechen. Nur so können Sie darüber nachdenken, ob die beabsichtigte Handlung richtig ist. Schon Nietzsche sagt: »Das ist die erste Vorschule zur Geistigkeit: auf einen Reiz nicht sofort zu reagieren, sondern die hemmenden, die abschließenden Instrukte in die Hand bekommen . . . . . Das Wesentliche daran ist gerade, nicht ›wollen‹, die Entscheidung aussetzen können. Alle Ungeistigkeit, alle Gemeinheit beruht auf dem Unvermögen, einem Reiz Widerstand zu leisten: – man muß reagieren, man folgt jedem Impulse.« Die Ungeduld ist aber leider sehr verbreitet. Und viele haben sich dabei auch sehr geschadet. Wer langsam spricht, kann die Wirkung seiner Worte auf sein Gegenüber besser beobachten. So kann er sich auch besser auf den Gesprächspartner einstellen.

Gewiß haben Sie schon einmal erlebt, wohin es führt, wenn Sie einen Menschen drängen. Der andere meint: Nun eben gerade nicht. Mit Bitten haben Sie Erfolg, aber nicht mit Drängen. Bekanntlich erzeugt Druck immer Gegendruck. Geduld zu haben bedeutet auch, sich auf die Stimmung des Mitmenschen einzustellen. Hat Ihr Gegenüber den Kopf voller Probleme, wäre es falsch, mit ihm noch über eine schwierige Angelegenheit zu sprechen. Nur zu oft ändern sich auch Situationen und die Betrachtungsweisen des anderen. Dann fällt Ihnen der Erfolg gleichsam in den Schoß. Das soll aber niemanden ermuntern, überhaupt nichts zu tun.

12. Entwickeln Sie Herzenswärme

Gewiß kennen Sie die Formulierungen:
– »Ich habe dich von Herzen gern.«
– »Ich trage dich im Herzen.«
– »Es spricht Herz zu Herz.«

Das Herz wird schon seit Jahrtausenden als das Zentrum der Gefühle des Menschen angesehen. Das Herz ist das Zentrum des Menschen. Doch Herz allein, also nur Gefühl, reicht nicht aus. Es muß sich auch das Auge des Herzens öffnen. Erst dann entwickelt das Herz auch Güte und Weisheit. Meist wird das Herz erst durch Leid oder Liebe sehend, entwickelt also erst dann seine Weisheit. Sie haben es gewiß schon selbst erlebt. Erst wenn Sie Leid oder Glück erlebt haben, erschließt sich Ihnen eine ganz neue Dimension. Sie werden verständnisvoller. Sie blicken tiefer. Dann lösen Sie sich von den Täuschungen. Eine der Täuschungen ist zum Beispiel, daß sie vom anderen getrennt sind. Erleuchtung beseitigt Verunreinigungen Ihres Bewußtseins. Sie verlieren das Gefühl der Trennung und entwickeln Zuneigung und Liebe für den Mitmenschen. Wenn Ihr Herz »sehend« wird, dann schaffen Sie eine gute Atmosphäre um sich herum. Sie zeigen wohlwollendes Handeln und liebende Güte, die dem Du entgegenströmt.

Visualisieren Sie also das Ursymbol der Erleuchtung: das sehende Herz. Stellen Sie sich dazu einen leuchtenden Kreis vor, der das Herz umrandet. Mitten im Herzen stellen Sie sich ein Auge vor (siehe Abbildung 13).

Der Kreis ist das Symbol Gottes oder des Universalbewußtseins. Lenken Sie dann Ihr Bewußtsein auf Ihr eigenes

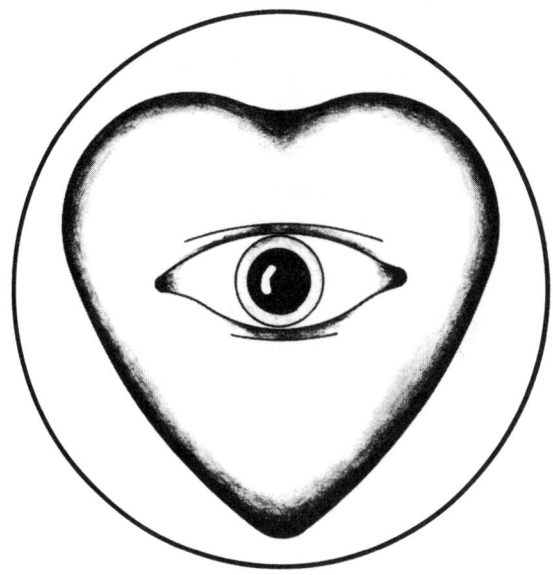

Abb. 13   Das sehende Herz, Symbol der Herzensgü-
te und Weisheit.

Herz. Stellen Sie sich Ihr Herz in Ihrer Brust vor. Stellen
Sie sich vor, es sei von einem milde strahlenden Kreis um-
geben. Mitten im Herzen erblicken Sie das sehende Auge.

13. Nehmen Sie sich Zeit zum Alleinsein

Können Sie mit sich allein sein? Oder halten Sie davon
überhaupt nichts? Denken Sie doch einmal an das Leben
der großen Religionsgründer, Jesus, Buddha, Moses oder
Mohammed. Alle zogen sich für gewisse Zeit in die Ein-
samkeit zurück, um mit sich allein zu sein. In solchen Zei-

175

ten der inneren Vertiefung und Sammlung gewannen sie neue Erkenntnisse und die innere Kraft, um ihre Einsichten und Ideen der Umwelt bekannt zu machen. Politische Führer, bedeutende Gelehrte, Erfinder und Unternehmer haben es ebenso gemacht, um ihre schöpferischen Kräfte zu nutzen und zu neuen Einsichten vorzustoßen.

Machen Sie es auch wie jene erfolgreichen Menschen? Nehmen Sie sich die Zeit zum Alleinsein? Viele Menschen gelangen nicht zu Ihrer tiefsten Kraft, weil sie nicht allein sein können. Ein Mensch dieser Art muß immer andere um sich haben. Er will nie mit sich selbst allein sein und sucht immer andere, um mit ihnen zu reden. Meist drehen sich derartige Unterhaltungen nur um Belanglosigkeiten. Er hört viel Klatsch. Ist er schließlich endlich einmal nicht in Gesellschaft anderer, ist er innerlich doch nicht allein. Denn er schaltet das Radio oder den Fernseher an, oder er liest Zeitungen, um nicht mit sich allein zu sein. Er macht alles, um nur nicht selbst zu denken. Er scheut davor zurück, geistig allein zu sein.

Was ist die Folge? Ein solcher Mensch wird immer oberflächlicher, er erkennt seine eigenen Ziele nicht oder verliert sie aus den Augen. Vor allem ist er aber nicht fähig, seine innere Kraft zu entfalten.

Bei meinen Seminaren fordere ich immer die Teilnehmer auf, jeden Tag mindestens eine Viertelstunde für sich allein zu sein. Ich empfehle dann auch immer, eine innere Sammlungsübung zu machen, wie ich sie in meinem Buch »Wie Sie die universellen Kräfte Ihrer Psyche nutzen« beschrieben habe. Bereits nach wenigen dieser inneren Sammlungen machen Menschen sehr erstaunliche Erfahrungen. Ein Mann berichtete: »Vor meinem Alleinsein war ich nahe daran, mich mit einem Vorgesetzten zu überwerfen. Nach meinem Alleinsein habe ich aber über das Problem gründlich nachgedacht. Ich fand einen Weg und konnte die Angelegenheit bereinigen.«

Eine Frau erzählte: »Ich hatte in meiner Ehe Schwierigkeiten. Während meines Alleinseins erkannte ich, was ich falsch gemacht hatte. Ich änderte mein Verhalten. Meine Beziehung zu meinem Mann ist nun wieder harmonisch.«

Alle Seminarteilnehmer stellten fest, daß während der Zeit des Alleinseins die Beurteilung von Situationen viel klarer wurde. Und fast immer riet die innere Stimme, die richtige Entscheidung zu treffen.

Auch Ihnen wird es nicht nur im Umgang mit Mitmenschen helfen, wenn Sie sich die Zeit zum Alleinsein nehmen. Sie werden auch in allen entscheidenden Situationen Ihres Lebens die richtige Entscheidung treffen. Sie brauchen dazu nur noch auf Ihre innere Stimme zu hören. Nehmen Sie sich also die Zeit zum Alleinsein. Machen Sie zunächst eine innere Sammlungsübung. So ist Ihr Unterbewußtsein aktiviert. Wenn Sie anschließend über Ihr Problem nachdenken, wird der Erfahrungsschatz Ihres Unterbewußtseins Ihnen ganz entscheidende Informationen und Einsichten zugänglich machen.

Planen Sie also Ihr Alleinsein so ein. So werden Sie frei von äußeren Einflüssen. Lassen Sie sich also nicht von der Außenwelt treiben. Innere Sammlung bringt Sie mit Ihrer größten Kraft in Kontakt. Sie lösen Probleme. Ihr Umgang mit Mitmenschen wird besser.

14. Lassen Sie sich nicht von der Umwelt nach unten ziehen

Ein altes buddhistisches Sprichwort sagt: »Wenn du auf einem sehr steinigen Weg wandern mußt, so kannst du nicht alle Steine aus dem Weg schaffen. Doch feste Schuhe können dich gegen die Steine schützen.«

Es wird immer Menschen geben, die Ihnen Mißerfolge wünschen und die wollen, daß es Ihnen schlecht geht. Daran können Sie nichts ändern. Solche Menschen werden Sie angreifen und hinter Ihrem Rücken schlecht über Sie reden. Ebenso wie der erwähnte Wanderer das richtige Schuhwerk braucht, müssen Sie das richtige Denken über sich entwickeln. Dann sind Sie richtig ausgerüstet. Nur dann können die anderen Sie nicht nach unten ziehen. Wie müssen Sie also vorgehen?

So verhindern Sie, daß die Umwelt Sie nach unten zieht:
- Würdigen Sie sich selbst nicht herab.
- Denken Sie an Ihre Vorzüge.
- Visualisieren Sie, wie Sie sein wollen. Arbeiten Sie mit Ihrem Selbstbejahungstext.
- Überlegen Sie sich, ob sich eine Auseinandersetzung wirklich lohnt. Verschwenden Sie Ihre Kraft nicht.
- Rückschläge gibt es im Leben jedes Menschen. Es gilt, dann nicht aufzugeben, sondern die notwendige Lehre zu ziehen.
- Sehen Sie nicht nur die Schwächen, sondern auch die positiven Seiten der Mitmenschen.
- Überlegen Sie, wie Sie Ihre Beziehungen zur Familie, zu den Kollegen, zum Vorgesetzten und zu Ihren Bekannten verbessern können.

Wer schlecht über sich denkt, wird schlecht. Denken Sie also positiv über sich.

15. Entwickeln Sie innere Stärke

Eine Frau erzählte mir: »Nach meiner Scheidung lernte ich eine ebenfalls geschiedene Frau kennen. Wir machten große Pläne und wollten gemeinsam unsere Zukunft gestalten. So planten wir, ein Haus zu mieten. Nach einem Jahr lernte meine Freundin einen Mann kennen. Nun hält sie überhaupt keinen Kontakt mehr zu mir. Wie beschämend geht es auf der Welt zu, da man sich auf keinen Menschen verlassen kann.«

Ich erwiderte darauf: »Natürlich ist es schön, gute Kontakte zu einem anderen Menschen zu haben. Es führt aber auf Dauer immer zu Enttäuschungen, wenn Sie Ihr eigenes Wohlbefinden von anderen abhängig machen. Genau betrachtet, hat sich Ihre Freundin sehr an Sie geklammert. Und Sie taten das umgekehrt genauso. Sie müssen erst selbst eigene Stärke entwickeln, sonst ist jede Beziehung für Sie nur eine Krücke.«

Zusammenfassung

1. Selbstbewußt zu sein bedeutet, in Kontakt mit Ihrem eigenen Selbst zu sein.

2. Falsche Glaubenssätze hindern Sie daran, entsprechend Ihrer wahren Natur zu leben.

3. Sie erkennen falsche Glaubenssätze, wenn Sie spontan aufschreiben, was die »Gründe« für Ihr mangelndes Selbstbewußtsein sind.

4. Kehren Sie erkannte falsche Glaubenssätze um, und ersetzen Sie sie durch positive Bejahungen (Affirmationen).

5. Machen Sie sich bewußt, welche wertvollen Eigenschaften Sie haben. Jeder Mensch hat solche.

6. Kreatives Visualisieren hilft Ihnen, ein positives Selbstbild aufzubauen.

7. Kreatives Visualisieren und Affirmationen helfen Ihnen, das zur Entfaltung zu bringen, was in Ihnen ist.

8. Finden Sie heraus, weshalb Sie keine guten Beziehungen zu diesen oder jenen Menschen haben. Kehren Sie den falschen Glaubenssatz um, dann haben Sie die für Sie richtige Affirmation.

9. Visualisieren Sie, wie Ihre Beziehungen zu anderen besser werden, und verwenden Sie geeignete Affirmationen.

10. Sie verstärken positive Gefühle und Ihre Ausstrahlungskraft, wenn Sie das Symbol Sonne in Ihrem Herzen imaginieren. Stellen Sie sich vor, wie Ihre innere Sonne zum Gegenüber strahlt.

11. Wer inneren Groll empfindet, ruft ein unangenehmes Erlebnis immer wieder neu in Erinnerung und setzt sich mit dem dadurch ausgelösten unangenehmen Gefühl selbst unter Druck.

12. Wer dem anderen vergibt, trennt sich von innerem Groll.

13. Visualisieren Sie den Menschen, gegen den Sie inneren Groll empfinden. Stellen Sie sich vor, daß ihm Gutes widerfährt.

14. Führen Sie die Visualisierungsübung durch, wenn innerer Groll Sie zu plagen beginnt.

15. Wenn Sie einem Mitmenschen vergeben, so vergeben Sie auch sich selbst eventuelle eigene Mitschuld.

16. Ohne inneren Groll ist Ihr Umgang mit Mitmenschen unbeschwerter und gelöster.

17. Sie können eine Situation besser beurteilen, wenn Sie einen Abstand dazu aufbauen. Mit Selbstdistanzierung können Sie zwischen der Wirklichkeit und Ihren Gefühlen besser trennen.

18. So distanzieren Sie sich: Stellen Sie sich die erlebte Situation vor. Visualisieren Sie den Ablauf der Situation und in dem Zusammenhang sich selbst.

19. Gelassenheit ist eine sehr wichtige Eigenschaft im Verhalten Mitmenschen gegenüber. Mit Gelassenheit ste-

hen Sie über den Dingen. Wenn Sie gelassen sind, wird Ihr Gemütszustand nicht davon beeinflußt, wie sich andere Ihnen gegenüber verhalten.

20. Sie entwickeln die zur positiven Selbstbehauptung notwendige innere Festigkeit und Härte, wenn Sie das Symbol des Diamanten visualisieren.

21. Geduld ist Ihr großer Verbündeter im Umgang mit sich und anderen.

22. Visualisieren Sie das Symbol »das sehende Herz«.

23. Nehmen Sie sich jeden Tag eine halbe Stunde Zeit, um mit sich allein zu sein.

24. Sie profitieren vom inneren Alleinsein mehr, wenn Sie zunächst eine innere Sammlungsübung durchführen. So gelangen Sie mit Ihrer verborgenen Kraft in Kontakt.

25. Alleinsein verhilft Ihnen zu neuen Erkenntnissen über Ihre Beziehungen zu Mitmenschen. Sie lösen Probleme.

Kapitel 7

Vermeiden Sie Mißverständnisse

1. Meine Mißverständnisse in Südamerika

Im Rahmen einer Forschungsreise nach Südamerika besuchte ich auch Lima, die Hauptstadt von Peru. Da ich von dort in den Süden und die Wüstengegenden von Peru weiterreisen wollte, um mich mit der Kultur der Nazcas und der Paracas zu beschäftigen, mietete ich in Lima bei einem Reisebüro ein Auto und einen Fahrer. Da ich die Hilfe des Reisebüros nicht das erste Mal in Anspruch nahm, kannte man mich dort bereits. Man versicherte mir, der Fahrer würde mich am nächsten Morgen um fünf Uhr vom Hotel abholen. Ich brauchte mir keine Sorgen zu machen, der Fahrer kenne mich.

Am nächsten Morgen erschien ich mit etwa zehn Minuten Verspätung in der Hotelhalle. Außer einem Mann war niemand zu sehen. Als er mich erblickte, kam er freundlich lächelnd auf mich zu. Ich war froh, daß alles programmgemäß ablief, und stieg in der Dunkelheit in seinen Wagen. Nachdem wir einige Minuten unterwegs waren, beschlich mich ein unangenehmes Gefühl. Mir schien, der Fahrer wollte mich zum Flugplatz fahren. Nun spreche ich leider nur sehr wenige Worte Spanisch. Ich konnte dem Fahrer verständlich machen, daß ich nicht zum Flugplatz wollte, und nannte die Orte, die ich aufsuchen wollte. Der Fahrer nickte, als ob er meinen Wunsch verstanden hätte. Dann setzte er mich am Busbahnhof in Lima ab. Nun gab ich es auf, mich ihm verständlich zu machen. Von einem Hotel rief ich die Nummer des Leiters des Reisebüros an.

Nun klärte sich alles auf. Der Fahrer des Wagens des Reisebüros hatte sich um eine halbe Stunde verspätet. Ich war zu einem Taxifahrer ins Auto gestiegen, der in der Hotelhalle so früh auf Kundschaft wartete und von meinem

Reiseplan überhaupt keine Ahnung hatte. Mir blieb nichts anderes übrig, als mich vom Taxifahrer, der mich übrigens während meines kurzen Aufenthaltes in Lima schon mehrmals gefahren hatte, wieder ins Hotel zurückbringen zu lassen. Dort wartete bereits der Fahrer vom Reisebüro mit seinem Wagen. Mit lautem Hallo und fröhlichem Lachen, in das der Hotelportier natürlich mit einfiel, wurde ich empfangen. Dann konnte endlich die Fahrt beginnen. Da der Fahrer sehr gut englisch sprach, vermochten wir uns ausgezeichnet zu unterhalten.

Mit seiner lebhaften Art erzählte er mir von einem Erlebnis, das er vor einigen Jahren hatte. Er berichtete: »Ich war vom Reisebüro beauftragt, einen Amerikaner namens Henry Miller vom Flughafen abzuholen und in ein bekanntes Hotel zu bringen. Am Eingang zum Flughafen sah ich einen großen Amerikaner stehen. Ich fragte: ›Miller?‹ ›Ja‹, antwortete er. Ich fragte weiter: ›Henry Miller?‹ ›Ja, das bin ich‹, bestätigte der Amerikaner. ›Dann kommen Sie bitte in meinen Wagen, ich bringe Sie ins Hotel.‹ Während der Fahrt meinte der Amerikaner zu mir: ›Ich finde alles so seltsam.‹ Ich beruhigte ihn und sagte: ›Es ist schon alles in Ordnung.‹ Später erzählte mein Fahrgast: ›Dennoch wundert mich alles. Ich kenne niemanden in Lima. Ich habe auch bei keinem Reisebüro gebucht.‹ Erst nach etwa 20 Minuten«, so erzählte mein Fahrer, »wurde mir klar, daß ich nicht den ›richtigen‹ Henry Miller im Auto hatte. Und ich brachte ihn schleunigst zum Flughafen zurück.«

Vielleicht meinen Sie: Sind nicht Mißverständnisse dieser Art selten? Ich gebe Ihnen recht. Es gibt im Alltag aber viele andere Mißverständnisse. Und sie haben ihre Ursache gewiß nicht in Sprachproblemen. Von Mißverständnissen häufiger Art handelt der folgende Abschnitt.

186

2. Häufige Mißverständnisse

Beginnen wir mit einem Beispiel. Sie machen mit Ihrer Frau einen Spaziergang. Auf der anderen Straßenseite sehen Sie Karl und Anne Müller, die Sie grüßen. Nach einer Weile fährt ein Auto an Ihnen vorbei. In diesem sitzen Fritz und Ursula Schneider, die Ihnen zuwinken. Nach einer Weile entwickelt sich zwischen Ihnen und Ihrer Frau folgende Unterhaltung:

»Seit wann sind denn die beiden wieder von der Reise zurück?«

»Das müßtest du doch am besten wissen. Schließlich arbeitest du mit dem Mann in der Firma zusammen.«

»Das ist nicht der Fall.«

»Warum bestreitest du es? Du hast doch sogar neulich über Herrn Müller mehrmals zu Hause gesprochen.«

»Wieso Herr Müller? Ich spreche von Herrn Schneider.«

Zur Verdeutlichung ein weiteres Beispiel. In Zürich findet eine Ausstellung statt. Sie wollen sie mit mehreren Kollegen Ihrer Firma besuchen. Für den Nachmittag haben Sie mit Ihrem Freund, dem Abteilungsleiter Bunte, den Besuch einer Galerie geplant. Gestern fragte Sie Herr Bunte: »Nehmen wir Herrn Specht mit nach Zürich?« Sie antworten: »Der Specht stört doch nur und versteht davon nichts.«

Am nächsten Tag kommt Herr Bunte noch einmal auf das Thema zurück und sagt: »Wieso stört denn Herr Specht in Zürich bei der Messe? Letztes Jahr hat er uns doch sehr geholfen?«

Und Sie waren der Meinung, Ihr Freund wollte Herrn Specht mit in die Galerie nehmen.

187

3. Wie Sie Mißverständnisse vermeiden

Was war die Ursache der Mißverständnisse in den beiden vorangegangenen Beispielen? Es waren ganz einfach Bequemlichkeit und Gedankenfaulheit. Im ersten Fall hätte die Frau gleich sagen sollen, von wem sie sprach. Doch auch der Mann beging einen Fehler. Er hätte fragen müssen, von wem die Frau sprach. Doch das tat er nicht. Er setzte voraus, daß er schon wußte, von wem die Frau sprach. Als die Frau dem Mann die Frage stellte: »Seit wann sind die beiden wieder von der Reise zurück?«, hätte er fragen müssen: »Von wem sprichst du?«

Auch im zweiten Beispiel hätte eine präzise Frage ein Mißverständnis verhindert. Auf die Frage: »Nehmen wir Herrn Specht mit nach Zürich?«, hätte die klärende Frage lauten müssen: »Zur Ausstellung oder auch in die Galerie?« Dann wäre eine unmißverständliche Beantwortung möglich gewesen.

Also: Wenn Sie Mißverständnisse vermeiden wollen, müssen Sie klärende Kontrollfragen stellen. Stellen Sie also klärende Kontrollfragen. Gedankenfaulheit ist zwar im Augenblick bequem. Doch so schaffen Sie nur Schwierigkeiten und Probleme. Mit einer klärenden Frage verhindern Sie Mißverständnisse. So schützen Sie sich und den anderen vor Unannehmlichkeiten. Ihre Beziehungen zu den Mitmenschen werden nicht belastet.

4. Mißverständnisse humorvoll betrachtet

Der Malermeister sagte zum Lehrling: »Karl, geh zu Müller und streich die Fenster.« – »Tu ich.«

Nach einer halben Stunde ist der Lehrling wieder zurück und verkündet stolz: »Meister, mit den Fenstern bin ich fertig. Soll ich nun auch noch die Rahmen streichen?«

Während eines Museumsbesuchs ruht sich Kohn auf einem Thronsessel aus.
»Was erlauben Sie sich«, fährt ihn ein Museumsangestellter an. »Das ist der Thron Karls des Großen.«
»Spielen Sie sich doch nicht so auf«, meinte Kohn erschöpft, »wenn er kommt, stehe ich sofort auf.«

Der Richter fragt die Zeugin: »Sie heißen?«
»Ulla Piefke, Herr Richter.«
»Und Ihr Alter?«
»Der ist noch draußen im Gerichtsgang und wartet, bis er aufgerufen wird.«

Der Maler sagt zum Modell: »Ich möchte Sie am liebsten nackt malen.« – »Nein, nein. Behalten Sie mal schön die Hose an.«

Ein Mann kommt in das Geschäft und sagt zum Verkäufer: »Ich habe heute zwei Flaschen Wein gekauft. Ich gab Ihnen einen Hundertmarkschein. Sie haben sich bei der Herausgabe des Wechselgeldes geirrt.«
»Tut mir leid«, antwortete der Verkäufer, »ich kann Ihre Reklamation jetzt nicht mehr berücksichtigen.«
Der Kunde erwidert: »Nun gut, dann behalte ich eben die fünfzig Mark, die Sie mir zuviel herausgegeben haben.«

Von den Reisenden im Abteil eines Zuges ist einer ein Lehrer. Ein Fahrgast fragt ihn: »Wie viele Kinder habt Ihr?«

Der Lehrer bezieht die Frage auf seine Schülerzahl und erklärt stolz:»Achtunddreißig.«

Da lacht der Fahrgast schallend los:»Ha, Ha!«

Der Lehrer meint, der andere bezweifle, daß man so viele Schüler gleichzeitig und in allen Fächern unterrichten könne. Er erwidert:»Sie Dummkopf, natürlich habe ich Helfer.«

Worauf der Frager noch lauter brüllt vor Lachen.

Bei der Untersuchung sagt der Arzt zur Patientin:»Liebe Frau, Sie gefallen mir gar nicht.«

Darauf erwidert die Patientin empört:»Herr Doktor, der Schönste sind Sie auch nicht.«

»Ich bin nun fünfundzwanzig Jahre verheiratet und liebe immer noch dieselbe Frau.«

»Na, wunderbar!«

»Meinen Sie? Wenn meine Frau das erfährt, bringt Sie mich um.«

Zusammenfassung

1. Mißverständnisse sind sehr unangenehm. Sie lösen Ärger aus und stören Ihre Beziehungen zu den Mitmenschen.

2. Die Ursache von Mißverständnissen sind fast immer Bequemlichkeit und Gedankenfaulheit.

3. Mit einer klärenden Frage vermeiden Sie Mißverständnisse. Stellen Sie daher Kontrollfragen.

Kapitel 8

Geschickte Techniken der Kommunikation

1. Wie Sie es nicht machen sollten

Nehmen wir einmal an, Sie sind Hausfrau. Da Ihr Mann immer zur gleichen Zeit von der Arbeit nach Hause kommt, haben Sie aus Gewohnheit bereits um diese Zeit das Abendessen fertig. Heute haben Sie sich besonders viel Mühe gegeben. Sie wollen Ihren Mann mit einem Festessen überraschen. Das Mahl ist Ihnen gelungen, und Sie freuen sich schon auf die Ankunft Ihres Mannes. Doch Ihr Gatte kommt nicht. Sie warten eine Stunde, dann zwei Stunden vergeblich. Trotz Ihrer Anstrengungen können Sie das Essen nicht mehr retten. Es ist bereits verdorben und fast ungenießbar geworden. Sie sind sehr ärgerlich, weil Ihre ganze Mühe vergeblich war. Sie sind wütend auf Ihren Mann, der Ihnen noch nicht einmal Bescheid gegeben hat. Sie machen sich aber auch Sorgen, ob Ihr Mann nicht vielleicht Opfer eines Unfalls geworden ist.

Endlich kommt Ihr Mann mit drei Stunden Verspätung nach Hause. Wütend machen Sie ihm Vorwürfe. Das wiederum reizt ihn, Sie zu kritisieren. In kurzer Zeit entwickelt sich eine heftige Auseinandersetzung. Schon längst Vergessenes wird wieder aufgerührt. Die eheliche Harmonie ist erheblich gestört.

Vielleicht wenden Sie ein: Wer wäre wohl unter diesen Umständen nicht wütend geworden. Gewiß ist Ihr Verhalten durchaus verständlich. Schließlich bereiteten Sie das schöne Festmahl vergeblich vor. Zu Recht meinen Sie, Ihr Mann hätte schließlich anrufen können, um Ihnen die Verspätung mitzuteilen. Außerdem haben Sie sich völlig unberechtigt um Ihren Mann Sorgen gemacht. Über all das ärgern Sie sich. Sie möchten erreichen, daß Ihr Mann Sie in ähnlichen Fällen in Zukunft vorher benachrichtigt, damit

Sie sich auf seine Verspätung einstellen können. Das Ziel erreichen Sie aber gewiß nicht mit Vorwürfen, Tadel oder gar Drohungen.

2. Geschickte Botschaften senden

Mit geschickten Botschaften teilen Sie anderen deutlich Ihre Wünsche mit, ohne zu tadeln und ohne das Selbstwertgefühl der Mitmenschen anzugreifen. Das Ziel erreichen Sie nicht mit Du- bzw. Sie-Botschaften. Ich-Botschaften dagegen sind wirksamer und bringen Sie ans Ziel.

Hier ein Beispiel für eine Du- bzw. Sie-Botschaft: Chef zum Angestellten: »Haben Sie die Arbeit immer noch nicht fertig? Können Sie nicht etwas schneller arbeiten?«

Die negative Wirkung einer solchen Botschaft spricht für sich. Ganz anders dagegen die folgende Ich-Botschaft: Chef zum Angestellten: »Ich stehe unter großem Zeitdruck. Der Kunde muß unbedingt die Arbeit noch in dieser Woche erhalten, sonst verlieren wir ihn. Das wäre für die Firma sehr unangenehm. Können wir die Arbeit morgen erledigt haben?«

Mit dieser Ich-Botschaft teilt der Chef seinem Mitarbeiter seinen Wunsch mit, ohne ihn anzugreifen. Der Mitarbeiter wiederum versteht die Situation seines Chefs und wird sich einsetzen. Mit Ich-Botschaften wird die wechselseitige Zusammenarbeit gestärkt. Die zwischenmenschlichen Beziehungen bleiben positiv.

Verwenden Sie also Ich-Botschaften, um das Verhalten eines anderen zu ändern.

Eine solche wirksame Ich-Botschaft setzt sich aus drei Teilen zusammen:

1. Sie beschreiben die Situation oder das Sie störende Verhalten des anderen möglichst ohne jeden Vorwurf.

2. Sie beschreiben die Auswirkungen des Verhaltens auf Sie. So versteht der andere Ihre Situation noch besser.

3. Sie beschreiben Ihre unangenehmen Gefühle, die sich aus der Situation oder aus dem Verhalten des anderen ergeben. Übertreiben Sie jedoch Ihre Gefühle nicht. Wenn Ihr Gegenüber Ihre Betroffenheit erkennt, wird er meist sein Verhalten ändern.

Die Reihenfolge der drei Teile ist nicht entscheidend. Wichtig ist nur, daß die Ich-Botschaft nicht zu lang ist. Sonst verliert sie ihre Wirkung.

Vielen Menschen fällt es schwer, die eigenen Gefühle zu beachten. Achten Sie jedoch auf Ihre Gefühle. Ihre Gefühle beeinflussen, wie Sie sich im Umgang mit Mitmenschen verhalten.

Natürlich können Sie auch auf die Beschreibung Ihrer unangenehmen Gefühle verzichten. Werden Sie sich dennoch Ihrer Gefühle klar, denn Ihre Emotionen beeinflussen Ihren Umgang mit anderen. Sie müssen sich erst Ihrer negativen Gefühle Ihren Mitmenschen gegenüber bewußt werden, wenn Sie Ihren Umgang mit anderen verbessern wollen. Wenn Sie negative Gefühle erkennen, so können Sie sie in positive verwandeln.

3. Beispiele für geschickte Ich-Botschaften

Kommen wir noch einmal auf die in Abschnitt 1 beschriebene Situation der Hausfrau zurück. Was hätte sie ihrem Mann sagen sollen, um eine möglichst große Wirkung auf sein Verhalten zu bewirken? Folgende Ich-Botschaft ist geschickt:»Da du nicht nach Hause kamst, habe ich mir große Sorgen um dich gemacht. Ich befürchtete, du hättest einen Unfall gehabt. Außerdem bin ich verärgert und traurig, da das Abendessen verdorben ist. Bitte rufe mich in Zukunft vorher an, wenn du später nach Hause kommst. So brauche ich mich nicht zu ängstigen, und du hast ein schmackhaftes Abendessen.«

Hier noch weitere Beispiele zur Veranschaulichung: Ihre Tochter hat Ihnen versprochen, für Sie einen wichtigen Brief zu schreiben. Sie möchten gern, daß er noch heute zur Post gebracht wird.

Falsch: »Hast du den Brief immer noch nicht getippt? Kannst du dir nicht etwas Mühe geben und dich beeilen?«

Richtig: »Der Brief ist sehr wichtig. Er muß den Empfänger unbedingt bereits morgen erreichen. Kann der Brief bald getippt sein, damit er noch vor der letzten Briefkastenleerung zur Post kommt?«

In diesem Beispiel ist auf die Beschreibung der Gefühle verzichtet worden. Nun zu einem weiteren Beispiel: Ein Mitarbeiter von Ihnen kommt oft verspätet zur Arbeit.

Falsch: »Können Sie nicht endlich pünktlich sein? Ausgerechnet mit Ihnen habe ich immer wieder Schwierigkeiten. Diese Unverschämtheit lasse ich mir nicht mehr bieten.«

Richtig: »Mehrere Mitarbeiter können nicht pünktlich mit ihrer Arbeit anfangen, da sie auf Sie warten müssen.

Die anderen haben sich schon wiederholt bei mir beschwert. Ich ärgere mich, weil die Leistung der Gruppe sinkt und ich deshalb Probleme bekommen werde.«

Wenden Sie also Ich-Botschaften an; sie sind sehr wirksam. Ich-Botschaften beschreiben nur, aber werten und verurteilen nicht. Der Mitmensch weiß, wo Ihre Schwierigkeiten liegen, und kann sich darauf einstellen. Er kann selbst den besten Weg wählen, um Ihre Bedürfnisse zu erfüllen. Mit Du-(Sie-)Botschaften dagegen schreiben Sie ihm vorwurfsvoll vor, was er zu tun hat. Dies empfindet er als Zwang und reagiert darauf mit Widerstand. Die beschriebenen Ich-Botschaften dagegen erlauben es ihm, freiwillig Ihren Wünschen nachzukommen, ohne von Ihnen zur Verhaltensänderung gezwungen worden zu sein.

4. Kombinieren Sie Ich-Botschaften mit einfühlsamer Gesprächsführung

Niemand setzt sich gern mit den negativen Auswirkungen seines eigenen Verhaltens auseinander. Und wer hört schon gern, daß sein Verhalten Schwierigkeiten schafft. Daher kann eine noch so gute Ich-Botschaft Ablehnung erzeugen. Wenn obendrein der Betreffende sein Verhalten nicht ändern will, hat es keinen Zweck, es mit weiteren Ich-Botschaften zu versuchen. Eine einfühlsame Gesprächsführung ist dann das Beste. Dazu ein Beispiel aus der Arbeitswelt:

Person A: »Ich bin wütend, weil ich mich beim Kunden blamiert habe. Der Fehler in Ihrer Zeichnung war der Grund. Außerdem wäre es sehr unangenehm, wenn wir den Kunden deshalb verlieren.« (Ich-Botschaft)

Person B: »Sie wollten ja die Zeichnung sehr rasch haben. Ich hatte keine Möglichkeit, sie zu kontrollieren.« (Ablehnung)

Person A: »Bei diesem Zeitdruck, so meinen Sie, konnten Sie die Angaben nicht mehr überprüfen?« (Einfühlsame Gesprächsführung. Zuhören)

Ich-Botschaften sind selbstbehauptend, Zuhören ist einfühlsame Gesprächsführung. Beide Verhaltensweisen ergänzen sich. Manchmal müssen Sie in einem Gespräch mehrmals von einem zum anderen Gesprächsverhalten wechseln.

5. Wie Sie Vorwände erkennen

Der Name Vorwand sagt es deutlich: ein Vorwand ist eine Vor-Wand, hinter die sich der Gesprächspartner zurückzieht, um sich zu verstecken.

Daher wäre es falsch, wenn Sie fragten: »Was ist der wahre Grund?« Das würde beim anderen ein Gefühl des Unbehagens, der Peinlichkeit oder sogar des Zorns erzeugen.

Hier ein Beispiel für einen Vorwand und wie Sie ihn erkennen:

Fritz: »Wollen wir nicht heute abend essen gehen?«
Otto: »Nein, ich habe kein Geld.«
Fritz: »Angenommen, du hättest Geld, würdest du dann...?«
Otto: »Dann würde ich heute abend auch nicht mit dir essen gehen.«

198

Fritz: »Gibt es einen weiteren Grund, der dagegen spricht?«
Otto: »Heute abend gibt es im Fernsehen einen Bericht über Tibet, den ich sehen will.«
Fritz: »Kommst du morgen mit mir zum Essen?«
Otto: »Ja, morgen komme ich mit dir.«

Wenn Sie den Verdacht haben, Ihr Gesprächspartner benutze einen Vorwand, dann dürfen Sie den Grund nicht entkräften. Stellen Sie dann folgende Fragen:

1. Angenommen, das wäre nicht der Fall, würden Sie dann . . . ?
2. Wenn das Problem nicht bestünde, würden Sie dann . . . ?

Wenn diese Fragen mit einem Nein beantwortet werden, so handelt es sich mit großer Wahrscheinlichkeit um einen Vorwand. Stellen Sie dann weitere Fragen, um die Gründe zu erfahren.
Fragen Sie: »Können Sie mir sagen, was Ihnen nicht gefällt?« oder: »Was ist für Sie das Wichtigste?«
Wenn Sie dagegen auf Frage 1 und 2 ein Ja erhalten, so haben Sie es mit großer Wahrscheinlichkeit mit einem Einwand zu tun. Diesen müssen Sie entkräften.

6. Einwänden geschickt begegnen

Hier ein Beispiel für einen Einwand:
Ingrid: »Anita, hast du Lust, mit mir in den Sommerferien nach Frankreich an die Atlantikküste zu verreisen?«

Anita: »Nein.«

Ingrid: »Kannst du mir sagen, warum nicht?«

Anita: »Weil du alles bestimmen wirst, was wir machen wollen.«

Ingrid: »Angenommen, das wäre nicht so?«

Anita: »Dann würde ich mit dir verreisen.«

Anita hat sich also nicht in einen Vorwand geflüchtet. Sie hat Ingrid den wahren Grund der Ablehnung (Einwand) mitgeteilt. Jetzt muß sich Ingrid entscheiden, was sie möchte. Will sie auf die Wünsche ihrer Freundin Rücksicht nehmen oder lieber allein in den Urlaub fahren. Da sie ihre Freundin bei sich haben will, entscheidet sie sich, auf die Bedürfnisse ihrer Freundin einzugehen. Sie bittet Anita, ihre Wünsche zu äußern, und stimmt zu. Wenn Sie ganz allgemein einem Einwand geschickt begegnen und ihn entkräften wollen, brauchen Sie weitere Informationen über das, was Ihr Gesprächspartner denkt. Stellen Sie Fragen.

Fragen Sie:
- Wie denken Sie darüber?
- Können Sie mir sagen, was Ihnen nicht gefällt?
- Was gefällt Ihnen nicht?
- Warum haben Sie Bedenken? Ihre Meinung ist für mich besonders wichtig.

Nur wenn Sie Näheres über die Bedenken Ihres Gesprächspartners wissen, können Sie sie zerstreuen und ihn überzeugen.

7. Sticheleien und Vorwürfe sind die Instrumente der Schwachen

Gewiß haben Sie schon oft erlebt, wie manche Menschen ihre Mitmenschen mit Worten verletzen. Solche Sticheleien sind richtig boshaft. Der eine stichelt vielleicht gelegentlich, der andere stichelt, weil es sein Charakter ist. Mancher stichelt auch aus Gewohnheit.

Haben Sie schon einmal nachgedacht, weshalb Menschen sticheln? Sie wagen es nicht, sich mit dem Betreffenden auseinanderzusetzen, weil dieser vielleicht

– Argumente vorbringt, gegen die sie nichts erwidern können
– geschickter reden kann
– arrogant ist
– auf negative Art reagiert
– kein vernünftiges Gespräch führen kann
– nicht zuzuhören vermag
– kein Verständnis aufbringen kann usw.

Es gibt viele Gründe, weshalb Menschen sticheln. Besonders gern wird diese »Technik« dann angewandt, wenn ein Dritter dabei ist. Der Stichler nimmt an, daß der andere dann nicht so reagieren kann, wie wenn er allein wäre. Fast immer wird auch beabsichtigt, den anderen bloßzustellen. Und natürlich soll sich derjenige ärgern, gegen den gestichelt wird. Dem Stichler wird nicht bewußt, daß er sich vor einem offenen Gespräch fürchtet. Und der, gegen den gestichelt wird, erkennt nicht, was er vielleicht selbst dazu beigetragen hat, daß der Stichler so reagiert. Wie sind nun aber Sticheleien aus der Welt zu schaffen? Sollten Sie dem

anderen sagen, welches Verhalten er hat, das Sie stört? Solche Gespräche bringen nichts, sie werden nur als Vorwurf empfunden. Und Vorwürfe und Vorhaltungen werden ebenso wie Sticheleien empfunden. Wie läßt sich an dieser Situation etwas ändern? Gewiß nicht mit Sticheleien. Vielleicht entwickelt sich ein positives Gespräch, wenn Sie
1. bitten, statt zu fordern
2. fragen, statt zu behaupten
3. zunächst überlegen, bevor Sie sofort widersprechen.

Natürlich ist ein solches Gespräch nicht einfach zu führen. Sie sollten nicht zu schnell aufgeben. Nur so haben Sie eine Erfolgschance. Doch was ist, wenn Sie es auch mit diesem Vorgehen nicht schaffen? Dann hüten Sie sich vor dem Fehler, wieder in alte Verhaltensweisen zurückzufallen. Der andere wartet vielleicht nur auf den Augenblick, wenn Sie Ihre innere Autorität verlieren. Nur mit Geduld können Sie etwas erreichen.

8. Negative Kommunikationstechniken

Es gibt einige Verhaltensweisen, mit denen Sie die wechselseitige Kommunikation sogar erheblich stören und Ablehnung und Widerstand auslösen. Wer läßt sich schließlich gern belehren, befehlen, lächerlich machen, kritisieren oder gar nicht ernst nehmen.

Vermeiden Sie daher,
– den Mitmenschen lächerlich zu machen, z. B.: »Wußten Sie denn wirklich nicht . . .?«

- belehrend zu sprechen, z. B.: »Das hätten Sie wissen müssen...«

- Ihr Gegenüber zu analysieren, z. B.: »Sie haben negative frühkindliche Erinnerungen.«

- Befehle auszuteilen, z. B.: »Tun Sie endlich...«

- Verurteilungen auszusprechen, z. B.: »Das haben Sie sich selbst eingebrockt.«

- aufdringlich zu werden, z. B.: »Nun sagen Sie mir doch endlich...«

- zu drohen, z. B.: »Wenn Sie das nicht tun...«

- nicht zuzuhören und abzulenken, z. B.: »Beschäftigen wir uns doch mit etwas Angenehmem.«

- ungebetene Ratschläge zu geben, z. B.: »Ich meine, Sie sollten tun...«

Selbst Komplimente können eine negative Wirkung haben, wenn der Angesprochene deutlich spürt, daß er damit eingewickelt werden soll.

9. Positive Kommunikationstechniken

Es gibt verschiedene Gesprächstechniken, mit denen Sie Kommunikation fördern. Es sind dies:

1. Passives Zuhören

Nur wenn Sie richtig zuhören, kommunizieren Sie mit Ihrem Gegenüber. Ihr passives Zuhören ermuntert ihn, sich Ihnen gegenüber zu öffnen. So zeigen Sie dem Sprecher gegenüber, daß Sie Achtung vor ihm haben.

2. Aktives Zuhören

Sie hören aktiv zu, wenn Sie die inhaltlichen und ebenso auch die gefühlsmäßigen Aussagen Ihres Gesprächspartners aufnehmen. Das geben Sie ihm dadurch zu verstehen, daß Sie seine Aussagen und Gefühle mit anderen Worten wiederholen. Eine solche Art des Zuhörens ermuntert den anderen, mehr über sich und seine eigene Lage zu reden. So vermag er seine eigene Situation besser zu erkennen und eventuelle Probleme besser zu lösen.

Da Sie Ihren Gesprächspartner in den Vordergrund stellen, müssen Sie Du- bzw. Sie-Botschaften senden. Hier einige Beispiele für hilfreiche Redewendungen:

- Sie meinen also, daß...
- Sie haben das Gefühl, daß...
- Habe ich Sie richtig verstanden, Sie meinen...
- Könnte es sein, daß...
- Mit anderen Worten,...
- Ist es so, daß...
- Glauben Sie, daß...
- Wäre es möglich, daß...
- Ich kann Ihre Gefühle gut verstehen...

204

Hier ein Beispiel für aktives Zuhören:

Ehefrau: »Was glaubst du eigentlich, wie lange ich das noch aushalte? Zehn Jahre sind wir nun schon verheiratet. Wir haben in dieser Zeit nur einmal richtig Urlaub gemacht.«

Ehemann: »Ich kann deine Gefühle verstehen. Du meinst, das Leben ginge an dir vorbei...«

Die Ehefrau kann nun über ihre Gefühle sprechen, während der Ehemann zuhört. Erst danach ist ein sachliches Gespräch möglich.

3. Legen Sie Ihren Standpunkt dar

Häufig haben Sie dann Auseinandersetzungen mit einem Mitmenschen, wenn Sie Ihre Wünsche und Erwartungen nicht klar zum Ausdruck bringen. Sagen Sie daher deutlich im Gespräch, was Sie wollen. Klären Sie durch Fragen, ob der Gesprächspartner Sie richtig verstanden hat. Zur Information anderer eignen sich Ich-Botschaften sehr gut. Hier ein Beispiel: »Ich möchte heute bei der Arbeit nicht unterbrochen werden, da ich eine wichtige Arbeit zu erledigen habe.«

4. Überlegen Sie, ob Sie das Verhalten des anderen ändern wollen

Es lohnt wirklich, sich vorher zu überlegen, ob sich der Aufwand für den Versuch lohnt, das Verhalten des anderen zu ändern.

5. *Wie Sie richtig nein sagen*

Vielen Menschen fällt es schwer, nein zu sagen. Sie möchten lieber ja sagen und fürchten sich davor, mit einem Nein die Beziehungen zu anderen zu belasten. Wer ja sagt, obwohl er ablehnen möchte, ärgert sich später über sich selbst. Er läßt seinen Groll über sich und den anderen in die zwischenmenschliche Beziehung fließen. Am Ende ist beiden Seiten mehr geschadet, als wenn ein deutliches Nein geäußert worden wäre.

Eine geschickte Ablehnung besteht aus 3 Teilen:
– der Ablehnung, dem Nein
– dem Grund der Ablehnung
– der Darlegung eines alternativen Angebotes

Ein solches Vorgehen signalisiert Entschlossenheit. Ein ausweichendes Warum wird nicht provoziert.

10. **Briefe geschickt beantworten**

Briefe nehmen heute in der Kommunikation mit Mitmenschen einen entscheidenden Umfang ein. Gewiß haben auch Sie schon manchen Brief erhalten, über den Sie sich geärgert haben. Bedenken Sie aber: »Ein ärgerliches Wort verraucht, der ärgerliche Brief aber bleibt.«
    Wenn Sie es dem anderen so richtig gegeben haben, so ist das zwar im Augenblick eine billige Genugtuung. Haben Sie damit aber langfristig wirklich erreicht, was Sie wollen? Fast immer mit Sicherheit nicht.
    Natürlich dürfen Sie einen bösen Brief schreiben, aber

abschicken sollten Sie ihn nicht. Lassen Sie zwei oder drei Tage vergehen. Dann haben Sie den richtigen Abstand. Dann schreiben Sie den richtigen Brief. Schreiben Sie den Brief sachlich, kurz, überlegen. So zeigen Sie Autorität. Über Ihren Brief wird nun nicht gelacht, er wird ernst genommen.

11. Konflikte geschickt lösen

Wenn Sie einen Konflikt mit Mitmenschen lösen wollen, so können Sie dabei vier mögliche Grundeinstellungen haben:

1. Ich gewinne, der andere verliert.

Diese Einstellung betont nur die eigenen Rechte, mißachtet aber die des anderen.

2. Ich verliere, der andere gewinnt.

Diese Einstellung ist die Haltung desjenigen, der sich sein Recht von anderen nehmen läßt. Ein solcher Mensch mißachtet sich selbst.

3. Ich verliere, der andere verliert.

Diese Situation ist immer dann gegeben, wenn der eine nicht die Fähigkeit hat, seine Wünsche auch nur annähernd durchzusetzen. Seine Reaktion ist dann die: Erleide ich selbst Nachteile, dann will ich dem anderen auch schaden. Und so sind beide Streithähne auf der Verliererseite.

4. Ich gewinne, der andere gewinnt.

Hier wird ein fairer Kompromiß geschlossen, von dem beide etwas haben. Natürlich ist der Kompromiß nicht einfach zu schließen. Was Sie dabei beachten müssen, habe ich in meinem Buch »Jeder kann es schaffen« beschrieben. Die unter diesem Punkt beschriebene Grundhaltung ist für beide Seiten die beste und sollte daher beachtet werden. Wie ist nun aber im einzelnen bei einer Konfliktlösung vorzugehen?

So lösen Sie Konflikte:
1. Jeder äußert seine Wünsche. Unterschiede in den Interessen werden deutlich gemacht. Jeder äußert seine Gefühle und versucht, den anderen durch aktives Zuhören zu verstehen. Es ist notwendig, die verschiedenen Bedürfnisse zu diskutieren und noch nicht voreilig Lösungsvorschläge zu bringen.
2. Gemeinsam mit dem anderen werden verschiedene Lösungsmöglichkeiten kreiert. Diese dürfen aber während der Phase der Entwicklung noch nicht bewertet werden.
3. Nun werden gemeinsam mit dem Partner die Vor- und Nachteile der verschiedenen Lösungsmöglichkeiten bewertet.
4. Sie entscheiden sich für die Lösung, der alle Konfliktpartner zustimmen.
5. Sie arbeiten alle Einzelheiten aus, wie die Lösung im Detail durchgeführt wird. Sehr vorteilhaft ist es, die Abwicklung schriftlich festzulegen.
6. Sie einigen sich über ein Vorgehen, wie die Kontrolle der Durchführung vorgenommen wird. So wird dafür gesorgt, daß jeder Beteiligte auch das bekommt, was

ihm zugestanden wurde. Schließlich muß jeder sein Recht erhalten.

Das hier dargelegte Verfahren der Konfliktlösung läßt sich nicht nur für zwei, sondern auch für mehrere Konfliktpartner anwenden. Aus Erfahrung weiß ich, wie wichtig die Punkte 4, 5 und 6 sind. Selbst wenn Punkt 4 mit Mühe noch zur Zufriedenheit aller erledigt wird, gibt es fast immer Schwierigkeiten, wenn Punkt 5 und 6 nicht beachtet werden. Und gerade darauf kommt es an. Selbst bei der Konfliktlösung an Hochschulen ist das der Fall. Wenn nicht für die Durchführung von Punkt 5 und 6 Sorge getragen wird, ergibt sich fast immer folgendes: Die Konfliktpartner, die die Durchführung der Absprachen vornehmen, nehmen nachträglich »eine Umschichtung« der Interessen zu ihren Gunsten vor. Sie begründen das fast immer so, daß die Praxis keine andere Möglichkeit der Durchführung erlaubte. Sie argumentieren: Es wäre anders eben nicht möglich gewesen. Doch das ist eine faule Ausrede. Sie stellen die so benachteiligten Konfliktpartner vor vollendete Tatsachen. Und meistens schaffen sie es auch, die zu überfahren, die zwar bei der Erarbeitung des Punktes 4 mitgewirkt haben, aber danach die Wahrnehmung ihrer Rechte nicht mehr vornehmen konnten.

Eine solche Konfliktlösung ist in jeder Situation angebracht. Es spielt keine Rolle, ob Sie das Verfahren in der Ehe, in der Partnerschaft oder im Betrieb anwenden. So lösen Sie Konflikte und beugen Ärger vor.

12. Richtige Kommunikation mit anderen erfordert, daß Sie alle Ihre Seiten zur Entfaltung bringen

Sie haben dann die richtige Einstellung gewonnen, wenn Sie erkennen: Negative Kritik, die Lieblingsbeschäftigung vieler Menschen, ist eine schädliche Vergeudung Ihrer Zeit.

Schon Goethe sagte: »Wer ruhig wirken will, muß nie schelten, um das Verkehrte sich nicht kümmern, nur das Gute tun.«

Negatives Kritisieren und Ablehnen richtet Sie selbst zugrunde und baut eine negative Haltung zur Welt auf, die Ihre Aufnahmefähigkeit und Lebensfreude untergräbt. Sehen Sie also auch die positiven Seiten des Mitmenschen. Noch einmal Goethe: »Was wir an einem anderen billigen, versetzt uns selbst in eine positive Stimmung, und diese wirkt immer wohltätig.«

Machen Sie es so wie Goethe: Nehmen Sie die Menschen und die Dinge so, wie sie sind, und versuchen Sie nicht, sie anders haben zu wollen, als sie die Natur geschaffen hat.

Goethe sagt weiter: »Es ist eine große Torheit zu verlangen, daß die Menschen mit uns harmonisieren sollen. Ich habe es nie getan. Ich habe einen Menschen immer nur als ein für sich bestehendes Individuum angesehen, das ich zu erforschen und das ich in seiner Eigentümlichkeit kennenzulernen trachtete, wovon ich keine weitere Sympathie verlangte. Dadurch habe ich es nun dahin gebracht, mit jedem Menschen umgehen zu können, und dadurch allein entsteht die Kenntnis mannigfaltiger Charaktere sowie die nötige Gewandtheit im Leben. Gerade bei widerstrebenden Naturen muß man sich zusammennehmen, um mit ihnen durchzukommen, und dadurch werden alle die verschiede-

nen Seiten in uns angeregt und zur Entwicklung und Ausbildung gebracht, sobald man jedem Visavis sich gewach-
sen fühlt.« Zum Streit sagte Goethe: »Streiten sollte man
nicht, nur das Entgegengesetzte faßlich machen.«

Wenn Sie einen Mitmenschen von allen Irrtümern befrei-
en wollten, so kämen Sie damit nie zu Rande. Und weshalb
sollten Sie es auch tun, wenn dessen Irrtum nicht für Sie
schädlich ist? Wenn Sie sicher sind, daß Sie recht haben,
dann legen Sie auch keinen Wert darauf, recht zu behalten.

13. Eine Geschichte, die Sie nachdenklich stimmen wird

Ein Bekannter erzählte mir folgende Geschichte: »Vor einigen Monaten mußte ich meinen Wohnort wechseln. Ich zog
von einer Großstadt in eine Kleinstadt um. Da ich in der
dortigen Bibliothek nicht so bedient wurde, wie ich es er-
wartete und von der Großstadt her gewohnt war, beklagte
ich mich bei einer Bekannten, die schon lange in der Kleinstadt wohnte. Ich tat das in der Hoffnung, meine Bekannte
würde das dem Bibliothekar erzählen. So wüßte er dann
über meinen Unmut Bescheid.

Als ich das nächste Mal die Bibliothek aufsuchte, hatte
der Bibliothekar bereits zwei Bücher für mich beiseitege-
legt. Außerdem war er über meinen Besuch sehr erfreut.

Ich berichtete meiner Bekannten von der Wandlung und
vermutete: ›Gewiß haben Sie ihm erzählt, wie unmöglich
ich die Zustände in der Bibliothek finde.‹ Sie entgegnete:
›Sie sind hoffentlich nicht böse auf mich. Ich habe dem Bibliothekar ganz etwas anderes erzählt. Ich habe ihm gesagt,
daß Sie sehr davon beeindruckt sind, wie er die Bibliothek

aufgebaut hat. Und ich sagte ihm auch, daß Sie seinen Geschmack bei der Anschaffung neuer Bücher bewundern.‹«
Stimmt Sie diese wahre Geschichte nicht nachdenklich?
Sollte Ihnen wieder einmal danach zumute sein, negative
Kritik zu äußern, dann denken Sie an diese Geschichte. Es
gilt zwar, jeden zu nehmen, wie er ist. Sie werden aber oft
staunen, welche Einflußmöglichkeiten Sie haben, wenn Sie
Negatives unterlassen und geschickte Kommunikationstechniken anwenden.

14. Eine alte Sufi-Geschichte

Ein Mann wurde einmal gefragt, warum er die Leute nicht
kritisiere. Er antwortete: »Aus Egoismus. Wenn jemand
den Fehler eines Mitmenschen herausstellt, dann kann es
gut für die Mitmenschen sein. Doch ist er jemand, der seine Überheblichkeit noch nicht überwunden hat, wird ihn
das Kritiküben noch überheblicher machen.

Ich bin zu egoistisch, um mich durch die Steigerung der
Überheblichkeit selbst vergiften zu wollen.«

Hier ein anderer Vergleich: Ein Mensch, der zuviel ta-
delt, ist wie eine Schlange, die sich harmlos von der Sonne
bescheinen läßt. Sein ganzer Neid und seine ganze Enttäuschung kommen aber zum Durchbruch, wenn er auf einen
wehrlosen Menschen trifft, der ihm einen »Grund« gibt,
seine sanfte, nach außen gezeigte Haltung aufzugeben.

Zusammenfassung

1. Mit Vorwürfen, Tadel, Drohungen und negativer Kritik unterbrechen Sie die Kommunikation und schaden ihr.

2. In der Kommunikation sind Du- bzw. Sie-Botschaften zu vermeiden. Wenden Sie dafür die wirksamen Ich-Botschaften an.

3. Mit Ich-Botschaften teilen Sie dem Mitmenschen Ihre Wünsche mit, ohne ihn anzugreifen.

4. Die wirksame Ich-Botschaft besteht aus einer von Vorwürfen freien Beschreibung des Sie störenden Verhaltens, der Beschreibung der Auswirkungen des Verhaltens auf Sie und Ihrer unangenehmen Gefühle.

5. Mit Ich-Botschaften erlauben Sie es dem Mitmenschen, freiwillig Ihren Wünschen nachzukommen, ohne ihn zu einer Verhaltensänderung zu zwingen.

6. Achten Sie auf Ihre Gefühle. Sie beeinflussen Ihren Umgang mit Mitmenschen.

7. Wenn Sie mit Ich-Botschaften nicht zum Ziel gelangen, schalten Sie auf einfühlsame Gesprächsführung um. Stellen Sie Fragen, und hören Sie zu.

8. Richtige Kommunikation erfordert es im Gespräch oft, zwischen Ich-Botschaften und einfühlsamer Kommunikation hin und her zu pendeln.

9. Wenn Sie vermuten, daß Ihr Gesprächspartner einen Vorwand vorschiebt, so dürfen Sie nicht versuchen, ihn durch die Frage zu entkräften: »Was ist der wahre Grund?«

10. Vermuten Sie einen Vorwand, dann stellen Sie die Frage: »Angenommen, das wäre nicht so, würden Sie dann...?« Wird die Frage mit einem »Nein« beantwortet, so handelt es sich um einen Vorwand.

11. Um einem Einwand geschickt zu begegnen, brauchen Sie weitere Informationen. Fragen Sie zum Beispiel: »Wie denken Sie darüber?« oder »Können Sie mir sagen, was Ihnen nicht gefällt?«

12. Menschen sticheln deshalb gegen einen anderen, weil sie es nicht wagen, sich mit ihm auseinanderzusetzen. Wer stichelt, versucht den anderen bloßzustellen.

13. Sie haben eine Chance, Sticheleien abzubauen, wenn Sie sich um ein positives Gesprächsklima zu dem bemühen, der gegen Sie stichelt.

14. Vermeiden Sie negative Kommunikationstechniken, wie zum Beispiel: Menschen lächerlich zu machen, belehrend zu sprechen, zu befehlen, Ihr Gegenüber zu analysieren, zu verurteilen, zu drohen, ungebetene Ratschläge zu erteilen.

15. Wenden Sie die positiven Techniken des passiven und aktiven Zuhörens an. Bitten Sie, statt zu fordern. Fra-

gen Sie, statt zu behaupten. Überlegen Sie zunächst, bevor Sie widersprechen.

16. Bringen Sie in Gesprächen klar Ihre Erwartungen und Wünsche zum Ausdruck.

17. Überlegen Sie vorher, ob sich der Aufwand dafür lohnt, das Verhalten des Mitmenschen zu ändern.

18. Eine geschickte Ablehnung besteht aus dem Nein, dem Grund der Ablehnung und eventuell der Darlegung eines alternativen Angebots.

19. Beantworten Sie nie aus dem Zustand der Verärgerung einen Brief. Lassen Sie zwei oder drei Tage vergehen. Dann haben Sie Abstand, dann schreiben Sie geschickter und wirksamer.

20. Sie lösen Konflikte, wenn Sie auf folgende Art vorgehen: Sie äußern Ihre Wünsche, Sie erarbeiten mit den Partnern verschiedene Lösungsmöglichkeiten und bewerten die Vor- und Nachteile. Sie entscheiden sich für den Lösungsweg, dem alle Partner zustimmen. Dann arbeiten Sie mit allen Partnern einen Durchführungsplan aus und legen Einzelheiten der späteren Kontrolle fest.

21. Der geschickte Umgang mit Mitmenschen erfordert es, daß Sie alle Ihre Seiten zur Entfaltung bringen.

22. Wenn Sie zuviel kritisieren, so werden Sie überheblich.

Kapitel 9

Die Körpersprache geschickt einsetzen

1. Das Wissen um die Körpersprache hilft im Umgang mit Mitmenschen

Bereits in meinem Buch »Wer ist Dein Freund, wer ist Dein Feind? – Wie man Mitmenschen besser erkennt« bin ich auf die Bedeutung der Körpersprache eingegangen. Dort finden Sie eine große Anzahl von Körpersprachesignalen. Eine Reihe von Übungen, Bildern und die Lösungen zu den Übungen helfen Ihnen, sich das Wissen um die Körpersprache gleichsam spielend zu erarbeiten. Die Bilder schulen Sie auch darin, mehrere Körpersprachesignale beim Mitmenschen zu erfassen. Nur wenn Sie mehrere Körpersprachesignale beachten, erfassen Sie, was Ihr Gegenüber denkt und fühlt. So vermeiden Sie Irrtümer.

Über einseitige Fehlschlüsse hat sich schon der Witz belustigt:

Ein Professor macht Versuche mit einem Floh. Er sagt: »Floh spring.« Der Floh tut es auch. Dann reißt der Professor dem Floh ein Bein aus. Wieder fordert der Professor den Floh auf: »Floh spring.« Erneut folgt der Floh dem Befehl. Im Laufe der Springversuche reißt der Professor dem Floh ein Bein nach dem anderen aus. Als am Ende der Floh alle Beine verloren hat, ruft der Professor mehrmals: »Floh spring.« Doch der Floh rührt sich nicht. Da nimmt der Professor das Notizbuch und notiert: »Reißt man einem Floh alle Beine aus, verliert er das Gehör.«

Wenn Sie aus der Körpersprache des Mitmenschen die richtigen Schlüsse ziehen wollen, müssen Sie stets auf mehrere Signale achten. Erst dann ist Ihr Urteil richtig. Wer nur auf ein einziges Signal achtet, kann zu leicht falsche Schlüsse ziehen. Aus Erfahrung weiß ich, daß sich jeder das nötige Wissen um die Bedeutung der Körpersignale rasch erarbeiten kann. Problematisch ist etwas ganz anderes. Um nämlich das Wissen für die Kommunikation geschickt zu nutzen, müssen Sie Ihr Gegenüber im Gespräch auch beobachten. Erst dann nehmen Sie seine Signale wahr und können sich geschickt darauf einstellen.

2. Neue Möglichkeiten der Körpersprache ausprobieren

Wir wollen uns in diesem Kapitel mit der Frage beschäftigen, wie Sie Ihre eigenen Körpersignale im Umgang mit Mitmenschen einsetzen. Beginnen wir mit dem Händedruck und dem Augenkontakt. Ist Ihr Händedruck zu stark oder zu schlaff? Wagen Sie es nicht, Ihrem Gegenüber in die Augen zu schauen? Oder fixieren Sie Ihren Gesprächspartner mit den Augen so lange und so intensiv, daß er sich von Ihnen wie von einer Schlange hypnotisiert fühlt? Beide der hier genannten Extreme beim Händedruck und Augenkontakt sind nicht richtig. Es empfiehlt sich aber auch nicht, sich in eine starre Schablone zu pressen. Sie müssen in Ihren Verhaltensweisen beweglich bleiben.

In den von mir geleiteten Seminaren zur Verbesserung des Umgangs mit Mitmenschen und zur Verbesserung der eigenen Kontaktmethoden machen Seminarteilnehmer häufig folgende Feststellung: Es empfiehlt sich, den Händedruck je nach Typ, Alter und Geschlecht des Gegenübers zu variieren. Zu diesen Erfahrungen tragen sehr oft auch die Rückmeldungen der Kontaktpersonen bei, die offen über ihre Gefühle bei der Begegnung sprechen. Handeln auch Sie nach diesen Erkenntnissen. Wenn Sie so verfahren, dann bleiben Sie auch in Ihrer Kontaktfähigkeit sehr flexibel.

Experimentieren Sie gelegentlich mit neuen Begrü-
ßungsgesten. Wenden Sie neue Techniken an. Versuchen
Sie auch einmal, jemandem die Hände zu schütteln, die
Handgelenke zu ergreifen oder die Ellenbogen zu berühren. Ihrer Phantasie sind dabei keine Grenzen gesetzt.
Wählen Sie die Art der Begrüßung aus, die Ihnen am besten gefällt. Bald bekommen Sie einen Instinkt dafür, welche der Techniken für welchen Partner die geeignete ist.

Probieren Sie also nicht nur die in Kapitel 5 angegebenen Konversationstechniken aus. Versuchen Sie auch neue
Kontaktmethoden der Körpersprache. Aus Erfahrung
weiß ich, daß viele Menschen dabei Hemmungen haben.
Sie meinen, solche Kontaktmethoden wären dem anderen
unangenehm. Doch das stellt sich fast immer als ein Irrtum
heraus. Sehr oft schätzen auch Menschen ihre eigenen Wir-
kungen auf andere falsch ein. So sagte mir einmal ein Seminarteilnehmer: »Ich meinte immer, mein Händedruck
sei zu fest. Meine Übungspartner äußerten aber das ganze
Gegenteil.«

Gewiß haben Sie auch schon einmal Ihre eigene Stimme
vom Tonband gehört. Mit ziemlicher Sicherheit ist es Ihnen
wie fast jedem Menschen ergangen: Ihre eigene Stimme
hat Ihnen nicht gefallen.

Bemühen Sie sich daher im Gespräch, Ihre eigene Stimme der Situation entsprechend einzusetzen. Verändern Sie
Klang, Tonfall und Lautstärke Ihrer Stimme. Denken Sie
daran: Ihre Stimme gibt Ihnen viele Möglichkeiten, Stimmungen und Gefühle zum Ausdruck zu bringen. Der Tonfall einer Stimme kann viele Färbungen annehmen. Diese
reichen von einem festen, unwiderruflichen Ausdruck bis
zu einem flehentlichen, weinerlichen Ton. Bemühen Sie
sich auch, entsprechend den Umständen, einen warmen

Ton in Ihre Stimme zu legen. Wenn Sie darauf achten, in welchem Tonfall ein anderer Ihren Namen ausspricht, so haben Sie schon einen Hinweis darauf, in welcher Stimmung er sich Ihnen nähert. Achten Sie also auf die Stimmlagen des anderen, und nutzen Sie die Möglichkeiten, Ihre eigene Stimme zu modulieren.

3. Beeinflussen Sie mit der Körpersprache

Strahlen Sie immer positive Gefühle aus. Hier noch einige Hinweise, um besser positiv zu beeinflussen.

1. Sie erhöhen Ihre Chance, Ihr Gegenüber von seinem »Standpunkt« abzubringen, wenn Sie ihn dazu »bewegen«, seine Körperhaltung zu verändern. Bieten Sie ihm zum Beispiel Erfrischungen an. Weisen Sie ihn auf ein schönes Bild hin. Oder bringen Sie ihn dazu, ans Fenster zu treten und auf die Umgebung zu schauen. Solche Veränderungen der äußeren Haltung stimulieren oft neue geistige Einsichten.
2. Achten Sie auf Distanzzonen. Dringen Sie nicht zu schnell in den intimen Nahbereich (unter 60 cm) des Mitmenschen ein.
3. Blickkontakt zu halten bedeutet nicht, Ihr Gegenüber ständig mit den Augen zu fixieren. Ein direktes Anschauen länger als fünf Sekunden wirkt aufdringlich. Blicken Sie den anderen also nicht ununterbrochen an.
4. Vermeiden Sie, mit dem Besserwisser (Zeigefinger) auf den Partner zu weisen. Besser ist es, die Argumente gleichsam mit der offen dargelegten Hand zu präsentieren.

5. Vermeiden Sie Negativgesten wie Bewegungen der Hände von oben nach unten und solche wegschiebender Art von innen nach außen. Negativ wirkt zum Beispiel häufiges Kratzen des Kopfes, der Griff an die Nase, das Halten der Hand vor den Mund und andere.

6. Auf den Verlauf des Gesprächs wirkt sich positiv aus, wenn die Partner in einem rechten Winkel zueinander sitzen und nicht direkt gegenüber. Das direkte Gegenübersitzen verstärkt den konfrontierenden Charakter des Gesprächs, das um neunzig Grad versetzte mildert es. Die Abbildungen 14 a und b bringen beide Sitzmöglichkeiten zum Ausdruck.

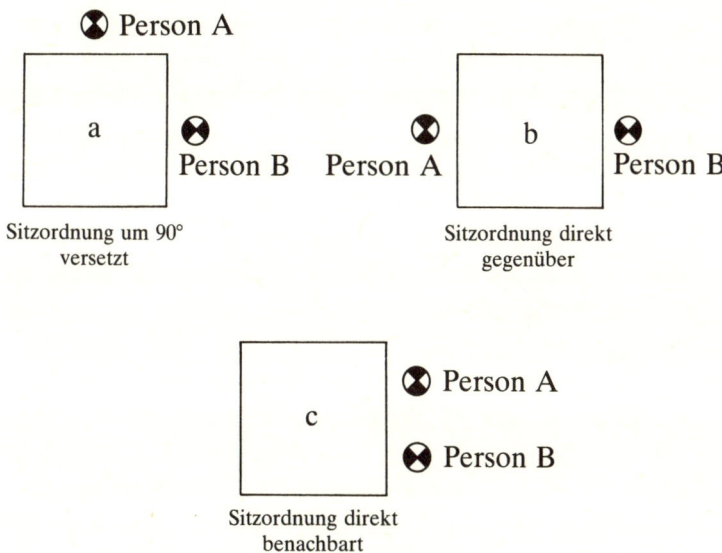

Abb. 14   Verschiedene Sitzmöglichkeiten

Wenn sich zwei Menschen nicht besonders gut kennen, ist es ratsam, dem anderen noch nicht so nahe zu kommen und die Position der Sitzordnung direkt gegenüber einzunehmen. Im Verlaufe des Gesprächs können Sie aber fragen: »Darf ich mich etwas näher setzen, damit wir beide besser in die Unterlagen schauen können?« Ihr Gegenüber wird fast nie etwas dagegen haben. Sie nehmen dann die Position in Bild 14a ein. Das direkte Sitzen nebeneinander (Bild 14c), ist nur dann anzuwenden, wenn sich die Personen gut kennen und sich gegenseitig mögen.

4. Ihr Emotionsniveau bestimmt Ihre Körpersprache

Zwischen Körper und Seele und Gefühlswelt besteht ein enger Zusammenhang. Damit Ihre gesamte Körpersprache positiver wird, muß sich auch Ihr Emotionsniveau ändern. In Kapitel 6 haben Sie mehrere Techniken kennengelernt, mit denen Sie Ihr eigenes Emotionsniveau anheben.

Besonders wichtig sind die Techniken, die innere Sonne zum Leuchten zu bringen, Groll abzubauen, an sich Positives zu entdecken, Selbstbejahungen durchzuführen und das Selbstbewußtsein zu stärken.

5. Ihr Selbstwertgefühl lenkt Ihre Körpersprache

Wer schüchtern ist, kann in Gegenwart anderer nicht wirksam kommunizieren. Er zeigt negative Gefühle wie Schüchternheit und Niedergeschlagenheit. Die Mitmenschen empfinden ihn als langweilig und als schwach. Eine wirksame Körpersprache und eine geschickte Selbstdarstellung sind eng miteinander verbunden. Wer kein Selbstwertgefühl hat, dem mangelt es an positiver Ausstrahlung. Sie wissen: Die Ausstrahlung kommt von innen. Die Seele signalisiert durch den Körper Ihre innere Einstellung zu sich selbst und der Umwelt. Da das so wichtig ist, wird es hier nochmals betont. Wenn Sie sich selbst lieben, so signalisiert das auch Ihr Körper. Erst wenn Sie sich selbst lieben, verbessert sich auch Ihre Ausstrahlung. Natürlich hat es wahrscheinlich viele negative Einflüsse auf Ihr Selbstwertgefühl gegeben. Doch beachten Sie: Ab heute sind Sie selbst für Ihr Selbstwertgefühl verantwortlich.

Denken Sie gut über sich? Merken Sie, wie sich Ihr Gesicht verändert und wie Ihre innere Einstellung nach außen strahlt? Halten Sie sich nicht für liebenswert, dann gehen Sie mit hängenden Mundwinkeln und gebeugtem Kopf durchs Leben. Denken Sie daher gut über sich. Machen Sie sich ein positives Bild von sich. Selbst wenn Ihnen einmal der eine oder andere Fehler unterläuft, halten Sie an der Wahrheit fest: Im tiefsten Wesen sind Sie wertvoll. Auch wenn Sie einmal in einer bestimmten Situation nicht sofort den gewünschten Erfolg haben, so glauben Sie an Ihren Wert. Lassen Sie sich ganz von einem positiven Selbstbild durchdringen. Dann haben Sie eine positive Ausstrahlung. Dann ist Ihre Körpersprache positiv.

6. Mit diesem Verhalten stärken Sie Ihre positive Körpersprache

Nehmen Sie Lob und Komplimente gern an, und werten Sie sie nicht herab. Seien Sie nicht immer auf Bestätigung durch andere aus. Vertreten Sie Ihre eigene Meinung. Seien Sie sich bewußt: Sie sind einmalig. Daher sind Sie verpflichtet, sich selbst zu lieben und sich nicht abzulehnen. Bringen Sie Ihr Selbstbild nicht zum Schwanken, wenn Sie gelegentlich diese oder jene Schwäche bei sich erleben. Verinnerlichen Sie Ihr Ideal. Stehen Sie zu sich. Identifizieren Sie sich mit Ihrem Symbol, das Sie mit Ihrem Kern verbindet. Dann fließen in Ihnen Gefühlsströme. Dann sind Ihre Körpersignale der Ausdruck Ihres tiefsten Wesens. Dann zeigen Sie Selbstliebe. Dann spürt jeder Ihre Selbstliebe und Ausstrahlungskraft.

Denken Sie daran: Ihr Körper signalisiert Ihr Verhältnis zur Welt. Wenn Ihr Lebensgefühl gesteigert ist, dann strahlen Ihre Energien auf die Umwelt. Sie erleben die Umwelt positiver, und die Umwelt bejaht Sie.

7. Mein eigenes Erlebnis zur Körpersprache

Lassen Sie mich an einem Erlebnis klarmachen, was ich meine. Ich war einmal bei einem Veranstalter eingeladen, ein Seminar abzuhalten. Es gab einige sehr negative Menschen darunter, die immer bestrebt waren, nur das Schlechte in den Vordergrund zu stellen. Da ich nach den von mir beschriebenen Techniken selbst arbeite und diese Kraftquellen auch für mich nutze, spürten das auch die Teilnehmer. Am Ende des Seminars sagten mehrere Teilnehmer: »Herr Professor, wir spüren an uns selbst, daß Sie auf uns eine große Kraft übertragen haben.« Die anderen Anwesenden stimmten dem zu. Ich erwiderte:»Sie werden diese Kraft aber nur dann selbst entwickeln, wenn Sie die Techniken nutzen, die ich in meinen Büchern beschrieben habe.«

226

8. Sie wandeln sich

Arbeiten Sie also an sich. Die Mitmenschen spüren, ob Sie innerlich stark sind und die eigene Mitte gefunden haben. Wenn Sie Ihre innere Sonne (siehe Kap. 6.6) zum Leuchten gebracht haben, dann leuchten auch Ihre Augen. Fragen Sie einmal einen guten Freund, was er zur Ausstrahlung Ihrer Augen meint. Wie empfindet die Umwelt Ihre Stimme? Können Sie Ihre Stimme je nach Notwendigkeit weicher oder entschlossener klingen lassen? Ist Ihre Stimme entspannt oder fest? Klingt sie weder zögernd noch schwankend? Sie werden erstaunt sein, welche Veränderungen im Körperausdruck Ihre Mitmenschen an Ihnen nach den erwähnten Übungen feststellen.

Ihre so gewonnene Selbstsicherheit wird sich auch im aufrechten Gang und Stand äußern. Sie werden sich nicht mehr am Rednerpult festhalten oder sich anlehnungsbedürftig mit dem Rücken zur Wand stellen. Sie vermeiden extreme Haltungen, wie zum Beispiel Ihre Hände in die Hüften zu stützen, was einen arroganten Eindruck auf andere macht. Ihre Bewegungen werden entspannt und locker. Arbeiten Sie also am Selbstwertgefühl. Denken Sie daran: Für Ihre Gefühle sind Sie selbst verantwortlich.

9. Lassen Sie Ihre Gefühle frei fließen

Die Gefühle frei fließen zu lassen bedeutet nicht, jedem Tobsuchtsanfall nachzugeben. Wenn Sie jedoch immer alle Ihre Gefühle unterdrücken, so ist Ihre Beziehung zur Umwelt gestört. Je lebendiger Ihr Körper ist, desto besser sind Ihre Beziehungen zur Umwelt. Sie werden das um so leichter erreichen, wenn Sie Sympathie und Zuneigungen zu Mitmenschen offen und frei zum Ausdruck bringen. Wie Sie positive Gefühle beim Mitmenschen auslösen, wurde schon in Kapitel 4.12 erwähnt.

Machen Sie nicht den Fehler, Ihr Selbstwertgefühl von Ihrer Leistung abhängig zu machen. Ein Mißerfolg mindert Ihren Wert nicht. Solange Sie das nicht anerkennen, können Sie Ihre Mißerfolgsangst niemals in den Griff bekommen. Stellen Sie sich doch nur einmal vor, wie der Gesichts- und Körperausdruck eines Menschen ist, der immer mit einem eventuellen Mißerfolg rechnet. Seine Ausstrahlung wirkt negativ. Die Mitmenschen ziehen sich zurück. Meist läßt der befürchtete Mißerfolg dann auch nicht lange auf sich warten.

Beachten Sie folgendes:
- Nehmen Sie Anerkennung an. Spielen Sie sie nicht herunter.
- Glauben Sie an Ihre Einmaligkeit.
- Lassen Sie sich Ihre Zeit nicht rauben. Gehen Sie damit sorgsam um.
- Suchen Sie sich den richtigen Umgang aus.
- Lassen Sie sich nicht zum seelischen Abfalleimer anderer machen.
- Versuchen Sie nicht, bei jedermann beliebt zu sein.
- Verwirklichen Sie das in Ihnen Angelegte.
- Treiben Sie Sport.
- Pflegen Sie Ihr Äußeres.

Dieses Programm hilft Ihnen, sich selbst wohler zu fühlen. Verfahren Sie danach. Ihr Gesicht und Ihr Körper werden dann nicht den Eindruck erwecken, als ob das ganze Leid der Welt auf Ihren Schultern liegt. Der Ausdruck Ihres Körpers wird durch Ihr Emotionsniveau bestimmt. Sie selbst vermögen Ihr Emotionsniveau zu bestimmen. Heben Sie es an. Ihr Körper signalisiert Ihr gesteigertes Lebensgefühl. Ihr Umgang mit den Mitmenschen wird geschickter.

Zusammenfassung

1. Das Wissen um die Körpersignale des Mitmenschen hilft Ihnen, mit anderen besser zu kommunizieren.

2. Verbessern Sie Ihren Händedruck und Ihren Augenkontakt. Seien Sie flexibel, variieren Sie beides je nach Typ, Alter und Geschlecht Ihres Gegenübers.

3. Rückmeldungen von guten Bekannten oder Freunden tragen dazu bei, Ihre Körpersprachesignale zu verbessern.

4. Probieren Sie neue Begrüßungssignale aus; zum Beispiel ein Handgelenk ergreifen, Ellenbogen berühren usw. Ihr Instinkt für richtiges Verhalten wächst.

5. Setzen Sie Ihre eigene Stimme geschickt ein. Verändern Sie Klang, Tonfall, Lautstärke und Modulation Ihrer Stimme.

6. Wenden Sie die in Abschnitt 9.3 angegebenen Techniken an, um positiv zu beeinflussen und negative Signale zu unterlassen.

7. Ihre Körpersprache wird durch Ihr Emotionsniveau bestimmt. Nutzen Sie die in Kapitel 6 angegebenen Techniken, um Ihr Emotionsniveau zu steigern. Bringen Sie Ihre innere Sonne zum Leuchten. Visualisieren Sie das Symbol Sonne.

8. Ein nur gering oder überhaupt nicht vorhandenes Selbstwertgefühl bewirkt Ausstrahlungen wie Schüchternheit, Niedergeschlagenheit und andere negative Körpersignale.

9. Ihre Ausstrahlung kommt von innen. Ihre Seele spiegelt in Ihrem Körper Ihre innere Einstellung zu sich selbst und zur Umwelt.

10. Sie müssen sich auch selbst lieben, um Ihre Ausstrahlung zu steigern.

11. Sie sind für Ihre Gefühle und Ihr Selbstwertgefühl selbst verantwortlich.

12. Selbst wenn Sie einmal einen Fehler gemacht haben, so halten Sie an der Wahrheit fest: Sie sind wertvoll. Verinnerlichen Sie Ihr Ideal.

13. Führen Sie Ihre Übungen zur Steigerung Ihres Selbstwertgefühls regelmäßig durch, am besten zwei- bis dreimal pro Tag.

14. Zeigen Sie Sympathien und Zuneigungen anderen Menschen gegenüber offen. Sie müssen aber auch fle-

xibel sein und, wo nötig, auch einmal Distanz zum Ausdruck bringen können.

15. Sie sind dann flexibel, wenn Sie je nach Situation zwischen den beiden Polen Distanz und Offenheit hin und her pendeln können.

16. Unterlassen Sie Verhaltensweisen, mit denen Sie Ihrem Selbstwertgefühl schaden.

Kapitel 10

Geschickter Umgang
am Arbeitsplatz

1. Sie wissen nicht, woran Sie mit Ihrem Chef sind

Vielleicht denken Sie: Das Kapitel wirkt wie eine kalte Dusche. Nach all den vielen Hinweisen auf Ihr Selbstwertgefühl werden Sie nun mit einer Situation konfrontiert, in der Sie in einer abhängigen Lage sind. Da ich selbst nach meiner Promotion fast acht Jahre in der Industrie tätig war und verschiedene Chefs hatte, weiß ich um die ganze Problematik des Chef-Mitarbeiter-Verhältnisses aus eigener Erfahrung Bescheid.

Für viele Arbeitnehmer stellt das Verhältnis zum Chef ein sehr großes Problemfeld dar. Die Stimmung solcher Menschen wird ganz davon bestimmt, wie sich Ihr Chef ihnen gegenüber verhält. Ist er nett und freundlich zu ihnen, so fühlen Sie sich wohl. Zeigt er sich dagegen mürrisch, so sinkt ihr Stimmungsbarometer. Ganz schlimm ist die Situation, wenn der Chef launisch ist.

Eine Frau sagte mir einmal: »Ich leide immer darunter, wenn mich mein Chef links liegenläßt.« Ich antwortete ihr: »Wenn wir die Angelegenheit objektiv betrachten, zeigt sich darin ein frühkindliches Verhalten von Ihnen: Ihr Wohlbefinden hängt davon ab, ob ein anderer nett zu Ihnen ist. Sie sind aber erwachsen. Ihre Stimmung darf nicht davon abhängen, wie sich andere Ihnen gegenüber verhalten.«

Ich empfahl der Dame die beschriebenen Übungen zur Festigung des Emotionsniveaus. Nach einigen Wochen berichtete sie mir über ihre Erfahrungen: »Ich habe jetzt die Kraft, auf meinen Chef zuzugehen, selbst wenn er sich nicht gerade ermunternd mir gegenüber verhält. Ich berichte ihm über die Erfolge bei meiner Arbeit oder sage ihm ein nettes Wort. Mein freundliches und aktives Verhalten bewirkte, daß auch sein Verhältnis zu mir wieder besser wurde. Hat mein Chef einmal schlechte Laune, weil er vielleicht selbst Ärger mit seinem Chef oder Schwierigkeiten im Privatleben hat, so beziehe ich sein Verhalten nicht mehr auf mich. Ich weiß, ich habe nur in Grenzen Einfluß auf die Stimmungslage meines Chefs. Ich arbeite an der Anhebung meines Emotionsniveaus. Ich fühle mich aber nicht für die Gefühle meines Chefs verantwortlich.«

Machen Sie es wie diese Frau. So bestimmen Sie Beziehungen zu anderen, und Sie werden nicht das Opfer von deren Launen. Ein junger »Chef« verriet mir sein »Rezept« im Umgang mit Untergebenen. Er sagte: »Ich zeige nie positive oder negative Gefühle. Ich neige meinen Kopf etwas nach rechts, etwas nach links und sage ›Hm‹. Da wissen meine Leute nie, woran sie mit mir sind, und so lasse ich sie in ihren eigenen Ängsten schmoren. Das gibt mir Überlegenheit.« Stellen Sie sich einmal vor, in welche Gefühlslage ein Mitarbeiter eines solchen Chefs kommt, wenn er sich durch ein solches Verhalten bereits abgelehnt fühlt.

Nun gibt es natürlich viele Chefs, die negative Stimmungen zeigen, wenn sie mit den Leistungen Ihrer Mitarbeiter nicht zufrieden sind. In einem solchen Fall ist der Chef nicht launisch, sondern signalisiert direkt oder indirekt Kritik. Dann müssen Sie Ihre Leistung verbessern, und Sie verändern auch die Situation.

2. Ihr Chef ist ein Choleriker

Hinter den Wutausbrüchen eines Chefs verbirgt sich die Angst, daß etwas schief läuft und er Schwierigkeiten bekommt. Sie vermeiden seine Wutausbrüche, wenn Sie ihm

236

beim Erreichen seiner Ziele helfen. Machen Sie sich Gedanken über die Dinge, die für die Zukunft notwendig sein könnten. Bringen Sie konstruktive Vorschläge.

Erlaubt sich Ihr Chef irgendwann einen Wutausbruch, so zeigen Sie in keinem Fall unterwürfiges Verhalten. Auf diese Weise bestärken Sie ihn nur in seiner Ansicht, daß mit Ihnen nichts los ist. Wenn Sie anderer Meinung sind, dann sagen Sie es auch.

Nehmen wir einmal an, Ihr Chef schreit Sie an: »Wie konnten Sie den Fall nur so bearbeiten, das ist doch unmöglich. So werden wir nicht mehr Kunden gewinnen.« Dann könnten Sie sich rechtfertigen und vielleicht wahrheitsgemäß sagen: »Sie waren doch auch dafür.« Doch so machen Sie Ihren Chef für seine Fehler verantwortlich. Besser ist es, Ihren eigenen Standpunkt zu begründen. In den meisten Fällen ist es gut, in der Sache auf den Chef einzugehen. Im genannten Beispiel wäre es empfehlenswert zu sagen: »Wir müssen mehr Kunden gewinnen, und das bald.« Natürlich darf der Ton nicht höhnisch sein. So zeigen Sie dem Chef, daß Sie sein Anliegen zu Ihrem Anliegen machen. Dann kann er zwar noch weiteren Dampf ablassen, wenn er schreit: »Das hätten Sie sich vorher genauer überlegen müssen.« Da er nun aber das Gefühl hat, Sie ziehen mit an seinem Strang, kann er seine Energien dafür verwenden, mit Ihnen gemeinsam eine Lösung auszuarbeiten. Dieses Verhalten vermeidet eine Konfrontation, bei der fast immer viel Porzellan zerschlagen wird.

Wenn Sie die erwähnten Techniken anwenden und sich nicht von den Wutanfällen Ihres Chefs anstecken lassen, vermeiden Sie zwar nicht alle Wutausbrüche eines Cholerikers. Sie verringern sie aber erheblich.

3. Ihr Chef hat immer an Ihnen etwas auszusetzen

Wer immer negativ kritisiert wird, verliert sein Selbstwertgefühl. Am Ende glaubt der Kritisierte gar alles das, was der Chef sagt. Das macht seine Probleme nur noch größer. Was ist zu tun? Erhalten Sie unberechtigte Kritik, dann zeigen Sie Selbstbewußtsein. Äußern Sie Ihre Ansicht.

An einer harten Wirklichkeit kommen Sie aber nicht vorbei: Sie müssen den Erwartungen Ihres Chefs entsprechen. Natürlich müssen Sie Ihre Meinung zu einer Angelegenheit sagen. Am Ende fällt aber doch er die endgültige Entscheidung. Es wäre also vollkommen falsch, wenn Ihr Selbstwertgefühl davon abhinge, wie seine abschließende Entscheidung ausfällt.

Die Kritik eines Chefs ist häufig nicht konkret. Da er sehr viel im Kopf hat, geht er oft nicht jeder Sache auf den Grund. Ihn interessiert nur, daß der Betrieb reibungslos funktioniert. Ist die Kritik des Chefs nicht konkret, bitten Sie ihn, deutlicher zu werden. Hilft das nichts, dann versuchen Sie, die Erwartungen Ihres Chefs selbst herauszufinden. Richten Sie sich dann danach.

Besonders Frauen meinen, ihr Vorgesetzter hätte an ihnen etwas auszusetzen, wenn er sie nicht lobt. Der selbstbewußte Mensch lebt aber nicht vom Lob der anderen, er lobt sich selbst. Beurteilen Sie also selbst Ihre Arbeit. Ist das Ergebnis gut, dann loben Sie sich selbst.

Viele Chefs loben auch deshalb nicht, weil sie Angst haben, die Mitarbeiter würden sofort um eine Gehaltserhöhung nachsuchen.

Nun sollte niemand sein Licht unter den Scheffel stellen. Setzen Sie sich ins rechte Licht. Erwähnen Sie dem Chef gegenüber Ihre Erfolge, ohne zu übertreiben. Lobt der

Chef Sie nicht, dann loben Sie Ihren Chef. Stellen Sie Ihren Erfolg so dar, als ob er nur mit seiner Hilfe möglich gewesen wäre.

Was ist aber zu tun, wenn Sie sich überhaupt nicht auf Ihren Chef einstellen können? Dann bleibt nur eine einzige Konsequenz: Sie verlassen die Firma und suchen sich einen anderen Chef, mit dem Sie besser auskommen.

4. Ihr Chef erntet die Früchte Ihrer Arbeit

Welcher Chef wird sich wohl mehr für Sie einsetzen? Ein Chef, der das Gefühl hat, Sie wollen ihn stürzen und überrunden, oder ein Chef, der weiß, Sie setzen sich für ihn ein, damit sein Wunsch nach Beförderung Wirklichkeit wird? Wenn Sie bei jeder Gelegenheit nur darauf aus sind, Ihre Leistungen in den Vordergrund zu stellen, vermutet Ihr Chef, Sie wollten ihn von seinem Posten verdrängen. Helfen Sie also Ihrem Chef, damit er sich wiederum für Sie einsetzt. Heben Sie nicht bei jeder Gelegenheit Ihre Leistungen hervor, damit nicht der Eindruck entsteht, Sie konkurrieren mit Ihrem eigenen Chef. Bedienen Sie sich der Technik der geschickten Selbstdarstellung. Lassen Sie bei Gelegenheit Ihre eigene Leistung durchscheinen. Sagen Sie zum Beispiel: »Als ich das Modell entwarf, versuchte ich mich auf die Kundschaft gezielt einzustellen. Der große Erfolg hat mich selbst überrascht.«

5. Sie müssen immer mehr tun

Wenn Sie immer mehr neue Arbeiten übertragen bekommen, so haben Sie die Möglichkeit zu lernen. Ihr Chef gibt Ihnen mehr Verantwortung, und Sie sind auf dem richtigen Weg, im Beruf voranzukommen. So ist also zusätzliche Arbeit oft durchaus positiv zu bewerten. Bemühen Sie sich aber dann darum, die Arbeit loszuwerden, die Sie nicht weiterbringt. Ist dies nicht sofort möglich, dann müssen Sie für einige Zeit neben den neuen auch noch die alten Aufgaben erledigen.

Wie sieht es aber aus, wenn keine Beförderung in Aussicht steht und Sie Ihr Chef mit immer mehr Arbeit überhäuft? Wie können Sie zusätzliche Arbeit ablehnen, ohne Ihre Stellung in Gefahr zu bringen?

Viele Mitarbeiter wollen zu Recht von ihrem Chef geschätzt werden. Sie wagen nicht, zusätzliche Arbeit abzulehnen, da sie glauben, so ihre Stellung zu riskieren. Diese Meinung ist aber falsch. Wer gute Arbeit leistet, braucht nicht zu fürchten, daß er leicht auswechselbar sei. Denken Sie daher über Ihre berufliche Arbeit nach. Wie schätzen Sie Ihre Leistung ein? Versuchen Sie, objektiv zu sein.

Natürlich wäre es falsch, zusätzliche Arbeit mit dem Argument abzulehnen: »Ich habe sonst nicht genug Zeit für meine Hobbies.« Solche Wünsche lassen Ihren Chef kalt. Wirksamer ist: »Ich führe die neue Aufgabe durch, das bedingt aber eine Verzögerung bei Projekt...« oder »Wenn ich mit Projekt Y sofort beginne, verzögert sich Projekt Z.« Vorteilhaft ist es also immer, deutlich auf Nachteile hinzuweisen, wenn Sie wegen zusätzlicher Arbeiten sich nicht mehr auf die bereits angefangenen konzentrieren können, zum Beispiel:

- »Wenn die Arbeit für Kunde Z nicht erledigt wird, kauft er bei der Konkurrenz.«
- »Gern übernehme ich die neue Aufgabe. Wir werden aber unser Geld für Projekt C erst dann erhalten, wenn ich mich wieder diesem Projekt widmen und es erledigen kann.«

Ihre Strategie sollte immer sein, an wichtige Aufgaben zu kommen. Um das Ziel zu erreichen, müssen Sie meistens erst unwichtige Aufgaben erledigen. Haben Sie es geschafft, wichtige Aufgaben zu erhalten, so ist die Situation für Sie günstig. Sie haben es nun leicht, Ihrem Chef klarzumachen, daß die wichtigeren Aufgaben zu kurz kommen, wenn er Sie mit weniger Wichtigem zusätzlich beschäftigt.

Solange Sie aber noch nicht soweit sind, können Sie Ihrem Chef aber immerhin bei Arbeitsüberlastung die Frage stellen: »Was ist für Sie wichtiger, Arbeit A oder Arbeit B? So kann ich die von Ihnen gewünschte Priorität einhalten.«

6. Sie sind nicht der Favorit des Chefs

Viele Angestellte geraten in große innere Konflikte, wenn sie erkennen, daß Arbeitskollegen in höherer Gunst beim Chef stehen als sie selbst. Hüten Sie sich vor dem Fehler, eifersüchtig zu reagieren. Schmollen Sie nicht über das Verhalten des Chefs. Ziehen Sie sich nicht beleidigt zurück. Machen Sie gute Arbeit. Gehen Sie auf den Chef zu. Bemühen Sie sich um eine Verbesserung der Beziehung. Stellen Sie den Wert Ihrer Leistung dar.

Die Beziehungen zwischen Chef und Mitarbeiter stehen nicht für alle Zeiten fest. Niemand kann sich darauf verlassen, für immer der Favorit des Chefs zu sein. Das gilt für alle Favoritenrollen. Sie können also die Beziehung zum Vorgesetzten verbessern, ebenso wie Sie sie verschlechtern können. Nutzen Sie die Chance, Ihr Verhältnis zu verbessern. Denken Sie daran: Ihr Chef muß auch gute Beziehungen zu anderen Mitarbeitern pflegen. Wenn Ihr Chef auch die Leistungen anderer schätzt, so hat das mit Ihnen nichts zu tun. Zeigen Sie in einem solchen Fall keine Verärgerung. Haben Sie Selbstbewußtsein.

7. Ihr Chef läßt Sie links liegen

Ein junger Mann sagte mir einmal: »Früher hatte mein Vorgesetzter mehr Zeit für mich. Jetzt empfängt er mich nur noch selten. Bin ich in seinem Büro, beschäftigt er sich mit anderen Arbeiten. Er hört kaum noch zu. Ständig läßt er sich durch Telefonate stören.«

Fast immer zeigen Chefs ein solches Verhalten, wenn sie mit der Leistung eines Mitarbeiters nicht zufrieden sind. Versetzen Sie sich doch einmal in die Situation eines Chefs. Sie brauchen Entlastung und stellen einen Mitarbeiter ein. Sie hoffen, daß er Ihnen Probleme abnimmt. Doch was tritt ein? Der Mitarbeiter fragt Sie ständig, weil er mit seiner Arbeit nicht zurechtkommt. Wären Sie als Chef glücklich mit einem solchen Mitarbeiter, der Ihnen nur noch mehr Arbeit macht? Wohl kaum.

Was müssen Sie also als Mitarbeiter tun? Belästigen Sie Ihren Chef nicht ständig mit Fragen, wie Sie Ihre Arbeit zu erledigen haben. So erwecken Sie nicht den Eindruck, ein selbständiger Mitarbeiter zu sein. Vermeiden Sie Fragen, auf die Sie mit Eigeninitiative selbst eine Antwort finden.

242

Informieren Sie Ihren Chef über Ihre Erfolge. Unterrichten Sie ihn darüber, wie Sie in schwierigen Angelegenheiten vorgehen wollen. Er wird sich äußern, wenn er anderer Meinung ist. So tun Sie alles, um Ihrem Chef Arbeit abzunehmen. Viele Angestellte machen außerdem folgenden Fehler: Sie stellen eine Angelegenheit viel zu kompliziert dar und wagen es nicht, selbst konstruktive Vorschläge zur Entscheidung zu machen. Oder sie kümmern sich um Dinge, die sie selbst für wichtig halten, der Chef aber für unwichtig. Wenn Sie für Ihren Chef wichtiger werden wollen, müssen Sie alle drei Fehler unterlassen.

Beachten Sie folgende Punkte:
- Werden Sie selbständig. Stellen Sie also Ihrem Chef nicht zu viele Fragen.
- Beschäftigen Sie sich mit Problemen gewissenhaft.
- Stellen Sie Sachverhalte einfach dar, ohne sich in Einzelheiten zu verlieren.
- Ihr Chef will nur das wissen, was für seine Entscheidung unbedingt wichtig ist. Möchte er mehr wissen, können Sie es ihm sagen.
- Machen Sie Ihrem Chef Vorschläge.
- Sehen Sie das als wichtig an, was auch Ihr Chef für wichtig hält.
- Erwähnen Sie Ihrem Chef gegenüber, welche Ergebnisse Ihre Arbeit bringt.

Wenn Sie diese Ratschläge beachten, so werden Sie kein lästiger Mitarbeiter. Sie werden bei Besprechungen mit Ihrem Chef in kurzer Zeit viel erledigen. Dann läßt Sie kein Chef links liegen, sondern er wird häufiger für Sie Zeit haben, da Sie ihm zu Erfolg verhelfen.

8. Ihr Chef beurteilt Ihre Arbeit falsch

Als ich noch in der Industrie tätig war, versuchte einmal ein neidischer Kollege, meine Arbeit beim Chef in Mißkredit zu bringen. Als ich ihm genau die Erfolge meiner neuen Methode beschrieb, erlosch sein Argwohn, und die Stimmung schlug in große Freundlichkeit um. Plötzlich hatte er auch gar kein Interesse mehr daran, sich mit mir über Einzelheiten meiner Arbeit zu unterhalten.

Auch Ihr Chef wird meistens froh sein, wenn er sich nicht zu sehr mit den Details Ihrer Arbeit beschäftigen muß. Sollte er doch danach fragen, dann geben Sie ihm Auskunft. Machen Sie es aber nicht zu umständlich. Beurteilt Ihr Chef Ihre Arbeit falsch, dann weisen Sie auf Ihre Erfolge hin. Ist er davon angetan, dann wird er Ihre Arbeit richtig beurteilen.

9. Ihr Vorgesetzter übergeht Sie

Wenn Ihr Chef Sie gelegentlich übergeht, so kann das durchaus ungefährlich sein. Vielleicht will er über eine Angelegenheit nur Näheres wissen. Daher ist er ungeduldig und braucht sofort eine Information. Kritisch wird es für Sie erst, wenn er Sie häufiger übergeht. Oder wenn sich Ihre Mitarbeiter selbst an Ihren Chef wenden. Dann wird es höchste Zeit, daß Sie zu Ihrem Chef gehen.

Sagen Sie ihm:»Wenn ich die Verantwortung tragen soll, bitte ich um Ihre Unterstützung. Ich kann sonst Ihre Wünsche bei den Mitarbeitern nicht mehr durchsetzen.«

Während meiner Tätigkeit in der Industrie erlebte ich es, daß ein Vorstandsmitglied einige Direktoren gelegentlich überging. Das Vorstandsmitglied war der Ansicht: »Meine Direktoren sagen mir nicht alles. Daher will ich mir ein Bild der Situation selbst verschaffen.«

Da die Direktoren negative Dinge in den Abteilungen unter den Teppich kehrten, war das Verhalten des Vorstandes nur verständlich. Vermeiden Sie also, daß sich Ihr Chef zusätzliche Informationen besorgen muß.

10. Das richtige Verhalten bei Fehlern

Fehler machen ist menschlich. Aus Fehlern lernen Sie. Das sind einfache Wahrheiten. Dennoch geraten viele Menschen in Panik, wenn sie einen Fehler gemacht haben. Das Selbstbewußtsein wackelt bedrohlich. Der Angestellte hat Angst vor dem Chef, er gerät oft in Panik. Die Frage drängt sich auf: Wie verhalten Sie sich am geschicktesten, wenn Sie einen Fehler gemacht haben?

Das richtige Verhalten bei Fehlern:
- Versuchen Sie den Fehler sofort zu berichtigen. Suchen Sie nach einer Lösung.
- Bringen Sie die Angelegenheit umgehend in Ordnung.
- Ist das nur zum Teil oder gar nicht mehr möglich, dann suchen Sie nach einer Möglichkeit, den Fehler in Zukunft zu vermeiden.
- Berichten Sie Ihrem Chef davon. Wenn er hört, was Sie aus dem Fehler gelernt haben und welche Maßnahmen Sie getroffen haben, den Fehler in Zukunft zu vermeiden, wird er die Angelegenheit bald vergessen.
- Wenn Sie dagegen den Fehler vertuschen, haben Sie zwei Probleme: den Fehler und das Vertuschen.

– Selbst wenn Ihr Chef im Moment auf Sie wütend ist, wird sein Ärger bald verrauchen.

Wenn Sie nach diesem Programm vorgehen, wird Ihr Selbstbewußtsein auch nicht leiden.

11. Ihr Chef schiebt Ihnen seine Fehler zu

Manche Chefs meinen, sie würden an Autorität verlieren, wenn sie einen Fehler zugeben. Da dies deren schwaches Selbstwertgefühl nicht erlaubt, schieben sie die Schuld immer ihren Mitarbeitern zu. Was müßten Sie tun, wenn sich Ihr Chef Ihnen gegenüber so verhält?

Es hat keinen Zweck, wenn Sie ihm beweisen, daß Sie im Recht sind. Dennoch sollten Sie sein Verhalten nicht einfach hinnehmen.

Eine Sekretärin berichtete mir folgendes: »Neulich rief mich mein Chef zu sich. Er war sehr verärgert und sagte: ›Weshalb haben Sie das Protokoll der Konferenz noch nicht getippt?‹ Ich verteidigte mich und erwiderte: ›Sie haben doch gesagt, Sie wollen das Protokoll erst in der nächsten Woche haben. Sie wollten doch zuerst die Kundenbriefe erledigt haben, und dann sollte ich noch die Kartei auf den neuesten Stand bringen.‹

Er wurde wütend und rief: ›Nein, das habe ich nicht gesagt. Ich brauche das Protokoll sehr dringend.‹ Da ich im Recht war, beharrte ich auf meinem Standpunkt. Im Nu war der größte Streit im Gange.«

Ich erklärte ihr: »Sie hätten nicht auf die Auseinandersetzung eingehen sollen. Schließlich hat sie Ihnen überhaupt nichts Positives gebracht.«

246

»Was hätte ich denn tun sollen?« fragte die Sekretärin. Ich entgegnete, sie hätte sagen sollen: »Ich erinnere mich zwar beim besten Willen nicht daran, daß Sie das gesagt haben. Ich werde aber sofort anfangen, das Protokoll zu schreiben.« Wenn Sie sich so verhalten, verlieren weder Ihr Chef noch Sie das Gesicht. Der Chef sieht, daß die Angelegenheit erledigt wird. So wird seine Streitlust besänftigt, und Sie zeigen Selbstbewußtsein.

Wenn auch Ihr Chef Ihnen einmal die Schuld an einer Sache zuschieben will, dann lassen Sie sich nicht auf die Klärung der Schuldfrage ein. Das wäre gegenüber dem Chef sehr ungeschickt. Natürlich wäre es das Beste, mit dem Chef ein Vorgehen zu besprechen, um in Zukunft einen solchen Fehler zu vermeiden. Manche Chefs wollen das aber nicht, da sie immer zur eigenen Entlastung einen Schuldigen brauchen. Dann verfahren Sie nach dem folgenden Programm.

So gehen Sie vor, wenn Ihnen Ihr Chef einen Fehler zuschiebt:
- Vermeiden Sie die Klärung der Schuldfrage.
- Finden Sie heraus, wo der Fehler liegt.
- Schlagen Sie ein Verfahren vor, damit der Fehler in Zukunft vermieden wird.

Nun gibt es durchaus auch Situationen, die sehr ernst sind. Dann kommen Sie mit einer solchen Taktik nicht weiter.

Der Geschäftsführer eines Unternehmens berichtete mir folgendes: »Bereits seit mehreren Monaten weise ich auf die neue Entwicklung am Markt hin. Doch meine Empfehlungen werden vom Aufsichtsrat nicht beachtet. Ich bin sicher, daß große Nachteile für das Unternehmen entstehen, wenn die von mir vorgeschlagene Produktumstellung nicht vorgenommen wird. Meine Gesundheit leidet sogar schon unter dieser Situation.«

Ich schlug ihm vor: »Da es nicht in Ihrer Macht liegt, die Empfehlungen durchzusetzen, können Sie nichts daran ändern. Sie sollten aber schriftlich immer wieder auf die Gefahren hinweisen, damit man Ihnen später nicht die Schuld für die schlechte Situation des Unternehmens zuschieben kann.«

12. Wie Sie ein gutes Verhältnis zu Ihrem Chef schaffen

Wenn Sie kein gutes Verhältnis zu Ihrem Chef haben, werden Sie nie befördert. Darauf wurde schon hingewiesen. Doch nicht nur Ihrer Karriere zuliebe ist ein gutes Verhältnis zu Ihrem Chef wichtig. Haben Sie zu ihm gute Kontakte, so werden Sie sich am Arbeitsplatz viel wohler fühlen.

Hier ein Programm, wie Sie ein gutes Verhältnis zu Ihrem Chef aufbauen.

So bauen Sie ein gutes Verhältnis zu Ihrem Chef auf:
– Verhelfen Sie Ihrem Chef zum Erfolg. Nehmen Sie ihm Probleme ab, anstatt ihm Probleme zu schaffen.
– Um dem Chef beim Erreichen seiner Ziele zu helfen, müssen Sie seine Ziele oft erst herausfinden. Verwechseln Sie Ihre Ziele nicht mit seinen.
– Gehen Sie auf die Eigenarten und Besonderheiten Ihres Chefs ein.
– Zeigen Sie ihm Ihre Achtung, dann haben Sie ein gutes Verhältnis. Unterwürfigkeit schadet nur.

- Wenn Ihr Chef anders entscheidet, als Sie vorgeschlagen haben, machen Sie das nicht zu einem Selbstwertproblem.
- Verteidigen Sie Ihren Chef, wenn er angegriffen wird. Das ist auch möglich, selbst wenn Sie mit ihm nicht einer Meinung sind.
- Stellen Sie nicht die Fehler der Abteilung heraus.
- Machen Sie sich Notizen über Ihre Leistungen und die Ihres Chefs. So können Sie sich geschickt darstellen. Es fällt Ihnen leichter, Ihren Chef gelegentlich zu loben.
- Halten Sie Kontakt zum Chef, hüten Sie sich aber davor, ihm lästig zu fallen. Hören Sie ihm geduldig zu.
- Lassen Sie Ihren Chef an Ihrer Leistung teilhaben. Lassen Sie ihn wissen, daß Ihre Erfolge nur durch seine Unterstützung möglich sind.
- Weisen Sie ihn auf gefährliche Situationen hin, aber ohne gegen Kollegen zu intrigieren.
- Seien Sie nett zur Sekretärin des Chefs.
- Helfen Sie ihm in kritischen Situationen. Lassen Sie ihn keine Fehler machen, damit er seinen Job behält. Meistens wird er es Ihnen danken und sich für Ihre Karriere einsetzen.

All die beschriebenen Verhaltensweisen brauchen nach den Darlegungen keine Begründung mehr. Beachten Sie die Hinweise?

13. Sie wünschen eine Gehaltserhöhung

Über eine Gehaltserhöhung entscheidet nicht nur Ihre Leistung. Entscheidenden Einfluß darauf hat auch, ob der, der über Ihre Gehaltserhöhung bestimmt, Sie mag oder nicht. Fast immer entscheidet die Beurteilung Ihres Chefs über Ihre Gehaltserhöhung. Deshalb müssen Sie sich auf ihn geschickt einstellen. Haben Sie also ein gutes Verhältnis zum Chef? Ist das zur Zeit nicht der Fall, dann verzagen Sie nicht. Wenn Sie sich richtig bemühen, so können Sie das Verhältnis in wenigen Wochen oder Monaten verbessern. Ihre Chancen für eine Gehaltserhöhung steigen, wenn Sie für sich gegenüber Ihrem Chef die richtige Werbung machen. Haben Sie das bisher nicht getan, so ändern Sie es. Fangen Sie an, für sich zu werben. Erwähnen Sie Ihre Erfolge. Sprechen Sie zum Beispiel darüber, wie viele Kunden sie gewonnen haben. Erwähnen Sie schwierige Arbeiten, die Sie erfolgreich bewältigt haben. Ihr Chef muß schon vorher einsehen, was er an Ihnen hat. Selbst wenn er es weiß, wird er zunächst darauf aus sein, Ihnen die Gehaltserhöhung auszureden.

Nicht wenige Menschen fürchten sich vor einem Gespräch über eine Gehaltserhöhung. Sie haben Angst, eine Ablehnung zu erhalten. Sie fürchten sich davor, daß Ihnen der Chef sagt, ihre Leistungen rechtfertigen keine Gehaltserhöhung. Mit einer solchen Einstellung wird aber niemand ein Verhandlungsgespräch für sich entscheiden. Er wird sogar im Gespräch immer hilfloser werden. Bauen Sie also vor der Verhandlung ein eigenes Wertgefühl auf. Nutzen Sie dazu die in diesem Buch angegebenen Techniken. Vergleichen Sie Ihr Gehalt mit dem von Kollegen, die eine vergleichbare Tätigkeit ausführen. Dann wissen Sie, was Sie wert sind. Lassen Sie sich ganz von der Meinung durchdringen, daß auch Sie eine bessere Bezahlung verdienen. Wählen Sie für das Gespräch mit Ihrem Chef eine Zeit, in der Sie mit Ihren Arbeiten erfolgreich sind. Resignieren

Sie in der Verhandlung nicht, selbst wenn Ihr Chef noch so viele Argumente dagegen bringt. Bleiben Sie standhaft. Lassen Sie sich von seiner Verhandlungstaktik nicht erschüttern. Hier einige Hinweise, wie Sie beim Gespräch vorgehen.

Beginnen Sie das Gespräch mit der Begrüßung. Gehen Sie dann direkt auf das Ziel los und sagen Sie: »Ich bat um das Gespräch, um mit Ihnen über eine Gehaltserhöhung zu sprechen.« Geben Sie dann einen zusammenfassenden Bericht über Ihre Erfolge. Legen Sie dar, weshalb Sie davon überzeugt sind, eine Gehaltserhöhung zu verdienen.

Vollkommen verkehrt wäre es, wenn Sie sagten: »Ich bin jetzt schon zwei Jahre bei der Firma. Ich habe außer der tariflichen Erhöhung keine Gehaltszulage erhalten. Daher bitte ich um eine Gehaltserhöhung.« Das wäre Bettelei, und Ihr Chef würde Ihnen vielleicht sagen: »Wir sind kein Wohlfahrtsinstitut.«

Nehmen wir an, Sie sind geschickt vorgegangen und haben über Ihre Leistungen gesprochen. Ihr Chef erwidert Ihnen: »Wir haben in diesem Jahr einen schlechten Geschäftsgang. Auch für das nächste Jahr sieht es nicht rosig aus.« Wenn Sie dann antworten: »Ich verstehe, Sie können nichts für mich tun«, haben Sie sich nicht selbstbewußt verhalten. Ihr Chef ist froh, Sie schnell wieder los zu sein. Machen Sie es also nicht so.

Gehen Sie besser nach der Ja-Aber-Technik vor. Sagen Sie: »Ich weiß, daß Sie unter den Umständen nicht jedem eine Gehaltserhöhung geben können. Ich meine, es liegt im Interesse der Firma, denjenigen Mitarbeitern eine Gehaltserhöhung zu geben, die der Firma Gewinne bringen.«

Hüten Sie sich davor, unterwürfig oder aggressiv zu sein. Sagt Ihnen etwa Ihr Chef: »Es gibt viele Leute auf der Straße, die gern Ihren Posten hätten«, dann antworten Sie nicht: »Ja, da haben Sie recht, ich bin froh, hier zu arbeiten« (unterwürfig) oder etwa: »Denen gönne ich es, für Sie zu arbeiten« (aggressiv). Antworten Sie besser: »Sie haben recht. Viele Menschen bringen aber nicht die Leistungen, die ich bringe. Meine Erfolge sind . . .«

Vielleicht versucht Ihnen Ihr Chef klarzumachen, daß Sie keine Gehaltserhöhung verdienen. Und er stellt Ihre Mißerfolge und Fehler in den Vordergrund, die schon längere Zeit zurückliegen. Sie gleiten in der Gesprächsführung ab, wenn Sie antworten: »Das bedaure ich. Ich gebe mir aber jetzt sehr viel Mühe.« So zeigen Sie kein Selbstwertgefühl. Sie würden ebenso in der Verhandlung abrutschen, wenn Sie sich gegen die Vorwürfe verteidigten. Überhören Sie alle negativen Akzente Ihres Chefs. Stellen Sie immer wieder Ihre Leistungen in den Vordergrund. Sagen Sie: »In diesem Jahr habe ich . . .« Nennen Sie also Ihre Leistungen. Vermeiden Sie es in jedem Falle, Drohungen auszustoßen oder sonstwie aggressiv zu werden. So geben Sie Ihrem Chef einen Grund, das Gespräch abzubrechen. Sie haben es ihm zu leicht gemacht.

Aus Erfahrung weiß ich, daß Chefs oft mit folgender Bemerkung kommen: »Was Sie mir sagen, gehört doch zu Ihrer Arbeit. Und dafür werden Sie auch bezahlt.«

Erwidern Sie darauf: »Ich habe nicht nur die Arbeiten durchgeführt, die zu meinen Aufgaben gehören. Ich führe auch Tätigkeiten aus, die auf höherer Ebene liegen. Eben aus diesen Leistungen hat die Firma in diesem Jahr Nutzen gezogen.« Vielleicht erwidert Ihr Chef sogar darauf: »Ihr Kollege . . . und Ihre Kollegin machen doch die gleiche Arbeit wie Sie.«

Hüten Sie sich davor, sich im einzelnen mit den geringeren Leistungen Ihrer Kollegen zu beschäftigen. Das würde ein schlechtes Licht auf Sie werfen. Sprechen Sie nur von Ihren Leistungen. Nennen Sie, was Sie erreicht haben. Sagen Sie, Sie wüßten, wie man noch dies und jenes im Betrieb verbessern könne. Will Ihr Chef mehr darüber wissen, so geben Sie ihm noch keine Antwort. Nur zu leicht könnten Sie um die späteren Erfolge Ihrer Ideen gebracht werden. Sagen Sie: »Ich werde Ihnen die Ideen schriftlich ausgearbeitet geben, wenn ich sie bis in alle Einzelheiten genau durchdacht habe.«

Aus Erfahrung weiß ich, daß erfahrene Chefs häufig mit einer Ablenkungstechnik operieren. Sie vertrösten den Mitarbeiter mit interessanten und wichtigen Arbeiten, die er demnächst erhalten wird. So mancher ist dann stolz darauf und vergißt, sich weiter konsequent für seine Gehaltsaufbesserung einzusetzen. Bleiben Sie hartnäckig bei Ihrem Anliegen. Fragen Sie: »Wann kann ich mit der Gehaltserhöhung rechnen?« Spüren Sie, daß Ihr Chef zugänglich wird, dann nennen Sie auch die Höhe des Gehaltes, das Sie erwarten. Bringen Sie ihn dazu, die Summe zu nennen, an die er denkt. Erscheint Ihnen der Betrag zu niedrig, dann sagen Sie das auch.

Denken Sie stets daran: Der Chef muß Ihre Sicherheit merken. Bringen Sie also Ihre Argumente sicher vor. Sprechen Sie mit ruhiger und fester Stimme.

Was ist, wenn all Ihre Taktiken nicht zum Erfolg führen? Manche Berater empfehlen ihren Klienten, mit einer Kündigung zu drohen. Ein solcher Ratschlag ist aber fast immer falsch.

Dazu ein Beispiel: Als ich noch in der Industrie war, versuchten zwei leitende Angestellte eine überdurchschnittliche Gehaltserhöhung zu erhalten, indem sie ihre Kündigung in Aussicht stellten. Sie erhielten vom Personalleiter tatsächlich mehr Gehalt. Doch es war letztlich kein Erfolg. Bei den nächsten Gehaltserhöhungen wurde ihnen die Gehaltserhöhung wieder in Abzug gebracht, und die anderen Kollegen waren nun besser dran als sie. Außerdem wäre es eine ganz große Dummheit, mit einer Kündigung zu drohen, wenn Sie nicht einen anderen Vertrag in der Tasche haben. Ich kenne einige Menschen, die einen neuen Vertrag in Aussicht hatten und die Arbeitsstelle kündigten. Da sich der in Aussicht gestellte Vertrag zerschlug, hatten sie am Ende keinen Job. Es ist immer ein großer Nachteil, sich um einen Job zu bemühen, wenn Sie nicht mehr in einer ungekündigten Stellung sind. Außerdem braucht es meist längere Zeit, wenn Sie eine neue, gute Stelle finden wollen. Vermeiden Sie also den Fehler, unüberlegt zu kündigen. Oft läßt es sich nicht vermeiden, für eine Gehaltserhöhung mehrere Gespräche zu führen.

Lehnt Ihnen Ihr Chef eine Gehaltserhöhung ab, weil angeblich Ihre Arbeit für die Firma noch nicht wertvoll genug ist, dann gehen Sie wie folgt vor. Fragen Sie: »Was kann ich noch für Sie tun? Was kann ich tun, damit ich eine Gehaltserhöhung erhalte? Welche Arbeiten müßte ich durchführen? Welche Arbeiten können Sie mir zusätzlich übertragen?«

Nun gibt es zwei Möglichkeiten. Ihr Chef nennt Ihnen Tätigkeiten, bei denen Sie sich weitere Fähigkeiten aneignen müssen. Und er überträgt Ihnen zusätzliche Aufgaben. Das ist dann durchaus positiv. Wenn Sie nach einigen Monaten über Ihre Erfolge berichten, so haben Sie einen großen Schritt auf Ihre Gehaltserhöhung zu getan.

Nennt Ihnen Ihr Chef jedoch keine Möglichkeiten, mehr Geld bei Ihrer Firma zu verdienen, dann sollten Sie sich

254

wirklich ernsthaft um eine neue Stelle bemühen, wenn Sie mehr verdienen wollen.

Sie wurden mit einigen Argumenten und Taktiken vertraut gemacht, mit denen Sie es leichter haben, eine Gehaltserhöhung zu erreichen. Bedenken Sie aber: Auf Ihre Einstellung und Ihr Selbstwertgefühl kommt es besonders an. Wenn Ihr Chef aus Ihrem ganzen Verhalten entnimmt, wie schwer es Ihnen fällt, über eine Gehaltserhöhung zu sprechen und sie konsequent zu verfolgen, so meint er, Sie hätten sie überhaupt nicht verdient. Mit einem solchen Verhalten stehen Sie sich selbst im Wege. Sie werden nur dann mehr innere Freiheit gewinnen, wenn Sie sich für Ihre Rechte einsetzen. Wenn Sie glauben, Sie bekommen das, was Ihnen zusteht, weil es gerecht wäre, dann täuschen Sie sich. Wer das hofft, macht sich Illusionen über die Welt, in der er lebt. Sie müssen schon mit den in diesem Buch dargelegten Techniken Ihr Selbstwertgefühl stärken. Sie müssen mit Ihrer inneren Kraft auf Ihren Chef und Ihre Mitmenschen zugehen und Ihre Ansichten und Wünsche darlegen. So werden Sie zwar nicht immer, aber doch oft Erfolg haben. Und diese Erfolge wiederum stärken Ihr Selbstwertgefühl.

14. Wie gehen Sie mit Kollegen um?

Meinen Sie, Sie könnten im Betrieb Erfolg haben, wenn Sie ein Einzelkämpfer sind, der keinen geschickten Umgang mit Kollegen pflegen muß? Dann denken Sie daran: So werden Sie mit Sicherheit keine Karriere machen. Und selbst wenn Sie nicht darauf aus sind, müssen Sie einen guten Kontakt zu Ihren Kollegen schaffen. Irgendwann brau-

chen Sie die Hilfe der anderen, um ein Problem zu bewältigen. Und natürlich helfen Ihnen befreundete Kollegen,
wenn gegen Sie intrigiert wird. Obendrein werden sich alle
einig sein, daß in schlechten Zeiten der Miesepeter die Firma als erster verlassen muß. Sie müssen also lernen, mit
anderen gut zusammenzuarbeiten.

Wie können Sie nun den Umgang mit anderen verbessern? Erweisen Sie Kollegen Gefälligkeiten. Hier ein Beispiel, wie es Herr Meiß machte:

»Guten Tag, Kollege Jup. Ich gratuliere dir zu deinem
Namenstag.« »Namenstag? Der wird doch nur in der ka-
tholischen Kirche gefeiert. Ich bin doch evangelisch.‹

»Ist es nicht ein Grund zur Freude, daß es dich gibt?«

»Na ja«, schmunzelte Jup stolz.

Herr Meiß: »Ich habe hier ein Pfund Kaffee für dich mitgebracht. Trinken wir doch nachher eine Tasse gemeinsam.«

Natürlich muß es nicht Kaffee sein. Sie können ebenso
Süßigkeiten spendieren. Sie können Kollegen auch andere
Gefälligkeiten erweisen. Vielleicht reparieren Sie ihnen be-
schädigte Geräte oder worum es sich auch sonst handeln
mag.

Natürlich verbessert es Ihre Kontakte zu Kollegen, wenn
Sie ihnen aufrichtige Komplimente machen. Sie können
zum Beispiel ihre Arbeit loben oder Komplimente zu den
Hobbies machen. Die Komplimente sollten aber immer
echt sein, Schmeicheleien werden als unaufrichtig und ab-
stoßend empfunden. Ebenso verbessern Sie Ihre Kontakte
zu Kollegen, wenn Sie ihnen in bestimmten Angelegenheiten hilfreich zur Seite stehen. Hüten Sie sich aber davor,
sich von anderen ausnutzen zu lassen. Vermeiden Sie, sich
bei anderen unnötig unbeliebt zu machen. Wer Kollegen in

256

der Öffentlichkeit kritisiert, macht sich unbeliebt. Ebenso verscherzt sich derjenige die Sympathien der Kollegen, der den Eindruck erweckt, es ginge ihm finanziell besser als seinen Kollegen. Wer von seinem Karibikurlaub schwärmt, während ein Kollege seinen Urlaub in Spanien verbracht hat, fordert den Neid des Kollegen heraus. Daher ist es immer das Beste, seine Freude für sich zu behalten.

Gehen Sie also geschickt vor. Beeinflussen Sie Menschen für sich. Wenn Sie einen guten Kontakt mit Ihren Kollegen pflegen, dann werden diese Ihnen auch gelegentlich einmal betriebliche Nachrichten erzählen, die für Sie wichtig sind. Versuchen Sie, zu allen Kollegen nett zu sein. Pflegen Sie Kontakte auch zu Mitarbeitern anderer Abteilungen. Um so besser werden Sie informiert werden. Seien Sie kein Dickkopf. Geben Sie auch einmal in kleinen Dingen nach. Sie können sich um so leichter durchsetzen, wenn es darauf ankommt. So werden die anderen auch lieber mit Ihnen zusammenarbeiten. Seien Sie nicht todernst. Seien Sie locker und humorvoll. Mit einem fröhlichen, optimistischen Menschen arbeitet jeder lieber zusammen. Seien Sie also selbstbewußt und liebenswürdig. Vermeiden Sie, immer unter Spannung zu stehen. Geben Sie auch nicht an.

Hier noch ein Beispiel, wie Sie es im Umgang mit Kollegen nicht machen sollten. Eine Frau berichtete mir folgendes: »Bei meiner Arbeitsstelle gibt es eine Kollegin, die mich seit einigen Wochen überhaupt nicht grüßt oder mich übersieht. Ich tue mit ihr das gleiche, und so ist das Verhältnis zwischen uns schon fast feindselig geworden.« Ich erwiderte: »Auf diese Weise demonstrieren Sie Schwäche. Sie zeigen deutlich, daß Sie sich in Ihrem Emotionszustand von der Frau beherrschen lassen. Bestimmen Sie selbst die Situation. Bauen Sie innere Stärke durch die im Buch angegebenen Techniken auf. Gehen Sie auf die Kollegin zu. Wechseln Sie mit ihr einige freundliche Worte. Natürlich wäre es falsch, mit dieser Frau Ihre intimsten Angelegenheiten zu besprechen. Mit Ihren freundlichen Worten zeigen Sie aber, daß Sie sie achten. Und das bewirkt schon viel.«

Die Dame richtete sich nach meinem Ratschlag. Nach zwei Wochen antwortete sie:»Das Verhältnis zu der Dame ist jetzt sehr viel besser. Sie zeigt nun schon ein freundliches Lächeln, wenn sie mich von weitem sieht. Neulich hatte ich in ihrer Abteilung zu tun. Sie half mir, die Angelegenheit in sehr kurzer Zeit zu erledigen.«

15. Wie Sie sich im Betrieb schützen

Wenn Sie ein gutes Verhältnis im Betrieb schaffen wollen, dürfen Sie nicht in das andere Extrem verfallen, allen Kollegen gegenüber grenzenlose Offenheit zu zeigen. Es ist ein entscheidender Fehler, ohne wichtigen Grund Ihren Kollegen alles zu erzählen. Die anderen können das ihnen offenbarte Wissen nutzen, um Ihnen zu schaden. Da es leider nicht wenige schlechte Charaktere gibt, müssen Sie also immer auf der Hut sein.

Eine Frau berichtete mir einmal:»Ich war so dumm, einmal einer Kollegin einen Fehler zu erzählen, den ich begangen hatte. Sie rannte zum Chef und informierte ihn. Der Chef war böse auf mich, weil ich ihn nicht vertrauensvoll zu Rate gezogen hatte. So hatten mich meine Kollegen aus Konkurrenzneid bei meinem Chef in Mißkredit gebracht.«

Achten Sie darauf, daß Ihre Kollegen nicht allzuviel von Ihrem Privatleben wissen. Sie können durchaus nette und

258

freundliche Unterhaltung pflegen, ohne zu viel von sich preiszugeben.

Hüten Sie sich sogar davor, Akten und andere wichtige Unterlagen auf dem Tisch liegenzulassen, von denen andere nichts wissen sollen. Sie können davon ausgehen, daß es genug Leute gibt, die darin herumschnüffeln, um Material gegen Sie zu sammeln. Es gibt sogar Kollegen, die in den Papierkörben Ihrer Mitarbeiter suchen, um für sie wichtige Informationen zu finden. Leider höre ich von solchen Schnüffeleien immer wieder, selbst bei Behörden kommen sie vor. Natürlich müssen Sie bei einem Gemeinschaftsanschluß auch aufpassen, ob nicht mitgehört wird.

Machen Sie auch nicht den Fehler, jemandem etwas unter dem Siegel der Verschwiegenheit zu erzählen. Ihre Information wird mit Sicherheit herumgetragen. Hüten Sie sich vor der Formulierung: »Erzählen Sie bloß nicht weiter, was ich Ihnen jetzt erzähle.« Klären Sie auch weder Ihren Chef noch Ihre Kollegen über das Geheimnis Ihres Erfolgs auf. Ein Mann erzählte mir folgendes: »Mein Chef fragte mich einmal, warum ich so einen großen Erfolg bei einem Kunden hatte. Er sagte: ›Nun sagen Sie mir schon: Wie haben Sie es gemacht? Ist er ein guter Bekannter von Ihnen?‹« Der Mann war klug genug und erwiderte: »Ich bemühe mich immer um ein gutes Verhältnis zu meinen Kunden. Außerdem habe ich geschickt argumentiert.« Seien Sie also auch klug. Legen Sie nicht all Ihre Geheimnisse auf den Tisch. So machen Sie sich nicht so schnell entbehrlich.

Schützen Sie sich nicht nur im Betrieb. Bauen Sie auch Ihren Einfluß aus. Gehen Sie nach folgendem Programm vor.

So bauen Sie Ihren Einfluß im Betrieb auf:

1. Versuchen Sie möglichst viele Informationen zu erhalten.
2. Informieren Sie Kollegen nicht über alle Einzelheiten Ihres Privatlebens.
3. Sprechen Sie nicht über Ihr Erfolgsgeheimnis.
4. Sagen Sie nicht alles, was Sie wissen.
5. Heben Sie sich immer eine oder zwei Ideen für den Zeitraum auf, in dem Ihnen nichts Neues einfällt. Warten Sie den besten Zeitpunkt ab, bis Sie die Idee vorbringen.
6. Konzentrieren Sie sich darauf, Probleme zu lösen und nicht immer mit neuen Problemen aufzuwarten.
7. Stellen Sie bei Konferenzen beeindruckende Fragen, zum Beispiel: Welche Alternativen haben wir noch? Was kostet die Idee? Auf welche Informationen bauen Sie Ihre Schlüsse auf? Paßt der Vorschlag in die neue Linie, die wir beschreiten wollen?
8. Vermeiden Sie, Mitarbeiter oder gar den Chef zu stark zu kritisieren.
9. Hüten Sie sich vor ständigen Beschwerden, sonst werden Sie lästig.
10. Reden Sie nicht hinter dem Rücken des Chefs schlecht über ihn.
11. Halten Sie den Dienstweg ein. Übergehen Sie also keinen Vorgesetzten.
12. Hüten Sie sich davor, Ihrem Chef oder höheren Vorgesetzten gegenüber ein Nein zu sagen.
13. Stellen Sie Ihre Leistungen geschickt dar. Nennen Sie die Geldvorteile, die Sie der Firma gebracht haben.

14. Achten Sie darauf, daß Sie Ihre Ideen vor dem richtigen Publikum vorbringen, sonst werden Sie um den Erfolg gebracht.
15. Weisen Sie bei Ihren Vorschlägen immer auf die Einsparungen oder die Einnahmen hin.
16. Schreiben Sie sich Ihre Leistungen auf. So können Sie sich leichter gegen eventuelle spätere Vorwürfe verteidigen.

Wenn Sie die beschriebenen Regeln beachten, werden Sie mit weniger Aufwand erfolgreicher im Betrieb sein. Sie vermeiden Ärger und zeigen echte Autorität.

16. Häufige Intrigen

Es gibt viele unfaire Taktiken im Betrieb, die hier nicht alle aufgeführt werden können. Ich will an dieser Stelle nur diejenigen nennen, die besonders häufig vorkommen.

Unfaire Taktiken am Arbeitsplatz:
1. Man ist zum Konkurrenten freundlich, redet aber hinter seinem Rücken schlecht und versucht, ihn in Verruf zu bringen.
2. Es werden Kollegen gegeneinander ausgespielt.
3. Der Konkurrent wird bewußt mit falschen Informationen getäuscht.
4. Der Konkurrent wird daran gehindert, an einer wichtigen Konferenz teilzunehmen.
5. Der Angestellte wird, was seine Gehaltserhöhung betrifft, hingehalten.

6. Der Chef sagt seinem Mitarbeiter, wie wertvoll er ist. Er schreibt aber eine schlechte Beurteilung über ihn.
7. Der Chef macht Versprechungen, die er nicht einhält.
8. Der Angestellte schmückt sich mit den Leistungen anderer.
9. Dem Mitarbeiter wird ein Rat gegeben, um ihn zu täuschen.
10. Es bilden sich Cliquen, damit ein unbeliebter Kollege zur Kündigung gebracht wird.

Wenn Sie die Taktiken anderer durchschauen, können Sie sich leichter dagegen wehren. Entscheidend ist immer, daß Sie die Strategien der anderen rechtzeitig erkennen. Daher ist es so wichtig, sich am Abend immer eine halbe Stunde Zeit zum Nachdenken zu nehmen. Viele Eindrücke, die in der Hektik des Tages verdrängt wurden, gelangen wieder ins Bewußtsein. Es fällt Ihnen leichter, eigene Fehler zu erkennen. So können Sie sich außerdem rechtzeitig geschickt auf sich anbahnende Entwicklungen einstellen.

17. Die Überwachungsaktion eines Personalleiters

Eine Frau berichtete mir: »Ich bin verheiratet und halbtags berufstätig. In der Abteilung gibt es mehrere Frauen, die aufeinander neidisch sind. Daher habe ich an der Arbeitsstelle auch nicht erzählt, daß ich im Herbst mit meinem Mann eine Reise in den Fernen Osten machen wollte. Gelegentlich mache ich am Firmenkopierer einige Kopien für private Zwecke. Das ist durchaus von der Firmenleitung erlaubt. Ich trage die Anzahl der gemachten Kopien in ein neben dem Kopierer liegendes Büchlein ein. Am Ende des

Monats wird mir das Geld für die Kopien vom Gehalt abgezogen. Neulich kam eine Kollegin zu mir und erzählte, zwei Kolleginnen der Abteilung hätten beim Personalleiter behauptet, ich würde mehr Kopien anfertigen, als ich angebe, und so die Firma betrügen. Außerdem solle doch die Firma keine Dame beschäftigen, deren Mann auch ein Arbeitsverhältnis hat. Schließlich gebe es genug Arbeitslose. Daher sollte der Personalleiter lieber einer Arbeitslosen die Halbtagsstelle geben. Daß die beiden ganztagsarbeitenden Denunziantinnen verheiratet sind und deren Männer ebenfalls einen Arbeitsplatz haben, erwähnten sie natürlich nicht.

Der Personalleiter beauftragte nun neben den beiden ›Damen‹ auch weitere Angestellte der Abteilung, mich zu überwachen. Sie sollten mich möglichst immer so beobachten, daß sie die Anzahl meiner Kopien zählen konnten, aber bei ihrer Überwachungsaktion von mir nicht bemerkt wurden.

Ich war glücklich über das Vertrauen, das mir eine Kollegin schenkte. Aber ich hatte kein schlechtes Gewissen, da ich die Anzahl der Kopien – Vorder- und Rückseite zählten als ein Blatt – immer ehrlich angegeben hatte. Nach wenigen Tagen wurde ich zum Personalleiter gebeten. Er sagte mir, man behaupte, daß ich doppelt soviel Kopien machte, wie ich angegeben hatte. Außerdem vermutete er, daß mein Mann mit den von mir gemachten Kopien handle. Die Gesprächsführung des Personalleiters war äußerst verschlagen, und er versuchte, mir einen Betrug anzuhängen. Da ich gewarnt war, konnte ich geschickt agieren. Dabei hatte mir auch das Buch ›Jeder kann es schaffen‹ sehr geholfen. Der Personalleiter behauptete, eine Kollegin – deren Namen er nicht nennen wollte – habe doppelt so viele

Kopiergeräusche gehört, als ich an Kopien angegeben habe.

Seine Absicht, mich zu entlassen, konnte ich sehr schnell durchkreuzen. Ich wies ihn nämlich darauf hin, daß bei einer Kopie von Vorder- und Rückseite eben zwei Kopiergeräusche zu hören sind. Da aber die Abrechnung nach Kopierblättern erfolgte, waren die von mir angegebenen Zahlen korrekt. Mit keinem Wort ließ der Personalleiter durchblicken, daß er die ganze Abteilung beauftragt hatte, mich zu überwachen. Um seine Aktion zu tarnen, hatte er sogar veranlaßt, daß niemand aus der Abteilung darüber sprechen sollte, damit ich nicht von jemandem aus einer anderen Abteilung hätte gewarnt werden können. Sie können sich meine Gefühle vorstellen, die ich gegenüber dem Personalleiter und allen neidischen und hinterhältigen Kollegen hatte.«

Beenden wir hier den Bericht der Dame. Gelegentlich erzähle ich die Geschichte bei Seminaren, wenn ich leitende Angestellte in Menschenführung ausbilde. Die Gesichter der anwesenden Personalleiter drücken dann immer größte Verachtung gegenüber einem solchen »Kollegen« aus. Die beschämende Geschichte will ich abschließend noch von einer ganz anderen Seite beleuchten. Wie wenig sind die Denunziantinnen mit Arbeit ausgelastet, wenn sie Zeit genug haben, hinter einer Kollegin nachzuspionieren, um den Personalleiter zu bewegen, eine Kollegin zu entlassen.

Die Energien solcher Menschen fließen nur in Neid- und Haßgefühle und die dadurch ausgelösten Reaktionen, anstatt daß sie für die Firma eingesetzt werden. So ist am Ende der Firmeninhaber der, der für die krummen Touren solcher negativen Angestellten aus der eigenen Tasche zahlt.

Nun bezahlt der Firmeninhaber seinen Personalleiter dafür, daß er Menschen motiviert, mit Freude am Wohl des Unternehmens zu arbeiten. Über die dafür notwendige Autorität verfügte aber offenbar dieser Personalleiter überhaupt nicht. Das Sprichwort:»Wie der Herr, so's Geschirr« gilt hier in der Abwandlung:»Wie der Personalleiter, so die Mitarbeiter.« Über die charakterliche Qualifikation der Denunziantin und des Personalleiters brauchen hier keine Worte verloren zu werden. Solche Menschen sind schlichtweg Schmarotzer, die von den Leistungen des Unternehmers zehren, der um die Existenz seines Unternehmens kämpft. Die Intrigenkämpfe in dem Unternehmen haben sogar solche Formen angenommen, daß eine Mitarbeiterin sogar Umstellungen am Telefon vorgenommen hat, damit wichtige Kundengespräche beim Urlaub des Abteilungsleiters nicht auf den Apparat seines Vertreters, sondern auf ihren Apparat gelangen. So versucht sie, den stellvertretenden Abteilungsleiter abzuschießen.

Hier einige Regeln für jeden Personalleiter und Abteilungsleiter:
- In einer Abteilung wird dann viel intrigiert, wenn die Mitarbeiter nicht genug zu tun haben. Jeder Abteilungsleiter sollte daher jedem Mitarbeiter genug zu tun geben.
- Klare Aufgabenverteilung verhindert hinterhältige Schachzüge.
- Wenn Offenheit das Arbeitsprinzip ist, unterbleiben heimliche Schachzüge.
- Klatschgeschichten müssen im Ansatz erstickt werden.
- Cliquenwirtschaft sollte immer ein gutes Beispiel geben. Wenn sich die Führung krummer Taktiken bedient, so erfolgt dies auch auf unteren Ebenen.

Jeder Firmeninhaber sollte sich um wirkliche Führungskräfte bemühen, die Autorität genug haben, miese Schachzüge zu unterbinden, anstatt sich aus mangelnder Qualifikation auch noch daran zu beteiligen.

Zusammenfassung

1. Unterscheiden Sie, ob Ihr Chef durch seine negative Stimmung Unzufriedenheit mit Ihnen signalisiert oder ob er nur einfach launisch ist. Sie finden es heraus, wenn Sie beobachten, wie er sich anderen Mitarbeitern gegenüber verhält.

2. Geben Ihre Leistungen Grund zur Klage, dann verbessern Sie diese.

3. Lassen Sie sich nicht vom Emotionsniveau Ihres Chefs beeinflussen. Sie haben die Kraft, auf Ihren Chef positiv einzuwirken.

4. Mit Ihrer inneren Kraft bestimmen Sie die Beziehungen am Arbeitsplatz.

5. Lassen Sie sich von Wutausbrüchen Ihres Chefs nicht beeindrucken. Auf diese Weise bestärken Sie ihn in seiner Ansicht, mit Ihnen sei nichts los.

6. Hüten Sie sich davor, Ihrem Chef gegenüber unverblümt zu äußern, daß er für einen Fehler verantwortlich ist.

7. Besser ist es, Ihre Ansicht zu begründen und sofort das Anliegen Ihres Chefs zu Ihrem eigenen zu machen. So lassen Sie sich nicht auf Streit ein. Ihr Chef wird nicht aggressiv, wenn Sie ihm durch Ihre Taten das Gefühl vermitteln, daß Sie die Angelegenheit in die richtige Bahn bringen.

8. Ihr Selbstwertgefühl darf nicht davon abhängen, ob Ihr Chef eine Entscheidung in dem Sinne fällt, wie Sie sie ihm vorgeschlagen haben.

9. Ist eine Kritik Ihres Chefs an Ihnen nicht konkret, so bitten Sie ihn, deutlicher zu werden. Bemühen Sie sich, die Erwartungen Ihres Chefs selbst herauszufinden.

10. Nennen Sie Ihrem Chef Ihre Erfolge, ohne zu übertreiben.

11. Ihr Chef wird immer die Früchte Ihrer Arbeit ernten. Helfen Sie Ihrem Chef, damit er Ihnen hilft.

12. Geben Sie Ihrem Chef das Gefühl, daß er an Ihrer Leistung beteiligt ist.

13. Zusätzliche Arbeit gibt Ihnen die Möglichkeit zu lernen. Bemühen Sie sich aber darum, weniger wichtige Arbeit loszuwerden.

14. Bringt zusätzliche Arbeit keine Vorteile für Sie, dann weisen Sie auf die notwendige Zurückstellung bereits

begonnener Arbeit hin. Nennen Sie Gründe, die das notwendig machen.

15. Leisten Sie gute Arbeit, so brauchen Sie keine Angst zu haben, ersetzt zu werden.

16. Wenn Sie es geschafft haben, wichtige Aufgaben zu erhalten, so können Sie weniger wichtige leichter abgeben.

17. Wenn Sie nicht der Favorit des Chefs sind, so verzagen Sie nicht. Es liegt an Ihnen, Ihre Beziehungen zum Chef zu verbessern.

18. Ihr Verhältnis zum Chef ist gut, wenn Sie für ihn Probleme lösen und keine Probleme schaffen.

19. Ihr Chef wird Ihre Arbeit dann richtig beurteilen, wenn Sie ihn auf die Erfolge Ihrer Arbeit hinweisen.

20. Wenn Ihr Vorgesetzter Sie mehrmals übergeht, dann bitten Sie ihn um Unterstützung. Sagen Sie ihm: »Ich kann Ihre Wünsche bei meinen Mitarbeitern nicht durchsetzen.«

21. Versuchen Sie, Ihre Fehler zu korrigieren. Ist das nur zum Teil möglich, dann berichten Sie Ihrem Vorgesetzten von Ihren Erfahrungen und wie Sie einen solchen Fehler in Zukunft vermeiden.

22. Versucht Ihr Chef, Ihnen seinen Fehler zuzuschieben, dann vermeiden Sie die Klärung der Schuldfrage. Fin-

den Sie heraus, wodurch der Fehler entstand. Schlagen Sie ein Verfahren vor, um den Fehler in Zukunft zu vermeiden.

23. Nutzen Sie die in Kapitel 10.12 angegebenen Hinweise, um ein gutes Verhältnis zu Ihrem Chef zu schaffen.

24. Ihre Chancen für eine Gehaltserhöhung steigen, wenn Sie Ihrem Chef gegenüber die richtige Werbung für sich machen. Nennen Sie Ihre Leistungen und Erfolge.

25. Arbeiten Sie an Ihrem Selbstbewußtsein. So wirken Sie im Verhandlungsgespräch um eine Gehaltserhöhung nicht hilflos.

26. Bringen Sie Leistung. Lassen Sie sich ganz von der Vorstellung durchdringen, daß Sie mehr Geld wert sind.

27. Begegnen Sie den »Argumenten« Ihres Chefs gegen eine Gehaltserhöhung mit den Argumenten, die in Kapitel 10.13 aufgeführt sind.

28. Gehen Sie in der Verhandlung weder aggressiv noch unterwürfig vor. Lassen Sie sich auch nicht auf Provokationen ein. Nennen Sie immer wieder Ihre Leistungen und die Vorteile, die Sie der Firma bringen.

29. Machen Sie Ihrem Chef allgemeine Andeutungen, daß Sie wissen, wie die Leistungen des Betriebs verbessert werden können. Reichen Sie ihm die konkreten Vorschläge schriftlich ein.

30. Treten Sie sicher auf.

31. Lehnt Ihr Chef eine Gehaltserhöhung ab, dann fragen Sie: »Was kann ich noch mehr für Sie tun, um eine Gehaltserhöhung zu erhalten?« Werden Ihnen zusätzliche Tätigkeiten übertragen, dann berichten Sie nach einigen Monaten über Ihre Erfolge. Sprechen Sie ihn dann erneut auf eine Gehaltserhöhung an.

32. Erweisen Sie Ihren Kollegen Gefälligkeiten. Geben Sie ihnen Anerkennung. Erwecken Sie nicht den Neid der Kollegen. Seien Sie nett. Vermeiden Sie es, todernst zu sein.

33. Schützen Sie sich im Betrieb vor negativen Menschen. Hüten Sie sich vor Redseligkeit. Schirmen Sie Ihr Privatleben ab.

34. Erzählen Sie niemandem etwas »im Vertrauen«. Es wird mit Sicherheit weitergetragen. Behalten Sie Ihre Erfolgsgeheimnisse für sich.

35. Gehen Sie nach dem 16-Punkte-Programm (Kapitel 10.15) vor, um Einfluß im Betrieb aufzubauen.

36. Wenn Sie sich jeden Tag eine halbe Stunde Zeit nehmen, um dabei über Ihre Arbeit nachzudenken, können Sie Intrigen rechtzeitig begegnen.

Kapitel 11

Wer paßt zu wem?

1. Ein Ratschlag, der Anlaß zum Nachdenken gibt

E. Trumler beschreibt in seinem Buch »Mit dem Hund auf Du und Du«, wie die meisten Menschen sich einen Hund auswählen. Sie sind stolz darauf, wenn sie vom Züchter in ausführlichen Papieren die Reinrassigkeit und die Abstammung des Hundes bescheinigt erhalten. Und wenn schließlich der angehende Hundebesitzer auch noch das Impfzeugnis seines Vierbeiners mit nach Hause trägt, hofft er voll Stolz auf glückliche Zeiten mit seinem Hund. Doch gerade das ist ein großer Irrtum. Entscheidend ist nämlich der Charakter des Hundes. Auf die Abstammung, die Reinrassigkeit kommt es gar nicht an.

Trumler empfiehlt, bei der Auswahl eines Hundes ganz anders vorzugehen. Der Hund, der als erster zum Interessenten kommt, ihn mit seiner Nase berührt und die Hand leckt, der ist es. Zur Sicherheit empfiehlt Trumler sogar, nochmals den Hundewurf zu besuchen und die kleinen Hunde genau zu beobachten. So kann sich der angehende Hundebesitzer ein noch besseres Bild von dem Wesen des kleinen Welpen machen.

Vielleicht entwickelt sich bei Ihnen ein kleines Unbehagen. Und Sie denken: Was hat eigentlich ein Hund mit diesem Kapitel zu tun? Doch seien wir ehrlich: Wie viele Menschen lassen sich bei der Auswahl von Partnern, Mitarbeitern und Freunden von Oberflächlichkeiten und sonstigen Irrtümern leiten? Sollten wir bei der Auswahl eines Menschen nicht auch nach bestimmten Grundsätzen vorgehen?

Bereits in meinem Buch: »Wer ist Dein Freund, wer ist Dein Feind? Wie man Mitmenschen besser erkennt« habe ich darauf hingewiesen, daß das Wesen eines Menschen nie restlos erkennbar ist. Es gibt aber doch eine Reihe von grundsätzlichen Dingen, die Sie beachten müssen, wenn Sie herausfinden wollen, welcher Mensch zu wem paßt. Wenn Sie das beachten, werden Sie viel Ärger vermeiden und mehr Lebensfreude haben. Ihre Beziehungen zu Ihren Mitmenschen werden glücklicher.

2. Ihre Vielseitigkeit ist gefordert

Um im Umgang mit Mitmenschen gute Beziehungen zu schaffen, müssen Sie sowohl analytisch als auch kreativ vorgehen. Wenn Sie analytisch vorgehen, gleichen Sie einem Wissenschaftler. In Ihrer Kreativität gleichen Sie einem Künstler. Wenn Sie analytische Betrachtungen vornehmen, untersuchen Sie, welche Eigenschaften und Faktoren für eine Beziehung wichtig sind und wie sie sich gegenseitig beeinflussen. Als kreativer Mensch bringen Sie Ihre ganze Begeisterung und Risikobereitschaft in den Umgang mit Mitmenschen ein.

In diesem Kapitel beschäftigen wir uns damit, welche Faktoren und Eigenschaften für eine zwischenmenschliche Beziehung notwendig sind und erst so einen erfreulichen Umgang ermöglichen. Die Betonung dieses Kapitels liegt also auf der Analyse von Eigenschaften und Faktoren im Umgang mit Mitmenschen. Sie werden erkennen, in welcher Beziehung sie zueinander stehen.

In diesem Zusammenhang kommen Sie auch an einer Selbstanalyse nicht vorbei. Sie werden Ihre Mitmenschen nur dann richtig erkennen und mit ihnen geschickt umgehen können, wenn Sie sich selbst erkennen.

Vielleicht meinen Sie: Ich kann auf solche rein analytischen Methoden gern verzichten. Schließlich kann ich mich auf meinen Instinkt verlassen. Das ist aber ein großer Irrtum. Ebenso wie die romantische Vorstellung, allein die Liebe zwischen allen Menschen könne alle zwischenmenschlichen Probleme lösen, falsch ist, ist auch der Glaube an den sicheren Instinkt trügerisch. Die Praxis hat dies oft genug erwiesen.

3. Über Geschmack läßt sich streiten

Es können durchaus zwei Menschen an einer Sache Gefallen finden. Das muß aber längst nicht immer so sein und ist es auch nicht. Da gibt zum Beispiel jemand sein ganzes gespartes Geld für eine Reise aus. Ein anderer hört sich dessen Erlebnisse an und meint: »Mein Erspartes würde ich nie für eine Reise ausgeben.« Der eine verbringt seinen Urlaub im teuersten Hotel. Ein anderer dagegen macht mit Freuden eine strapazenreiche Expedition durch den Urwald. Der eine liebt die Berge, der andere die See. Solche Beispiele lassen sich beliebig fortsetzen. Worauf sind diese Unterschiede zurückzuführen?

Jeder Mensch wird charakterisiert durch seine äußere Erscheinung und durch sein Wesen. Zur äußeren Erscheinung gehören seine Figur und sein Aussehen. Zum Wesen des Menschen gehört sein Charakter. Dieser wiederum bestimmt seine Eigenschaften, seine Empfindungen und seine Handlungen. So hat jeder Mensch ganz individuelle Erlebnisebenen. Er hat seine ganz individuelle Art des »In-der-Welt-Seins«. Eine Leistung der Astrologie besteht darin, auf die verschiedenen Arten des »In-der-Welt-Seins« hingewiesen zu haben. So sieht vielleicht jemand das Leben als sehr ernst an. Ein anderer dagegen vermag die heiteren Seiten zu entdecken. Der eine liebt Tiere, ein anderer ekelt sich davor. Die Frau mag vielleicht die Kunst Rembrandts, der Mann liebt nur die Werke Vincent van Goghs.

Begnügen wir uns mit diesen Beispielen. Entsprechend seinem Wesen wird einer etwas mögen oder nicht. Also: Über Geschmack läßt sich streiten. Sie sind aber klug genug, es nicht zu tun, da Sie die Zusammenhänge kennen.

4. Charaktereigenschaften entscheiden über den Umgang miteinander

Die Psychologie spricht vom »Gesetz der Wahlverwandtschaften«. Der Volksmund äußert es noch deutlicher: »Gleich und gleich gesellt sich gern.« Diese Aussagen betreffen Liebhabereien, Meinungen, Standpunkte usw. Wenn sich zum Beispiel zwei Skifahrer treffen, dann werden sich zwischen beiden sehr schnell positive Kontakte entwickeln, die auf den gesamten Umgang ausstrahlen.

Da das Leben aus Polaritäten besteht, gilt nicht nur: Gleich und gleich gesellt sich gern. Der andere Teil der Wirklichkeit ist: Gegensätze ziehen sich an. So sucht vielleicht die temperamentvolle Frau einen ruhigen Mann, bei dem sie sich geborgen fühlt. Oder den unsicheren Mann fasziniert die selbstsichere Frau. Die anfängliche Anziehung der Gegensätze kann sich aber auf Dauer zu einem großen Problem entwickeln. Inwieweit das der Fall ist, wird von mehreren Faktoren bestimmt, die Ergänzung und Unverträglichkeit bestimmen.

5. Ergänzung, Verträglichkeit und Unverträglichkeit

Wenn Sie die Fragen nach der Ergänzung der Verträglichkeit und der Unverträglichkeit von Eigenschaften umfassend beantworten wollen, müssen Sie sich auch mit den folgenden Fragen beschäftigen:

- Wie passen zwei Menschen im Kern zusammen?
- Wie passen sie vom Rollenspiel her zusammen, mit dem sie sich der Außenwelt präsentieren?
- Wie verhalten sich äußerer und innerer Animus (Anima) beider Menschen zueinander?
- In welcher Beziehung stehen die Gefühlsebenen zueinander?
- Wie stehen die Interessen der Menschen zueinander?
- Wie vermögen zwei Menschen miteinander zu kommunizieren?
- Im Falle einer sexuellen Beziehung: Wie stark ist die erotische Anziehung?

Doch gehen wir zunächst schrittweise voran. Beschäftigen wir uns zunächst mit den Fragen: Welche Wesenszüge gibt es, die für den Umgang zwischen Menschen von großer Bedeutung sind?

Erst später werden wir uns der Frage widmen: Sind diese Wesenszüge ergänzend, verträglich oder unverträglich? Und was gilt es beim Vergleich zweier Menschen zu beachten?

6. Welche Wesenszüge gibt es?

Um miteinander besser umzugehen und uns viele Enttäuschungen zu ersparen – sei es in der Familie, dem Beruf, in der Freundschaft –, brauchen Sie ein Meßsystem, um sich ein Bild des Mitmenschen zu machen. Hier mein Vorschlag für die Übersicht positiver Wesenseigenschaften.

Positive Wesenseigenschaften:
- Ehrlichkeit
- Aufrichtigkeit
- Selbsterkenntnis
- Strebsamkeit

- Zuverlässigkeit
- Toleranz
- Entschlußkraft
- Kommunikationsfähigkeit

- menschliche Reife
- Intelligenz
- Humor
- Lebensfreude
- Kinderliebe
- Naturliebe
- Tierliebe
- Treue
- Pünktlichkeit

- Einsatz
- Kontaktfähigkeit
- Vitalität
- Feinfühligkeit
- Beharrlichkeit
- Sauberkeit
- Verschwiegenheit
- Gerechtigkeit
- Gewissenhaftigkeit

Die Reihenfolge sagt nichts über die Wertung der Eigenschaften aus. Natürlich können Sie auch die eine oder andere Wesensart herausstreichen und durch eine andere ersetzen und ergänzen.

278

7. Was Sie beim Vergleich zweier Menschen beachten müssen

Der Vergleich zweier Menschen soll Ihnen helfen herauszufinden, ob beide zusammenpassen oder nicht. So vermeiden Sie viele Probleme. Und Sie vermögen sich auch rechtzeitig auf das einzustellen, was im Umgang mit dem anderen noch vor Ihnen liegt. Selbst dann, wenn Sie in einer schwierigen Situation sind, können Sie noch Entscheidungen fällen und Neuorientierungen vornehmen. Aber ohne das Bemühen und eine gewisse Selbsterkenntnis geht es nicht.

Wie gehen Sie nun beim Vergleich vor? Suchen Sie sich eine Reihe von Wesenseigenschaften aus, die entscheidend dafür sind, ob zwei Menschen – also zum Beispiel Sie oder ein anderer – miteinander auskommen. Geben Sie jeder Eigenschaft maximal 5 Punkte. Diese Punktzahl entspricht also dem optimalen Zustand. Hier ein Beispiel. Nehmen wir einmal an, Sie sind Pianist, oder Sie musizieren am Tag etwa drei Stunden. Der andere geht aber noch nicht einmal in ein Konzert. Dann bekäme die Wesenseigenschaft Musikalität für Sie 5 Punkte, der andere erhielte 0 Punkte. Der gleiche Unterschied in der Punktzahl wäre gegeben, wenn Sie extreme Bergbesteigungen durchführen, der andere aber überhaupt nicht in die Berge will.

Versuchen Sie also, die Wesenseigenschaften mit einer Punktzahl zu bewerten. Entscheidend dabei ist nicht, ob Sie sich beim Vergleich in ein oder zwei Punkten irren. Entscheidend ist vielmehr, daß Ihnen bezüglich der einzelnen Wesenseigenschaften die Unterschiede zum anderen bewußt werden. Wichtig ist, daß Sie den Unterschied zwischen sich und dem anderen in etwa erfassen. Hüten Sie sich davor, die einzelnen Wesenseigenschaften in der Beurteilung zu vergleichen.

Wichtiger ist: Vertragen sich die beiden Wesenseigenschaften zweier Menschen miteinander? Ergänzen sie sich? Oder vertragen sich die Wesenseigenschaften zweier Menschen überhaupt nicht?

Der Umgang zwischen zwei herrschsüchtigen Menschen wird zum Beispiel immer zu großen Konflikten führen, da keiner von beiden nachgeben wird. Haben zwei Menschen diese Wesenszüge, so ist also Unverträglichkeit gegeben. Ganz anders ist die Situation, wenn der Mann innerlich stark ist, die Frau aber ängstlich. Sie findet bei ihrem Mann die Geborgenheit, nach der sie sich sehnt. Die genannten Wesenseigenschaften ergänzen sich also. Natürlich gelten diese Aussagen auch nur in Grenzen. Wenn zum Beispiel die Frau extrem ängstlich ist und den Mann mit ihrer Schwarzmalerei bis zur Verzweiflung bringt, dann wird das auf Dauer selbst der mutigste Mann nicht aushalten. Sind beide Partner reiselustig, dann vertragen sich die Eigenschaften gut miteinander.

Natürlich können Sie solche Vergleiche nur dann durchführen, wenn Sie vom anderen etwas wissen. Und damit der Vergleich nicht zu aufwendig wird, gehen Sie folgendermaßen vor: Vergleichen Sie nur solche Wesenszüge, die den Umgang miteinander stören könnten. Vergleichen Sie also nur die kritischen Wesenszüge. Es sind jene Eigenschaften, bei denen Sie oder der andere sehr empfindlich reagieren. So könnten Sie zum Beispiel sehr sauer reagieren, wenn der andere nicht aufrichtig ist oder seine Versprechungen nicht einhält. Und der andere stört sich vielleicht an Ihrem Rauchen.

Was für Sie zum Beispiel wie eine unbedeutende Kleinigkeit aussieht, kann für den anderen das größte Problem sein. Denken Sie also daran: Aus manchen Kleinigkeiten können sich die größten Auseinandersetzungen entwickeln. Daher wäre es falsch, Kleinigkeiten zu unterschätzen. Wollen Sie die Frage: Wer paßt zu wem? beantworten, so müssen Sie die Frage eigentlich sogar noch von zwei verschiedenen Bezugspunkten klären, nämlich:

»Passe ich zum anderen?«

»Paßt der andere zu mir?«

Mit anderen Worten: Sie müssen nicht nur darüber nachdenken: »Passen die Wesenseigenschaften des anderen zu mir?«, sondern auch über die Frage: »Passen meine Wesenseigenschaften zum anderen?«

Nur wenn Sie beide Fragen zu beantworten versuchen, werden Sie aus der vorgeschlagenen Methode den größten Nutzen ziehen.

8. So vergleichen Sie zwei Menschen

Nehmen wir einmal an, Sie erwägen, mit einem Bekannten einen Urlaub zu verbringen. Sie wollen ein gemeinsames Zimmer mieten. Der andere ist Raucher und Frühaufsteher. Sie sind überzeugter Nichtraucher und stehen spät auf. Bereits diese Unterschiede werden zu großen Schwierigkeiten führen, so daß eine gemeinsame Reise nicht zu empfehlen ist.

Widmen wir uns nun einem komplizierten Vergleich. Nehmen wir einmal an, Sie überlegen, ob ein Bekannter für Sie der passende Reisegefährte für eine Expedition nach Südamerika ist. Nach reiflicher Überlegung kommen Sie zu dem Entschluß, daß dafür 12 positive Eigenschaften von Bedeutung sind, nämlich: 1. Ehrlichkeit, 2. Autorität, 3. Kameradschaftlichkeit, 4. Humor, 5. Gefühlsstabilität, 6. Mut, 7. Belastbarkeit, 8. Zuverlässigkeit, 9. Achtung vor dem anderen, 10. Konditionstraining, 11. Gesundheit und 12. Genügsamkeit.

Die Reihenfolge der Wesenseigenschaften soll aber nichts über die Bedeutung der Eigenschaften aussagen. Tragen Sie dann die Eigenschaften in eine Tabelle »Notwendige Wesenseigenschaften für eine Expedition« ein (siehe Tabelle 2). Die maximale Punktzahl, die Sie für jede Eigenschaft vergeben können, ist 5. Nun tragen Sie in der einen Spalte für Sie und in der benachbarten für den möglichen Partner die Anzahl der Punkte ein, die Sie vergeben.

Wesenseigenschaften	Nr.	Punkte	
		Sie	der andere
Ehrlichkeit	1	5	4
Autorität	2	1	4
Kameradschaftlichkeit	3	4	2
Humor	4	2	0
Gefühlsstabilität	5	3	2
Mut	6	4	4
Belastbarkeit	7	3	3
Zuverlässigkeit, Hartnäckigkeit	8	1	3
Achtung des anderen	9	4	3
Konditionstraining	10	4	4
Gesundheit	11	2	3
Genügsamkeit	12	1	4

Tabelle 2   Notwendige positive Eigenschaften für eine Expedition

282

Da graphische Darstellungen Sachverhalte besonders gut veranschaulichen, können Sie Ihre und die Punktzahl des anderen auch in ein Diagramm eintragen. So ist im Diagramm jede Ihrer Eigenschaften und die des anderen durch die Höhe (entspricht der Punktzahl der Eigenschaft) des Balkens einzutragen. Ihre Balken sind schraffiert, die des anderen unschraffiert eingetragen (siehe Abbildung 15). Natürlich können Sie auch die Balken Ihrer Wesenseigenschaften blau und die des anderen rot markieren. Es bleibt Ihnen überlassen, welche Farben Sie wählen.

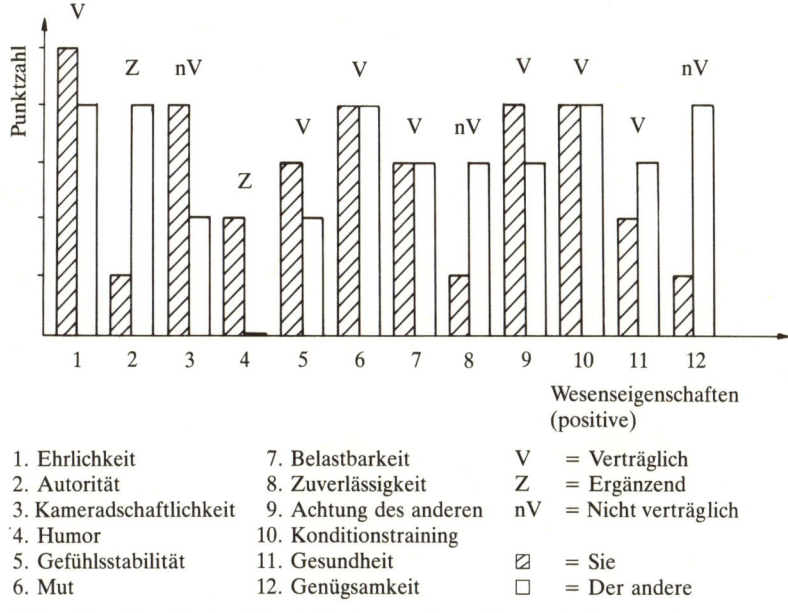

1. Ehrlichkeit 　　　　 7. Belastbarkeit 　　 V　 = Verträglich
2. Autorität 　　　　　 8. Zuverlässigkeit 　 Z　 = Ergänzend
3. Kameradschaftlichkeit　 9. Achtung des anderen　 nV　 = Nicht verträglich
4. Humor 　　　　　　 10. Konditionstraining
5. Gefühlsstabilität 　　 11. Gesundheit 　　 ▨　 = Sie
6. Mut 　　　　　　　 12. Genügsamkeit 　 ☐　 = Der andere

Abb. 15 　Graphischer Vergleich der positiven Eigenschaften

283

Um die Frage, ob Sie mit dem möglichen Partner während der Expedition nicht zu viele Schwierigkeiten bekommen, besser zu entscheiden, machen Sie nun noch einen weiteren Schritt. Sie stellen die negativen Eigenschaften zusammen, die ein gutes Miteinander erheblich stören (siehe Tabelle 3).
Die Zahl 5 bedeutet das Höchstmaß an negativer Ausprägung.

Wesenseigenschaften	Nr.	Punkte	
		Sie	der andere
Egoismus	1	2	4
Ängstlichkeit	2	1	1
Herrschsucht	3	0	2
Stimmungsschwankungen	4	2	2
Bequemlichkeit	5	4	2

Tabelle 3   Negative Wesenszüge, die die beabsichtigte Expedition erheblich in Gefahr bringen.

Wie im vorangegangenen Fall sind die Ergebnisse auch wieder durch eine graphische Darstellung veranschaulicht (siehe Abbildung 16).
Im einzelnen ergibt sich für Ihre positiven Eigenschaften zueinander folgendes (siehe dazu Abbildung 16). Ihre gegenseitigen Verträglichkeiten in den Wesenseigenschaften werden mit V, Ihre Ergänzungen mit Z und Ihre Unverträglichkeiten mit nV abgekürzt, wie in Abbildung 15.

284

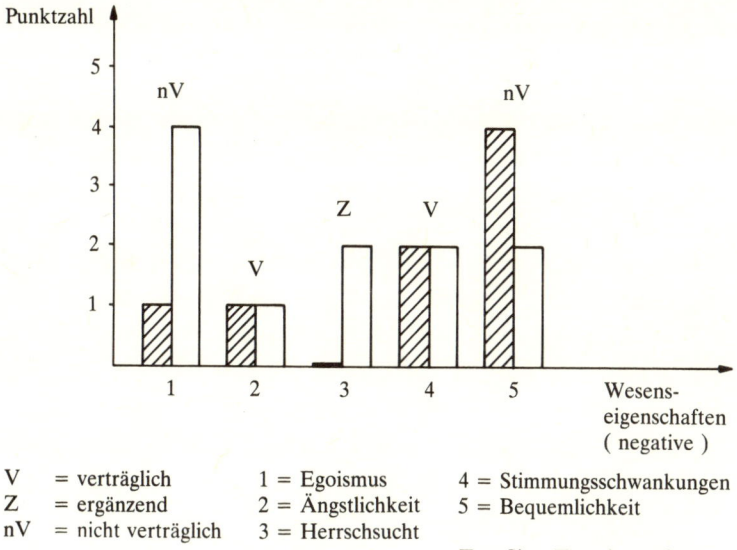

Punktzahl

V   = verträglich   1 = Egoismus   4 = Stimmungsschwankungen
Z   = ergänzend   2 = Ängstlichkeit   5 = Bequemlichkeit
nV = nicht verträglich   3 = Herrschsucht

⬚ = Sie   □ = der andere

Abb. 16   Graphischer Vergleich der negativen Eigenschaften

Betrachten wir positive Eigenschaften im Verhältnis zueinander.

1: In der Ehrlichkeit gibt es Übereinstimmung (V).

2: In der Autorität gibt es eine Ergänzung, da Sie die
Überlegenheit des anderen respektieren (Z).

3: Was die Kameradschaft betrifft, so werden Sie sich
über den anderen ärgern (nV).

4: Ihr Humor dürfte sich positiv auf den anderen auswirken (Z).

5 und 6: Hinsichtlich Gefühlsstabilität und Mut gibt es
zwischen ihnen keine Probleme (V).

7: Aus der Belastbarkeit erwachsen auch keine Schwierigkeiten.

8: Ihre mangelnde Zuverlässigkeit wäre ein großes Hindernis (nV).

9, 10 und 11: In diesen Bereichen gibt es zwischen Ihnen und dem anderen keine Differenzen (V).

12: Ihre mangelnde Genügsamkeit wäre aber in schwierigen Situationen für den Partner ein Problem (nV).

Was ist das Ergebnis dieser Betrachtung:

In wesentlichen Punkten, die für das Gelingen der Expedition wichtig sind, nämlich in den Punkten 3, 8 und 12 stellen Sie für den Partner einen Hemmschuh dar. Ergänzende Eigenschaften liegen nur in den Punkten 2 und 4 vor.

Wie sieht nun der Vergleich der negativen Eigenschaften aus, der sich einer gemeinsamen Expedition entgegenstellt (siehe Abbildung 16).

Negative Wesenszüge, die die Expedition behindern:

1: Der Egoismus des anderen wirkt negativ auf Sie (nV).

2: In diesem Punkt gibt es keinen Konflikt (V).

3: Die Neigung des anderen, der bestimmende Teil zu sein, wirkt nicht negativ auf Sie (Z).

4: Ihrer beider Stimmungsschwankungen sind nicht so, daß Sie die Reise gefährden.

5: Mit Ihrer Neigung zur Bequemlichkeit stellen Sie ein großes Hindernis für die Reise dar (nV).

Halten wir fest: Da es 5 nichtverträgliche Wesensmerkmale zwischen Ihnen gibt, ist das Gelingen der Expedition ernsthaft gefährdet. So ist eine gemeinsame Expedition nicht zu empfehlen, da größere Schwierigkeiten zwischen Ihnen und dem Partner entstehen könnten. Daran ändern auch die sich ergänzenden Eigenschaften nicht viel.

Zu den Fragen: Passen Sie besser zum anderen? Oder paßt der andere besser zu Ihnen? Schauen Sie dazu nochmals in Tabelle 2 und Tabelle 3.

Der Partner würde von Ihrer Kameradschaftlichkeit, Ihrem Humor und Ihrer Kooperationsfähigkeit profitieren. Belastend für ihn wären Ihre mangelnde Zuverlässigkeit, mangelnde Hartnäckigkeit und Ihre fehlende Genügsamkeit. Sie würden wiederum von der Autorität, der Zuverlässigkeit und der Genügsamkeit des anderen profitieren. Allerdings würde Sie sein Egoismus stark stören.

Was das menschliche Zusammenleben betrifft, würde der Partner von Ihnen profitieren. Hinsichtlich des Erfolgs der Expedition würde der andere besser zu Ihnen passen als Sie zu ihm. Da aber nur die Frage der gemeinsamen Expedition zu klären ist, sollten Sie zunächst von einem solchen Plan überhaupt Abstand nehmen.

Das bedeutet aber nicht, daß Sie Ihren Plan, eine Expedition durchzuführen, für alle Zeiten zurückstellen sollen. Wenn Sie nach meinen Büchern »Die geheime Kraft Ihrer Wünsche« und »Lebe besser, lebe gern« arbeiten und die dort angegebenen Techniken anwenden, so entwickeln Sie auch die notwendigen Wesenseigenschaften. Dann wird Ihnen Ihr Wunsch die Freude bringen, die Sie sich von der Expedition erhoffen.

9. Wie Ihnen die vorgeschlagene Methode des Vergleichs hilft

Während eines Seminars fragte ich einmal eine zwanzigjährige Dame: »Welche Eigenschaften sind für Sie bei einem Mann für die Ehe wirklich wichtig?« Sie gab zunächst keine

Antwort. Dann erwiderte sie: »Er muß groß, blond und praktisch veranlagt sein.«

Nun sind das erstens keine Wesenszüge. Zweitens bezweifle ich, ob die Dame mit den Äußerlichkeiten eines solchen Partners auf Dauer glücklich wird.

Sie können die vorgestellte praktische Methode »Wer paßt zu wem?« in vieler Hinsicht nutzen:
- bei der Auswahl eines Partners,
- bei der Auswahl eines Mitarbeiters oder Geschäftsfreundes,
- bei der Auswahl von Bekannten, zu denen Sie tiefere Bindungen eingehen wollen,

oder worum es sich auch sonst immer in Ihren zwischenmenschlichen Beziehungen handeln mag. Die Methode setzt allerdings voraus, daß Sie sich über die eigenen Neigungen und Untugenden und die des anderen in etwa im klaren sind.

Sie entscheiden immer selbst, welche Wesenseigenschaften Sie zur Bewertung heranziehen. Oft genügen für einen Vergleich weniger Wesenseigenschaften als im angehenden Beispiel. Entscheiden Sie sich also immer für die Wesenseigenschaften, die für Sie besonders wichtig sind oder die sich im Miteinander als kritisch erwiesen haben. Zugegeben, Sie müssen sich dazu einige Gedanken machen. Dann wissen Sie aber, woran Sie mit sich und dem anderen sind.

So hilft Ihnen also die Vergleichsmethode,
- sich Ihrer eigenen Erwartungen bewußt zu werden,
- sich über spätere Schwierigkeiten schon vorher klarzuwerden,

288

- menschliche Kontakte gezielter auszuwählen,
- Risiken einzuschränken,
- durch rechtzeitiges Erkennen des anderen und seiner selbst Schwierigkeiten und Emotionseffekte zu vermeiden,
- den Umgang mit Mitmenschen harmonischer und glücklicher zu gestalten.

Bedienen Sie sich auch der Vergleichsmethode, wenn Sie über eine Ehe oder Freundschaft nachdenken. So manches Unglück könnte vermieden werden.

Haben Sie die Vergleichsmethode zwei- oder dreimal angewandt, so werden Sie selbst erstaunt sein, wie leicht Ihnen das Verfahren fällt.

10. Die Geschichte einer Frau, die Täuschungen über ihren Partner unterlag

Hier die Geschichte einer Frau aus der Werbebranche. Sie wollte zunächst Schauspielerin werden, wurde dann aber die Vertreterin des Chefs einer Werbeabteilung. Ihr Beruf brachte es mit sich, daß sie viele Männer – darunter auch Schauspieler – kennenlernte. Obwohl sie sehr attraktiv war und viele Männer anzog, klappte es mit einer Heirat nicht. Mein Gespräch mit ihr und besonders die Heranziehung ihres Geburtshoroskopes verhalfen ihr, über sich und ihr Verhalten mehr Klarheit zu gewinnen. Ihr Rollenverhalten war dadurch gekennzeichnet, daß sie nach außen hin immer die Ausgeglichene spielte. Doch der äußere Schein trog. Die Dame war immer schnell von solchen Männern fasziniert, die großspurig auftraten. Sie flog buchstäblich auf die Typen, die ihr mit großen Reden, Plänen und Erfahrungen zu imponieren versuchten. Für sie waren solche Männer »außergewöhnliche« Menschen, die sich vom Durchschnitt abhoben. So verwundert es nicht, daß die Frau in Flammen stand, wenn ein solcher Typ auftauchte. Es liegt auf der Hand, wie eine derartige Liaison jeweils ausging. Die Dame erkannte, daß sie mit solchen Männern auf Dauer nicht auskommen konnte. Sie entpuppten sich als reine Schaumschläger.

Bevor wir uns mit dem Verhalten der Dame weiter befassen, hier noch eine Ausführung ganz allgemeiner Art.

Bei der Begegnung von zwei Menschen stellt sich immer wieder die Frage: »Was zieht den einen am anderen an? Ist es dessen Rollenverhalten oder sein Kern?« Leider ist es oft das Rollenverhalten, da der Kern nicht so schnell in Erscheinung tritt. Leben aber Menschen längere Zeit zusammen, dann fällt die Maske des Rollenverhaltens. Dann verschafft sich der Kern Geltung. Und dann werden oft große Überraschungen eintreten.

Doch zurück zum Verhalten der Dame. Ihr Gefühl (astrologisch die Venus) wurde zwar schnell von oberflächlichen Typen angesprochen, aber ihre Seele (astrologisch durch den Mond bestimmt) lehnte sich dagegen auf. Da ihr Kern (die Sonne) im Steinbock und die Seele in der Jungfrau stand, suchte sie in der Tiefe ihres Wesens nach einem helfenden Mann, der zuverlässig ist, ihr immer zur Seite steht und der auch zum tiefen Nachdenken befähigt ist. Da bisher ihr Rollenverhalten dominierte, flog sie immer wieder auf Phantasten, die sie jedesmal enttäuschten.

Im Gespräch machte ich der Dame die Gegensätzlichkeit ihres Wesens klar. Ich wies sie auf ihre Ansprechbarkeit und ihr tiefes inneres Bedürfnis hin. Ich ermunterte sie, ih-

rem äußeren Animus-Punkt gegenüber immer kritisch zu sein. Ich betonte, wie wichtig es ist, den Bedürfnissen der Seele zu folgen. So liegt das Problem: »Wer paßt zu wem?« nur zu oft in der richtigen Selbsterkenntnis. Wenn Sie sich die Frage stellen: Wer paßt zu mir?, dann beantworten Sie sich auch ehrlich die Fragen:
1. Zeigen Sie dem äußeren Schein gegenüber auch die erforderliche Skepsis?
2. Hören Sie auf die Bedürfnisse Ihrer Seele?

11. Warum Frauen und Männer oft an den falschen Partner geraten

Da ich mich schon seit mehreren Jahren mit der faszinierenden Frage »Wer paßt zu wem?« beschäftige, bin ich mit der Zeit zwangsläufig auf die Animus-Anima-Begriffe gestoßen.

Taucht ein Mensch, der der äußeren Animus- bzw. Anima-Vorstellung des anderen entspricht, unerwartet auf, dann geraten die Beziehungen zum bisherigen Partner in eine große Krise. Frauen wie Männer fliegen buchstäblich auf einen anderen Partner und »verlieben« sich Hals über Kopf in ihn. Psychologen, Astrologen und Scheidungsanwälte wissen um das Problem.

Doch was bedeutet Animus und was Anima?

Jeder Mensch trägt das Idealbild eines Partners in sich. Einfluß auf das Idealbild haben Film, Operette, Theater usw. Solche Anima-Bilder können für den Mann der blonde Vamp, die feinfühlige Frau oder die mütterliche Gattin sein, um nur einige Beispiele zu nennen. Für die Frau wiederum kann die Figur Animus der Vatertyp, der geheimnisvolle Verführer, der überlegene Held oder der weise Mann sein. Das wäre der äußere Animus- oder Anima-Typ.

Nun existiert in jedem Menschen auch viel Gegengeschlechtliches. So bringt die Anima im Mann seine weiblichen Stimmungen und Gefühle zum Ausdruck. Der Animus der Frau bringt wiederum ihre männlichen seelischen Eigenschaften zum Ausdruck. Solche tief im Menschen verwurzelten Bilder werden zum Unterschied von den äußeren innere Anima-Animus-Bilder genannt. Das Gegengeschlechtliche, das im Mann und in der Frau vorhanden ist, wird durch die Erziehung unterdrückt. Was ist die Folge? Weil die Umwelt diese eigene Neigung unterdrückt hat, wird sie nun im Partner gesucht. Er soll das schaffen, zu dem der einzelne selbst nicht fähig war oder von dem er sich hat abbringen lassen. Wer das erkennt, begreift, weshalb nicht wenige Menschen plötzlich andern restlos verfallen und sich von ihnen sogar in den Abgrund ziehen lassen.

In der Frage des äußeren und inneren Animus-(Anima-) Punktes meint die Astrologie: Die Spitze des 5. Hauses weist auf den äußeren Animus-(Anima-)Punkt hin. Die Stellung des Mondes im Tierkreiszeichen sagt dagegen etwas über den inneren Animus-(Anima-)Punkt aus. Kommen wir zur Verdeutlichung auf die in Abschnitt 10 erwähnte Frau zurück. Daran läßt sich sehr deutlich der Unterschied zwischen äußerem und innerem Animus veranschaulichen.

In ihrem Geburtshoroskop weist die Spitze des 5. Hauses (Erotik) auf den Wassermann im Segment Löwen. Deshalb war die Frau von der äußeren Erscheinung der um sie werbenden Männer und deren großspurigem Verhalten so fasziniert. Da aber der Mond der Dame im Abschnitt Jungfrau steht, sehnt sie sich in der Tiefe ihres Wesens nach einer ganz anderen Ergänzung. Wie beschrieben, sehnt sich auch ihr Kern (die Sonne) nach einem ganz anderen Menschen, als das ihrer äußeren Animus-Figur entspricht. (Um die Darlegungen für den Leser nicht unnötig kompliziert zu machen, habe ich auf die Einbeziehung der Aspekte verzichtet.)

Wir können den äußeren Animus (Anima) auch als äußere Anziehungskraft, den inneren Animus (Anima) auch als die innere Erwartungshaltung gegenüber dem anderen bezeichnen. Da sowohl äußerer als auch innerer Animus (Anima) im Wesen des Menschen wurzeln, geht die Astrologie – wie oben beschrieben – zu Recht davon aus, daß beide dem Geburtshoroskop (Radixhoroskop) des Menschen zu entnehmen sind. Da das Äußere nichts mit dem Kern zu tun hat, heiraten viele Menschen gar nicht den Partner, der ihrer äußeren Animus-Vorstellung entspricht. So schwärmt vielleicht eine Frau für große, starke Männer. Bald stellt sie jedoch fest, daß die Typen, auf die sie »abfährt«, innere Schwächlinge sind. Sie wird aus ihren Erfahrungen klug. So erkennt sie, daß ihr ein nicht so großer Mann den Halt gibt, nach dem sie sich sehnt. Diese Aussage bezieht sich natürlich nicht auf große Männer allgemein, sondern nur auf diejenigen, die die Dame kennengelernt hat.

12. Typen, auf die Sie »abfahren«

Wie schon erwähnt, weist die Spitze des 5. Hauses (dem Geburtshoroskop zu entnehmen) auf den äußeren Anima-Animus-Punkt hin. Diese Aussage gilt grob vereinfachend.

Für die Anima-Typen des Mannes gilt:

Widder:	die Kämpferin
Stier:	die Sinnliche
Zwilling:	die Intellektuelle, die vielseitig Schillernde
Krebs:	die Mutter, die Fürsorgende
Löwe:	die Königin, die Erhabene, die Stolze
Jungfrau:	die Erhalterin, die Vernünftige
Waage:	die Elegante
Skorpion:	die Verführerin, die Abgrundtiefe
Schütze:	die Erfolgreiche, die Sportlerin
Steinbock:	die Patriarchin, die Erdverbundene, die Zauberin
Wassermann:	die Verführerin, die Geheimnisvolle
Fische:	die Hingebende, die Helferin

Für die Animus-Typen der Frau gilt:

Widder:	der Held
Stier:	der erotische Mann, der Feinfühlige
Zwillinge:	der Redner, der Gewandte
Krebs:	der Betreuer, der Hegende
Löwe:	die Autorität, der Held
Jungfrau:	der Helfer, der Heilende
Waage:	der Künstler, der Verführer
Skorpion:	der Dämon, der Geheimnisvolle
Schütze:	das Vorbild
Steinbock:	der Starke, der Weise
Wassermann:	der Magier, der Utopist
Fische:	der Prophet, der Sensible

Die grobe Typisierung muß noch durch die Sektoren differenziert werden. Darauf wurde hier verzichtet.

294

13. Was sagt die Astrologie zur glücklichen Partnerschaft?

Der innere Animus- und Anima-Punkt wird durch die Stellung des Mondes im Horoskop zum Ausdruck gebracht. Nach der uralten Lehre der Astrologie stellt der Mond die Seele oder das Unterbewußtsein dar, während das Bewußtsein durch die Sonne symbolisiert wird.

Sie können an Ihrem Bewußtsein arbeiten. Sie können es durch Meditation, Visualisierungsübungen und Geisteslenkung auf eine hohe Stufe bringen. Sie können Ihr Handeln – astrologisch entspricht es dem Merkur – zielgerechter lenken. Sie können an Ihrem Gefühl arbeiten – das Gefühl entspricht astrologisch der Venus –, indem Sie Ihre Gefühlskanäle reinigen und Ihre Emotionsebene anheben. Auch am Trieb – der astrologisch dem Mars entspricht – können Sie arbeiten, ebenso wie an der Entfaltung (das Symbol ist der Jupiter) und an Ihrer Systematik (entspricht dem Saturn). Doch eine Veränderung im Charakter der Seele ist nur in ganz geringem Umfang möglich.

Den Menschen drängt es nach der Ergänzung. Ihre Seele will von der anderen verstanden sein. Die meisten Menschen schützen ihre Seele. Sie haben eine große Scheu, sich dem anderen restlos zu offenbaren. Und daher ist es sehr verständlich, daß sich die Seele nicht so leicht zu erkennen gibt. Daher braucht es manchmal lange Zeit, bis Sie die Seele des Partners erfassen. Und dennoch sehnt sich eben die Seele als Ergänzung nach dem inneren Animus oder der inneren Anima.

Was folgt daraus? Seien Sie sich bewußt: Sie können die Seele des anderen nicht beeinflussen. Sie müssen also die Seele des anderen so lieben, wie sie ist. Das bedeutet aber nicht, daß sich die Seele des Menschen nicht weiterentwikkelt. Aber sie folgt ihren eigenen Gesetzmäßigkeiten. All die Erfahrung läuft darauf hinaus, daß das zur höchsten Blüte gelangt, was im Menschen bereits angelegt ist.

Doch zurück zu der Anziehung durch die innere Anima (Animus). Begegnet zum Beispiel eine Frau ihrem inneren Anima-Typ, so fühlt sich ihre Seele vom anderen verstanden. Wie schon beschrieben, hängt dies von der äußeren Erscheinung überhaupt nicht ab. Sosehr auch die Gegensätze sich anziehen, von größerer Bedeutung sind innere Ergänzungen. So wird sich der »Fischemond« ebenso wie der »Krebsmond« vom »Widdermond« überhaupt nicht verstanden fühlen, wenn nicht erhebliche Dinge im Geburtshoroskop beider Menschen darauf hindeuten, daß diese Schwierigkeiten überbrückt werden können. Auch die Tatsache der Sektoren muß berücksichtigt werden.

Die Seele will verstanden werden. Und das ist möglich, wenn die Seele (das Unbewußte) auf die ihr entsprechende innere Animus-Anima-Figur des anderen trifft. Unabhängig davon, wie der äußere Animus-Anima-Punkt des Menschen ist, wird sich zum Beispiel der Stiermond eines Menschen am besten vom Stiermond eines anderen Menschen innerlich angezogen fühlen. Die folgende Übersicht soll die Anima-Animus-Sehnsucht der Menschen durch den Mond in den einzelnen Tierkreiszeichen veranschaulichen. Sehen Sie dazu die folgende Übersicht.

Anima- und Animus-Sehnsucht
Mond im Widder: Kämpferische Seele, vollkommener Einsatz, innere Aufgeschlossenheit.
Mond im Stier: Seele, die das Leben erhalten will, Freude am Leben, Liebe zu allem Lebendigen und der Kunst.

Mond im Zwilling:	Sehnsucht nach Kommunikation. Die Seele will verstanden werden. Sie sehnt sich danach, Neues zu erleben.
Mond im Krebs:	Die Seele sucht andere zu bemuttern. Liebe zum Heim, zu Kindern und zur Heimat.
Mond im Löwen:	Selbstbewußtes Unterbewußtsein, Stolz, Streben nach Unabhängigkeit, Selbstwertgefühl.
Mond in der Jungfrau:	Bereitschaft, Pflichten auf sich zu nehmen, zuverlässig, Hilfsbereitschaft. Planende Vorsorge.
Mond in der Waage:	Die Seele sucht nach Harmonie und Ausgeglichenheit. Mangelnde Konsequenz und Härte. Neigung zur Güte.
Mond im Skorpion:	Starker Selbstbehauptungsdrang, leidenschaftliche Seele, Suchen nach den Tiefen des Lebens.
Mond im Schützen:	Idealistische Seele, Bedürfnis, die Grenzen der Erkenntnis zu überschreiten, Verkünder von moralischen Ideen.
Mond im Steinbock:	Ehrgeizige und wirklichkeitsbezogene Seele. Finanzielle Unabhängigkeit wird als sehr wichtig angesehen. Entwicklung zum weisen Mann.
Mond im Wassermann:	Die Seele sucht nach Utopien. Sie will Neuerungen vollziehen, strebt nach neuen Horizonten. Tendenzen zur Flucht vor dem Alltag.
Mond in den Fischen:	Die Seele opfert sich auf. Sie sehnt sich nach Liebe. Sie hat Schwierigkeiten mit dem rauhen Alltag.

Schauen Sie in Ihr Geburtshoroskop. Wie Sie es erhalten, ist am Ende des Buches im Leserdienst angegeben. Dort können Sie Ihre äußere und innere Animus- und Anima-Sehnsucht entnehmen. Entnehmen Sie aber grundsätzlich die Angaben nicht unkritisch. Hören Sie in sich hinein. Wird bei Ihnen durch Ihr Geburtshoroskop ein »Aha«-Erlebnis ausgelöst, dann haben Sie einen großen Schritt zur Selbsterkenntnis getan. Um dieses Ziel zu erreichen, dürfen Sie Ihr Geburtshoroskop nicht vorschnell aus der Hand legen. Sie müssen sich schon mehrmals darüber Gedanken machen. Was in der Tiefe Ihrer Seele verborgen ist, wird Ihnen meistens beim oberflächlichen Lesen nicht so schnell bewußt werden.

Ein vollständiger Partnerschaftsvergleich – wie am Ende des Buches angegeben – ist jedoch erheblich komplizierter und vielfältiger. Es wird nämlich Ihr Geburtshoroskop mit dem des Partners zeichnerisch in Beziehung gebracht und erst dann die Partnerschaftsanalyse erstellt.

14. Was gilt es noch zu beachten?

Natürlich sollten Sie sich bei der Auswahl eines Partners auf Ihr Gefühl und Ihre innere Zuneigung verlassen. Erst dann sollten Sie die im Buch angegebenen Kriterien »Wer paßt zu welchem Partner« anwenden. Was Liebe ist, können Sie nicht mit einfachen Analyseverfahren erfassen. Außerdem kann die Liebe vieles überbrücken. Trotz allem: Sie kommen aber nicht daran vorbei, Ihre eigene Sehnsucht zu erkennen, die Sie zum Partner führt. Die im Buch angegebenen Techniken können Ihnen auch dabei helfen zu erkennen, wie Ihre Liebe zu stabilisieren ist. Die mei-

298

sten Menschen kennen weder sich noch den anderen. Sie projizieren ihre ganzen Hoffnungen auf den anderen. Am Ende sind sie enttäuscht, wenn die Beziehung auseinanderbricht. Mancher erwartet vom anderen, was er überhaupt nicht geben kann. Selbst wenn Sie trotz Schwierigkeiten mit dem Partner zusammenbleiben wollen, hilft Ihnen sehr die Beantwortung der Frage: Was kann ich vom anderen erhoffen und erwarten, ohne daß er seine Persönlichkeit aufgeben muß? Hier noch eine kurze Übersicht.

Passe ich zum anderen?
1. Fasziniert mich sein Rollenspiel (der Aszendent) oder sein Kern? Beim längeren Zusammenleben mit einem Menschen werden Sie immer mehr mit dessen Kern in Berührung kommen. Vielleicht hat Sie das selbstbewußte und autoritäre Auftreten Ihres Partners fasziniert. Nach längerem Kontakt stellen Sie jedoch fest, daß Ihr Partner im Kern hingebend und weich ist.
2. Wer über den Aszendenten mehr wissen will, muß wissen, ob der Aszendent in die erste, zweite oder dritte Dekade des Tierkreiszeichens fällt. In der ersten Dekade spielt der Betreffende seine Rolle übertrieben. In der zweiten Dekade ist er der typische Vertreter des Aszendenten. In der dritten Dekade wird der Aszendent schon anpassungsfähiger und nähert sich dem folgenden Zeichen.
3. Verschaffen Sie sich Klarheit über Ihren äußeren und inneren Animus (Anima). Partnerschaften werden durch Sehnsüchte gesteuert, wobei die innere Anima bzw. der innere Animus die entscheidende Rolle spielen. Entspricht der Partner Ihrer inneren Anima- bzw. Animus-Sehnsucht?

4. Lassen Sie sich nicht durch den äußeren Anima-Animus-Schein täuschen.
5. Machen Sie sich bewußt, ob Ihr Temperament und Ihre Unternehmungslust zum anderen passen.
6. Für einen sehr genauen astrologischen Vergleich müßten Ihre beiderseitigen Geburtshoroskope miteinander verglichen werden, also auch die Aspekte der Planeten zueinander, die Häuserspitzen und der Stand der Planeten in den Häusern.
7. Sie kommen nicht daran vorbei, sich um Selbsterkenntnis zu bemühen.
8. Werden Sie sich Ihrer Projektionen auf den anderen bewußt. Sehen Sie ihn, wie er ist.
9. Nun ist es eine alte Weisheit: Das tiefste Glück kann jeder nur in sich selbst finden. Wenn Sie begreifen, daß Ihre Animus-Anima-Bilder Ihre inneren Ergänzungserwartungen sind, die Sie eigentlich von sich selbst erwarten, aber auf den anderen projizieren, tun Sie einen großen Schritt in Ihrer eigenen Entwicklung. Mit Tatkraft können Sie die gewünschten Erwartungen für sich selbst verwirklichen.
10. Vergessen Sie aber auch das Wesentliche nicht: die Macht der Liebe.

15. Was ist für eine Partnerschaft wichtig?

Wollen Sie eine tiefere Beziehung oder gar eine Freundschaft zu einem anderen knüpfen, dann fragen Sie sich vielleicht: Gibt der andere mir Sicherheit, die ich nicht habe? Brauche ich ihn, weil es mir an einer Eigenschaft fehlt? Benötige ich Ablenkung, weil ich mit mir selbst nichts anfangen kann? Erhoffe ich mir Vorteile von ihm?

Wenn Sie eine oder mehrere dieser Fragen mit einem Ja beantworten, dann hat eine solche Beziehung mit einer Freundschaft überhaupt nichts zu tun. Das ist aber nur – wie immer im Leben – die eine Seite der Realität. Wollen Sie eine tiefe Beziehung schaffen, wird das nicht möglich sein, wenn der andere Wesenseigenschaften hat, die Sie abstoßen. Können Sie diese Eigenschaften nicht akzeptieren, dann bauen Sie auch kein tiefes Verhältnis zum anderen auf. Es wäre ohnehin nicht von Dauer.

Was ist für viele Menschen für eine innige Beziehung oder Freundschaft wichtig? Welche Eigenschaften erwarten Sie vom anderen? Aus Gesprächen mit zahllosen Seminarteilnehmern weiß ich: Gewünschte Wesenseigenschaften bei einer Freundschaft oder innigen Beziehung sind:

- Aufrichtigkeit und Ehrlichkeit
- die Fähigkeit, sich mitzuteilen
- die Fähigkeit, über tiefste Empfindungen zu sprechen
- Sympathie
- Anerkennung
- gleiche Interessen
- Humor
- Verträglichkeit
- Zuverlässigkeit
- Achtung vor der Person des anderen
- Verständnis
- Geduld
- die Freiheit des anderen zu respektieren

Als große Hindernisse wurden von den meisten Menschen empfunden:
- Unaufrichtigkeit
- Unfähigkeit zur Kommunikation
- Mißtrauen
- mangelnde Beweglichkeit
- fehlende Achtung
- mangelndes Verständnis
- Gleichgültigkeit und Interesselosigkeit

Wenn Sie entscheiden wollen, ob Sie zu einem Menschen tiefere Beziehungen oder gar eine Freundschaft aufbauen wollen, dann denken Sie über die Person des anderen und über sich selbst nach.

16. Was können Sie für eine Partnerschaft und Freundschaft tun?

Wie jeder Mensch wünschen Sie sich gewiß Freunde und einen Partner. Haben Sie sich aber einmal Gedanken darüber gemacht, ob Sie auch für Ihre Mitmenschen anziehend sind? Also: Nehmen Sie Papier und Bleistift zur Hand und schreiben Sie zunächst auf, welche Eigenschaften Sie sich am anderen wünschen. Doch damit ist es längst noch nicht getan. Denken Sie auch darüber nach: »Wie wirke ich auf Mitmenschen?« So mancher Mensch hat mir schon gestanden: »Leider finden mich die Menschen anziehend, die ich eigentlich gar nicht mag.«

Wie läßt sich das erklären? Vielleicht spielen Sie Ihr Rollenspiel zu ausgeprägt. Der Mitmensch kann Ihren wahren Kern nicht entdecken. So wird eine Frau, die sich als Vamp gibt, fast immer nur die oberflächlichen Männer auf sich ziehen. Und wer zum Opfer seiner äußeren Anima (Animus) wird, braucht sich nicht zu wundern, wenn er nicht den richtigen Partner trifft. Werden Sie sich also zunächst Ihrer Projektionen bewußt und auch der Illusionen, die Sie sich über den anderen aufbauen. Auch ein mangelndes Selbstbewußtsein wird sich sehr störend auswirken bei der Suche nach dem richtigen Partner. Wer über sich selbst schlecht denkt, wagt nicht auf die Menschen seiner Wahl zuzugehen.

Machen Sie sich also Gedanken: Was zieht Sie an anderen Menschen an? Und: Wie sehen die Mitmenschen Sie? Nun können die Wunschvorstellungen über einen Partner vollkommen übertrieben sein. Aus meinen vielen Erfahrungen im Umgang mit Menschen weiß ich, daß obendrein die Art der Betrachtungsweise das Gesamtbild des anderen verändert. Verantwortlich dafür ist die Grundhaltung, von der Sie ausgehen. Sie können bei der Sicht der anderen auf folgende Weise vorgehen:

- Ihre Betrachtungen stellen nur das Negative in den Vordergrund.
- Ihre Betrachtungen stellen nur das Positive in den Vordergrund.
- Sie streben ein ausgewogenes Urteil zwischen den positiven und negativen Eigenschaften an, wobei der Blick zunächst auf die negativen Eigenschaften gerichtet wird.
- Sie streben ein ausgewogenes Urteil zwischen den positiven und negativen Eigenschaften an, wobei Ihre Betrachtungen zunächst bei den positiven Wesenseigenschaften des Mitmenschen beginnen.

Es liegt auf der Hand: Gehören Sie zur letzten Gruppe, so ist Ihr Umgang mit anderen geschickt und angenehm. Außerdem werden Sie auf diese Art der Erfassung der Wirklichkeit am nächsten kommen. Zurück zu der Frage: Suchen Sie Partner und Freunde? Wenn Sie bei der Betrachtung der Mitmenschen zuerst nur deren negative Seiten sehen, so werden sich Barrieren zwischen Ihnen aufbauen.

Was können Sie aber noch tun, um mehr Freunde zu gewinnen? Natürlich können Sie allein über diese Frage nachdenken. Sehr vorteilhaft ist es aber, mit jemandem darüber zu sprechen, dem Sie vertrauen. Zu welchem Ergebnis kommen Sie? Welche drei oder mehr Eigenschaften wollen Sie an sich entwickeln, um ein besserer Freund oder Partner zu werden? Von welchen negativen Eigenschaften wollen Sie sich trennen?

Damit Ihr Selbstwertgefühl dabei nicht in Gefahr kommt, machen Sie sich auch Ihre positiven Eigenschaften bewußt. Vergessen Sie nicht: In erster Linie geht es dabei um Sie. Sie selbst entwickeln sich weiter.

Neue Interessen, Reisen, gesellschaftliche Ereignisse schaffen Kontaktmöglichkeiten und neue Freunde. Und vergessen Sie eines nicht: Jeder braucht mal einen Freund. Der Freund ist jedoch nicht da, um ausgenutzt zu werden.

17. Werden Sie nicht das Opfer von Illusionen

Ihr menschliches Leben spielt sich zwischen zwei Realitäten ab:
1. Sie benötigen Ideale und Kraft der Vorstellungen und Symbole, um damit ihre innere Kraft auf Ihre Ziele zu lenken.

Darauf habe ich in meinem Buch »Lebe besser, lebe gern« hingewiesen.
2. Sie brauchen aber auch ein klares Bewußtsein, um die Wirklichkeit so zu sehen, wie sie ist. Darauf habe ich ausführlich in meinem Buch »Wie Sie die universellen Kräfte Ihrer Psyche nutzen« hingewiesen.

Für mich persönlich ist der Diamant das Symbol für das klare Bewußtsein. Nicht wenige Menschen ändern an ihrer Wirklichkeit überhaupt nichts. Sie nutzen nicht die Tatkraft zur inneren und äußeren Verwandlung. Sie geben sich Illusionen über sich und die Wirklichkeit hin und werden dann zum Opfer ihrer eigenen Gespinste.

Ich gebe zu, es ist nicht einfach, Illusionen und Wirklichkeit immer klar voneinander zu trennen. Dennoch kommen Sie nicht an dem Problem vorbei.

Wie leicht der Mensch zu Selbsttäuschungen tendiert, bringt auch der folgende jüdische Witz zum Ausdruck:

In einer kleinen Gemeinde kommt ein bekannter Taschendieb zum armen Rabbi. Der Dieb sagt: »Rabbi, ich bitte um Euren Segen.«

Der Rabbi ist empört: »Schurke, soll ich dir zu noch mehr Erfolg in deinem Beruf verhelfen?«

»Rabbi, ich zahle Euch für den Segen 100 Gulden.«

Der Rabbi wird unsicher. Auf soviel Geld zu verzichten, das ist hart. Also denkt er lange darüber nach. Dann hat er den rettenden Einfall. Er segnet den Dieb mit den Worten: »Wenn es Gott einem Menschen beschieden hat, bestohlen zu werden, dann soll es einzig allein durch dich geschehen.«

Als Hilfe zur Selbsterkenntnis noch eine Geschichte über die Selbsttäuschung.

Ein Schüler sagte zu einem Weisen: »Ich habe Ihnen nun viele Tage zugehört. Sie verurteilen Vorstellungen, Haltungen und Betragen, die nicht die meinen sind. Sie waren es auch nie. Was ist also der Sinn der Reden?«

Der Weise erwiderte: »Der Zweck ist, daß du an einem gewissen Punkt aufhören solltest, dir einzubilden, daß nichts, was ich verurteilt habe, du bist. Außerdem solltest du erkennen, daß du einer Selbsttäuschung unterliegst, wenn du meinst, du bist jetzt nicht so.«

Zurück zu Ihnen. Machen Sie sich keine Illusionen. Welche Eigenschaft täuschen Sie nach außen vor, die Sie gar nicht haben? Was machen Sie sich selbst über die Wirklichkeit vor?

Zugegeben, die Beantwortung solcher Fragen löst in Ihnen Unbehagen aus. Ich versichere Ihnen aber aus tiefster Überzeugung: Das Unbehagen ist nur kurzfristig. Dann stoßen Sie zu Ihrer tiefsten Kraft vor.

Zusammenfassung

1. Lassen Sie sich bei der Auswahl von Mitarbeitern, Freunden, Partnern nicht von Oberflächlichkeiten leiten.

2. Jeder Mensch wird charakterisiert durch sein Äußeres und durch sein Wesen.

3. Das Wesen – der Charakter – bestimmt die Eigenschaften, die Empfindungen und die Handlungsweisen des Menschen.

4. Der Satz »Gleich und gleich gesellt sich gern« hat ebenso seine Gültigkeit wie »Gegensätze ziehen sich an«.

5. Wenn Sie zwei Menschen vergleichen, so müssen Sie entscheiden, ob die Wesenszüge beider miteinander verträglich, unverträglich oder ergänzend sind.

6. Wenn Sie zwei Menschen hinsichtlich ihrer Verträglichkeit, Unverträglichkeit und Ergänzung ihrer Wesenseigenschaften vergleichen wollen, so müssen Sie ihren Kern, ihr Rollenspiel, ihre äußeren und inneren Animus-Anima-Sehnsüchte, ihre Gefühlsebenen und Interessen, ihre Art, miteinander zu kommunizieren, und ihre erotische und sexuelle Anziehung miteinander vergleichen.

7. Machen Sie sich Gedanken darüber, welche Wesenszüge für Sie bei einem Freund oder Partner wichtig sind.

8. Der Vergleich zweier Menschen hilft Ihnen nicht nur herauszufinden, ob sie zueinander passen. Er hilft Ihnen, sich rechtzeitig aufeinander einzustellen, Schwierigkeiten zu vermeiden oder sich entwickelnde zu verringern.

9. Bewerten Sie die Wesenseigenschaften zweier Menschen mit einer Punktzahl. Ist die Eigenschaft maximal ausgeprägt, erhält sie 5 Punkte. Beim Vergleich derselben Wesenseigenschaften zweier Menschen kommt es nur darauf an, daß der Unterschied in der Punktzahl in etwa stimmt.

10. Vergleichen Sie nun solche Wesenszüge miteinander, die für den Umgang zwischen zwei Menschen wesentlich sind. So ersparen Sie sich unnötigen Aufwand.

11. Bedenken Sie: Sogenannte Kleinigkeiten können zum größten Problem zwischen zwei Menschen werden.

12. Wollen Sie die Frage »Wer paßt zu wem?« von beiden Seiten beantworten, so müssen Sie die Fragen stellen: »Passe ich zu ihm? Paßt der andere zu mir?«

13. So vergleichen Sie zwei Menschen: Tragen Sie in einer Übersicht die wesentlichen Eigenschaften untereinander ein. Bewerten Sie die Eigenschaften für den einen, zum Beispiel Sie, und den anderen mit einer Punktzahl.

14. Diagramme erhöhen die Anschaulichkeit des Vergleichs.

15. Ihr Vergleich wird um so aussagekräftiger, wenn Sie in einer getrennten Tabelle auch die negativen Eigenschaften beider Menschen vergleichen.

16. Der Umgang mit anderen ist deshalb oft enttäuschend, weil
    – Sie kein Bild von den Eigenschaften des anderen haben,
    – Sie nicht wissen, was Sie vom anderen erwarten,
    – Sie sich nicht geschickt auf die Eigenschaften des anderen einstellen,
    – Sie vom Mitmenschen zuviel erwarten.

308

17. Wenn Sie die Frage beantworten, wer zu wem paßt, so entscheiden Sie beim Vergleich, welche Eigenschaften für Sie wichtig sind.

18. Für die Richtigkeit des Vergleichs ist entscheidend, daß Sie die Tugenden und die Untugenden richtig einschätzen können.

19. Viele Menschen wählen in der Partnerschaft ihren äußeren Animus- oder Anima-Typ. Beide werden gekennzeichnet durch die Spitze des 5. Hauses des Geburtshoroskopes. Derartige Sehnsüchte bestimmen aber nicht das Glück des Menschen.

20. Die Anziehungskraft des äußeren Animus-Anima-Punktes beruht auf Äußerlichkeiten.

21. Entscheidend für die Animus-Anima-Sehnsucht ist, in welchem Tierkreiszeichen der Mond steht. Er bestimmt neben anderen Faktoren die Erwartungshaltung.

22. Obwohl es den Menschen nach Ergänzung durch den anderen drängt, hat er Scheu, sich zu offenbaren.

23. Ihre Seele sehnt sich nach Ihrem inneren Animus-Anima-Bild.

24. Haben Sie Achtung vor der Seele Ihres Mitmenschen. Sie folgt ihren eigenen Gesetzen.

25. Ob Sie zu einem anderen oder der andere zu Ihnen paßt, bestimmen Motorik und Temperament.

26. Nach der Astrologie passen zwei Menschen dann gut zueinander, wenn Polaritäten vorhanden, aber nicht zu ausgeprägt sind.

27. Was schätzen Sie an anderen Menschen? Welche Eigenschaften können Sie entwickeln, damit Sie die Menschen anziehen, die Sie mögen? Werden Sie sich Ihrer Wirkung auf andere bewußt.

28. Arbeiten Sie an Ihrem Selbstbewußtsein, so finden Sie leichter einen Freund.

29. Entwickeln Sie die positiven Eigenschaften, und reduzieren Sie die negativen.

30. Gehen Sie für Ihre Selbsterkenntnis und das Erkennen des anderen so vor: Sehen Sie erst immer die positiven, dann die negativen Eigenschaften.

31. Sie wachsen zu einer Persönlichkeit, wenn Sie erkennen: Ihre inneren Animus-Anima-Erwartungen sind Wünsche, die Sie auf den anderen übertragen. Es liegt an Ihnen, diese Sehnsüchte für sich selbst zur Entfaltung zu bringen.

32. Die Wirklichkeit und sich selbst so zu sehen, wie Sie sind, ist die größte Fähigkeit. So gewinnen Sie Erleuchtung.

33. Trennen Sie sich von Illusionen, so sind Sie auf dem Weg, zu Ihrer tiefsten Kraft vorzustoßen.

Kapitel 12

Umgang miteinander in der Partnerschaft

1. Häufige Verhaltensmuster von Männern

Hier einige männliche Verhaltensweisen, mit denen ein Mann seiner Frau die Stimmung beinahe für den ganzen Tag verderben kann:

1. Der Mann wacht auf und sagt: »Habe ich heute nacht schlecht geschlafen. Und wenn ich dann noch daran denke, was heute Unangenehmes auf mich zukommen wird...«

2. Anstatt seiner Frau einen Kuß zu geben, gibt er ihr Befehle: »Ich gehe als erster ins Bad. Wenn ich dann am Frühstückstisch erscheine, hast du den Toast und die Spiegeleier fertig. Dann steht auch schon der Kaffee auf dem Tisch.«

3. Wenn sich schließlich beide Partner am Frühstückstisch »wiedersehen«, gibt er die Anordnungen für den Tag: »Bring meinen Anzug zur Reinigung, laß den Fernsehtechniker kommen«, oder worum es sich auch immer handeln mag. Anderen Gesprächsstoff kennt er nicht.

4. Dann beginnt der Mann über das Wetter, das Klima im Büro, seine Überlastung oder über etwas anderes zu klagen.

5. Schließlich verabschiedet er sich mit einem flüchtigen »Auf Wiedersehen«, ohne der Frau ein liebes Wort zu sagen oder durch eine zärtliche Berührung seine Zuneigung zum Ausdruck zu bringen.

6. Am Abend kommt er nach Hause, und da ihn die Gattin nicht schon an der Tür empfängt, ruft er laut durch die ganze Wohnung: »Edith, wo steckst du eigentlich?« Hinter dem Ton verbirgt sich der Vorwurf, daß er der Frau unterstellt, sie habe sowieso den ganzen Tag auf der faulen Haut gelegen.

7. Wenn die Frau schließlich wie ein dressierter Hund angelaufen kommt, um den Mann nicht noch weiter zu verärgern, stellt er ihr seine Fragen:»Hast du . . .« Nun muß die Frau Rechenschaft über all das ablegen, was er ihr aufgetragen hat.
8. Die Frau ist mit ihrem Bericht noch nicht am Ende, da folgt seine Frage:»Wann essen wir eigentlich?«
9. Dann streut er all seine Sachen im Zimmer herum.
10. Kommen die Kinder mit ihren Problemen zu ihm, wehrt er unfreundlich ab:»Dafür habe ich keine Zeit.«
11. Er nimmt entweder die Zeitung zur Hand oder setzt sich vor den Fernseher. Die Sitzung unterbricht er höchstens zum Abendessen.
12. Will die Frau mit ihm eine Unterhaltung pflegen, sagt er ablehnend:»Heute nicht, ein anderes Mal.« Doch dazu kommt es nie.
13. Die Gattin ist von dem Verhalten des Mannes so deprimiert, daß sie sich vorzeitig ins Bett legt.
14. Wenn der Mann schließlich auf ein sexuelles Beieinandersein mit seiner Frau hofft, findet er die Gattin schnarchend im Bett.
15. Enttäuscht und wütend legt er sich zu Bett. Sein Zorn und seine Enttäuschung lassen ihn lange keinen Schlaf finden. Dann entschließt er sich, sich auszumalen, wie schön es wäre, den ganzen Schlamassel hinter sich zu lassen und sich eine feurige Geliebte zuzulegen.

Beenden wir hier diese Liste. Sie ist gewiß nicht vollständig. Haben Sie sich in der einen oder anderen Verhaltensweise wiedererkannt? Wenn Sie über Ihre eigenen Kontaktmuster zum Partner nachdenken, machen Sie den Anfang dazu, Ihre Beziehungen zum Partner zu verbessern.

2. Häufige Verhaltensweisen von Frauen

Der Wecker klingelt.

1. Die Frau stöhnt: »Tut mir mein Kopf weh. Und wie mein Rücken schmerzt.«
   Die Gattin stellt den Wecker ab und ruft: »Otto, du mußt aufstehen.« Doch Otto ist im Reich der Träume und zeigt noch keine Reaktionen aufzuwachen.
2. Die Frau zieht ihm die Bettdecke weg, damit er endlich fröstelnd aufwacht.
3. Die Gattin verläßt das Schlafzimmer und knallt die Tür, damit ihn der Krach endlich wach macht.
4. Vielleicht geht sie »sanfter« vor und dreht das Radio auf volle Lautstärke.
5. Die Frau hetzt ins Bad und beginnt mit ihrer langen Morgentoilette. Die Werbung wäre glücklich, wenn sie so alle Frauen manipulieren könnte.
6. Inzwischen ist ihr Mann wachgeworden und äußert seinen Unmut, nicht ins Bad zu dürfen.
7. Vielleicht liegt er immer noch im Bett. Nun zieht sie ihn mit letzter Anstrengung aus den Federn.
8. Falls die Partner einen Hund haben, läßt sie ihn ins Schlafzimmer. Dessen stürmische Begrüßung ist für ihren Gatten eine Wohltat im Vergleich zu dem, was sie bisher mit ihrem Mann gemacht hat.
9. Während des Frühstücks spricht sie mit ihm kein Wort. Während er zur Arbeit davonhetzt, fragt er sich: »Soll mein Leben nur darin bestehen, für die Familie Arbeitssklave zu sein?«
10. Am Tage vertrödelt die Frau ihre Zeit mit unnötigen Gesprächen. Wenn ihr Gatte nach Hause kommt, findet er Frau »Saubermann« in voller Aktion.

11. Dann nennt sie ihm die schlechten Zensuren, die die Kinder in der Schule erhalten haben. Sie macht ihm ausdrücklich klar, daß sie mit der Schwiegermutter absolut nichts mehr zu tun haben will.
12. Da im Kopf der Frau die Missetaten ihrer Kinder wie ein Bienenschwarm umherschwirren, fällt natürlich für ihren Gatten keine liebevolle Begrüßung ab.
13. Da sich die Frau am Tag mehr Arbeit als notwendig aufgebürdet hat, spielt sie die Überlastete. Die geringste Unstimmigkeit reicht schon aus, sie in einen Weinkrampf zu treiben.
14. Ihr Gatte freut sich auf ein zärtliches Beisammensein. Da sie sich mit ihrer Abendtoilette fast eine Stunde beschäftigt, findet sie ihren Mann schnarchend vor dem Fernseher vor.
15. Oder sie zerstört seine Stimmung, indem sie ihm vor dem Einschlafen vorjammert, wie froh sie wäre, wenn endlich die Hypotheken auf dem Haus abgezahlt wären. Schließlich will sie ja nicht einmal als mittellose Witwe dastehen.
16. Oder sie macht es ganz anders. Sie äußert: »Heute nicht, ich habe Kopfschmerzen.« Wenn sie vielleicht noch sagt: »Was, schon wieder?«, wird der Erfolg der Worte nicht zu übertreffen sein.

Vielleicht meinen Sie, ich wollte Sie dazu bringen, ein Lustweibchen zu werden, das gar keine Persönlichkeit ist. Weit gefehlt. Natürlich können Sie auch einmal »nein« sagen. Aber das muß dann sehr behutsam und verständnisvoll erfolgen. Spürt der Mann Ihre Liebe – so wird er auch darauf Rücksicht nehmen. Vorausgesetzt, Sie verweigern ihm Ihre weiblichen Reize nicht, um ihn zu erpressen.

3. Wie läuft es bei Ihnen?

Erinnern Sie sich an die Sätze in Kapitel 4.9. Sie haben die Möglichkeit, eine positive Stimmung aufzubauen, zu erhalten oder zu zerstören. Unerfreuliche Beziehungen sind fast immer das Ergebnis eingefahrener Verhaltens- und Kontaktmuster. Bequemlichkeit, Routine, das trügliche Gefühl, sich des Partners sicher zu sein, tragen dazu bei. Solche starren Verhaltensweisen töten jedes Gefühl ab.

Immer wieder erzählen mir Menschen, wie sie sich beim Partner revanchieren, wenn es nicht so läuft, wie sie es sich wünschen. Welcher Aufwand wird dafür getrieben. Dabei wäre alles viel einfacher, und Sie könnten wirklichen und positiven Einfluß auf den Partner gewinnen, wenn Sie sich überlegten: »Wie kann ich zum Partner netter sein? Wie kann ich ihm meine Liebe noch besser zeigen?« Dann bestimmen Sie die Beziehungen. Im anderen Fall machen Sie sich selbst durch starre Verhaltensweisen unglücklich.

Zugegeben, allein die Absicht reicht nicht aus. Ohne eine Zeitplanung geht es nicht. Wer das nicht begreift, wird zur Einsicht erst nach der Scheidung kommen. Doch dann ist es zu spät. Besinnen Sie sich also auf sich selbst. Lassen Sie sich nicht von festgefahrenen Verhaltensweisen steuern. Denken Sie also darüber nach:

1. Welche alten Verhaltensmuster stören Ihre Beziehungen zum Partner?
2. Was können Sie ändern?
3. Wie planen Sie Nettigkeit im voraus?

4. Was können Sie besser machen?

Hier einige Anregungen für Sie, verehrte Leserin:
1. Fragen Sie Ihren Gatten, wie er geweckt werden möchte. Wollen Sie ihn danach nicht fragen, dann wecken Sie ihn mit sanftem Streicheln und einem Kuß.
2. Wenn es Sie nicht zu sehr anstrengt, dann stehen Sie einige Zeit vor Ihrem Mann auf. Machen Sie sich zurecht. Bieten Sie ihm einen erfreulichen Anblick.
3. Machen Sie aus Ihrem Morgengespräch keine Arbeitseinteilung. Unterhalten Sie sich beim Frühstück über schöne Dinge, die Sie gemeinsam erleben wollen.
4. Zeigen Sie durch Ihre Körpersprache, daß Sie Ihren Mann mögen.
5. Hüten Sie sich davor, den Morgen mit Klagen zu beginnen.
6. Rufen Sie ihn einmal in der Woche eine halbe Stunde vor Arbeitsschluß an und sagen Sie: »Ich freue mich sehr, mit dir zusammenzusein.« Natürlich können Sie auch etwas anderes Nettes sagen.
7. Machen Sie sich am Abend hübsch für ihn. Ziehen Sie sich etwas an, das Ihre weiblichen Reize betont. Nicht wenige Männer sind sauer darauf, daß sich ihre Frauen nur dann nett anziehen, wenn sie aus dem Hause gehen. Entwickeln Sie Phantasie.
8. Überraschen Sie ihn einmal in der Woche mit leiser Musik, Kerzen beim Abendessen oder was er sonst noch mag.
9. Ziehen Sie alle weiblichen Register, sei es, daß Sie ihn mit neuer Unterwäsche überraschen, ein neues Parfüm verwenden oder sich eine Blume ins Haar stecken. Natürlich können Sie auch Ihren Schmuck anlegen.

10. Lassen Sie Ihren Mann erst innerlich zur Ruhe kommen, wenn er nach Hause kommt, und überfallen Sie ihn nicht mit all den »Unglücken«, die am Tag passiert sind.
11. Stellen Sie sich innerlich auf die Heimkehr Ihres Mannes ein. Freuen Sie sich darauf.
12. Selbst wenn Sie berufstätig sind und mit Ihrem Mann eine Arbeitsteilung absprechen müssen, bleiben Sie trotz Ihrer Erfolge eine richtige Frau. Verwandeln Sie sich zu Hause in eine faszinierende Verführerin.
13. Geben Sie sich Mühe, Ihre Liebe lebendig zu erhalten.
14. Zeigen Sie Verständnis, wenn Ihr Mann berufliche Schwierigkeiten hat. Heben Sie sein Emotionsniveau an, indem Sie ihm Ihre Liebe zeigen. So helfen Sie ihm abzuschalten.

Ich will nicht den Anspruch erheben, in meinen Anregungen vollständig zu sein. Wenn Sie sich Zeit nehmen, über Ihre Beziehungen nachzudenken, wird Ihnen gewiß noch mehr einfallen, was Sie besser machen können.

Hier einige Hinweise für Sie, verehrte Leser, wie Sie Ihre Beziehungen zur Partnerin noch besser gestalten können.

1. Verbreiten Sie bereits am Morgen eine positive Stimmung. Sind Sie und Ihre Gattin berufstätig, dann stehen Sie vor Ihrer Frau auf. Machen Sie das Frühstück. Wecken Sie Ihre Gattin mit einer Zärtlichkeit.
2. Zeigen Sie Ihrer Frau durch Komplimente und Gesten, daß Sie sie lieben.
3. Sprechen Sie am Morgen gelegentlich über Ihre gemeinsamen Pläne. Vorfreude ist eine große Freude.
4. Ist durch mehrere negative Ereignisse bei der Arbeit

Ihr Emotionsniveau sehr abgesackt, dann bauen Sie eine bessere Stimmung auf, bevor Sie nach Hause kommen. Machen Sie, wenn nötig, vor dem Nachhauseweg einen kurzen Spaziergang oder eine Meditationsübung, um abzuschalten.

5. Vergessen Sie nicht, wenigstens einmal im Monat Blumen mit nach Hause zu bringen.
6. Hüten Sie sich davor, Ärger im Geschäft an der Familie abzureagieren.
7. Denken Sie darüber nach, wie Sie Ihre Beziehungen zu Ihrer Partnerin lebendiger gestalten. Bauen Sie Gleichgültigkeit, Zorn und Verkrustung ab. Entfalten Sie mehr Humor und Liebe.
8. Überlegen Sie, welche Varianten Sie in Ihre sexuelle Beziehung bringen können.
9. Erwarten Sie nicht nur Liebe, geben Sie sie auch.
10. Fühlen Sie sich für Ihre Partnerin und ihre seelische Entfaltung verantwortlich.
11. Versuchen Sie nicht, »Heimniederlagen« durch »Auswärtsspiele« zu kompensieren.

Fällt Ihnen selbst noch etwas ein, was Sie besser machen können? Schreiben Sie Ihre Einfälle auf. Vor allem: Führen Sie sie auch durch.

5. Störende »Kleinigkeiten« beseitigen

Hier einige Dinge, mit denen Männer Ihre Partnerin an den Rand der Verzweiflung bringen können. Gegen solche »Kleinigkeiten« helfen nur das richtige Verhalten und Konsequenz.

320

Zerreißproben für jede Partnerschaft sind:
1. Der Mann streut seine Sachen in der ganzen Wohnung umher. Die Frau hebt alles auf und bringt es an den richtigen Platz. Das Aufsammeln der Frau ändert aber nichts am Verhalten des Mannes. Was gilt es also zu tun? Wenn Sie sagen: »Laß doch deine Sachen nicht überall herumliegen«, wüßte er auch nur zu oft nicht, wo er die Sachen hinlegen soll. Sagen Sie also präzise: »Leg deine Wäsche in den Wäschekorb.« Hilft auch das nichts, dann bleiben Sie hart«. Lassen Sie alles solange herumliegen, bis es ihn selbst stört. Dieses Verhalten können Sie übrigens auch bei Kindern anwenden.
2. Nehmen Sie die Bequemlichkeit Ihres Mannes nicht hin. Bitten Sie ihn selbst, etwas für Sie zu tun.
3. Manche Männer fallen Ihren Frauen oft ins Wort. Viele Frauen dagegen unterbrechen kaum. Sagen Sie in aller Ruhe: »Bitte unterbrich mich nicht. Ich habe noch nicht zu Ende gesprochen.« Hüten Sie sich davor zu fragen: »Darf ich dazu auch einmal etwas sagen?« Das zeigt mangelndes Selbstbewußtsein. Können Sie dem Partner die Unart zu unterbrechen nicht abgewöhnen, dann weisen Sie ihn in Gegenwart anderer darauf hin.
Lassen Sie sich nicht von der »Sicherheit« beeindrukken, mit denen Männer oft Dinge behaupten, die sie selbst nicht genau wissen.
4. Wenn Männer etwas nicht finden, was sie suchen, so sagen sie oft vorwurfsvoll zur Partnerin: »Wohin hast du wieder meine Sachen gelegt?« Zeigen Sie ihm, wo Sie es hingelegt haben, damit sein Sinn für Ordnung gesteigert wird. Machen Sie es aber nicht wie die Frau eines Schriftstellers, der händeringend 20 Seiten suchte, die er geschrieben hatte. Er fand aber nur 20 leere Seiten. Sei-

ne Frau erläuterte: »Mit dem beschriebenen Papier konntest du sowieso nichts mehr anfangen. Daher habe ich es weggeworfen und dir unbeschriebene Seiten hingelegt.«

5. Ratschläge sind durchaus positiv, wenn danach gefragt wird. Gibt der Mann sie aber ungebeten bei jeder Kleinigkeit, so werden sie zu Recht als Bevormundung empfunden. Weisen Sie Ihren Gatten auf die Tatsache hin, daß in einer Partnerschaft jeder seine Persönlichkeit zu entwickeln hat.

6. Überlassen Sie Ihrem Mann nicht alle Entscheidungen. Weisen Sie auf Ihr Mitspracherecht hin. Bestimmen auch Sie das Urlaubsziel, um ein Beispiel zu nennen.

7. Wenn die Beziehungen abkühlen, lassen sowohl Romantik als auch Aufmerksamkeit nach. Aus Erfahrung weiß ich, daß sich Frauen darüber oft bei anderen, nur nicht beim Partner beklagen. Richten Sie daher Ihre Enttäuschung an die richtige Adresse. Sagen Sie es ihm.

8. Viele Männer vernachlässigen ihr Äußeres in der Freizeit. Weisen Sie ihn immer wieder darauf hin. Machen Sie ihm Komplimente, wie gut er aussieht, wenn er auch zu Hause mehr auf sich achtet.

9. Lassen Sie sich von einer schlechten Stimmung des Partners nicht anstecken. Warten Sie ab, bis sich seine Verärgerung gelegt hat. Sprechen Sie dann in Ruhe darüber.

Fällt Ihnen noch etwas ein? Beachten sie: Versuchen Sie zuviel an ihm herumzuerziehen, dann vermißt er Ihre Bewunderung. Bewundern Sie ihn, erreichen Sie viel mehr, als wenn Sie sich auf lange Streitigkeiten einlassen. So mancher Mann flüchtet sich in die Arbeit, wenn er nicht zu

Hause die Bewunderung erhält, die er sich wünscht. Es gibt nichts Schlimmeres, als am Partner immer herumzunörgeln.

Was können Sie tun, um ihn zu bewundern? Loben Sie seine Figur. Sie brauchen nicht zu übertreiben. Sagen Sie ihm jeden Tag etwas Nettes. Sie werden staunen, wie er aufblüht.

Es kommt überhaupt darauf an, daß Sie sich Ihrem Mann in der richtigen Art nähern. Wenn Sie ihn darum bitten, Ihnen mit seinen geschickten und kräftigen Händen die Konservenbüchse zu öffnen, wird es ihm Spaß machen, seine Kraft zu demonstrieren. Eine erfahrene Ärztin berichtete mir: »Seit einiger Zeit kommt mein Mann immer erst spät nach Hause. Er besucht ein Lokal. Es gehört einer Frau, die ihren Mann durch Tod verloren hat und für mehrere Kinder sorgen muß. Ich habe den Eindruck, daß er von der Wirtin die Bewunderung erhält, die ich ihm vielleicht nicht gegeben habe. Außerdem vermute ich, daß es ihm selbst schmeichelt, sich von seinen positiven Seiten zu zeigen. Um die Liebe meines Mannes wieder mehr auf mich zu lenken, werde ich in Zukunft mehr die Hilfsbedürftige spielen.«

Zurück zu Ihnen. Vielleicht meinen Sie: »Es widerstrebt mir, Listen anzuwenden. Ich halte sie einfach für unaufrichtig.« Aber seien Sie doch ehrlich vor sich selbst: Wollen Sie an Ihrem Partner immer nur das Negative und nicht auch das Positive sehen? Wenn Sie selbstsicher sind, so können Sie Ihrem Mann Anerkennung geben. Nur wenn Sie sich selbst lieben, können Sie auch Ihrer Liebe zum Partner Ausdruck geben. Zerfressen Sie sich vor Selbstzweifeln, werden Sie natürlich hinter jedem aufrichtigen Kompliment eine Heuchelei entdecken.

Selbst wenn Ihr Mann seinen Sinn für Romantik schon verloren zu haben scheint, dann bewundern Sie ihn darum, wie er vor Jahren um Sie geworben hat. In vielen Fällen wird ein solches Verhalten wahre Wunder wirken. Wenn die empfohlene Methode der Bewunderung nicht helfen sollte, können Sie immer noch auf das in Abschnitt 4 erwähnte 14-Punkte-Programm zurückkommen. Fast immer erreichen Sie mit Bewunderung mehr als mit Nörgeleien.

6. Warum Revanchen nichts bringen

Eine Frau berichtete mir, welche Unarten ihr Mann alle hatte. So kümmerte er sich mehr um sein Tennisspiel als um sie, um nur ein Beispiel zu nennen. Was machte die Dame? Sie handelte nach dem Grundsatz: »Wie du mir, so ich dir.« Anstatt sich ihrer Vernunft zu bedienen, ihre Ehe zu retten, mißbrauchte sie ihren Verstand, um sich Häßlichkeiten auszudenken, ihrem Mann so richtig sein Fehlverhalten heimzuzahlen.

Ich erwiderte: »Was Sie da tun, ist alles richtig, wenn Sie das Ziel verfolgen, Ihren Gatten aus dem Haus zu treiben, damit er sich bei einer anderen Frau das holt, was er bei Ihnen nicht erhält.«

Die Dame erschrak. Sie bekannte: »So habe ich das eigentlich noch gar nicht gesehen. Doch Sie haben recht. So kann das nicht mehr weitergehen.«

Wir entwickelten ein gemeinsames Programm, wie sie ihre Ehe wieder in glücklichere Bahnen bringen konnte. Nach wenigen Wochen bekannte sie: »Mein Mann und ich sind wieder glücklich miteinander.«

324

7. Planen Sie Ihr Leben gemeinsam

Eine 40jährige Frau sagte mir einmal: »Mein Mann kommt erst spät nach Hause. Dann setzt er sich vor den Fernseher. Selbst für einen Urlaub kann er sich nicht begeistern. Er sagt immer: ›Mach du den Plan‹, nur um selbst wieder Ruhe zu haben. Wenn ich an meine Zukunft denke, überkommt mich ein großes Unbehagen. Soll das einmal mein ganzes Leben gewesen sein?«

Ich erwiderte der Frau: »Sehen Sie doch das Positive an der Situation. Sie können es sich selbst aussuchen, wie Sie Ihr Leben gestalten wollen. Stellen Sie sich den Fragen: Wer bin ich? Worauf bin ich angelegt? Worin besteht meine Einzigartigkeit? Wie kann ich sie verwirklichen? Ihr ganz persönliches Geburtshoroskop hilft Ihnen, diese Fragen zu beantworten.«

Die Frau war etwas verwirrt. Ich fuhr fort: »Sie kommen nicht daran vorbei, über Ihr eigenes Leben nachzudenken. Selbst wenn Ihr Mann noch so aktiv wäre, könnte er Ihnen diese Aufgabe nicht abnehmen. Setzen Sie sich Tagesziele, Wochenziele, Monatsziele, Jahresziele, Zehnjahresziele. Entwickeln Sie das, was in Ihnen verborgen ist. Vergeuden Sie Ihre Zeit nicht mit Gedanken wie:

– Was wäre, wenn ich einen anderen Mann geheiratet hätte?
– Was wäre, wenn ich hübscher wäre?
– Wie schön wäre es, wenn ich Schönheitskönigin wäre?

Solche Oberflächlichkeiten machen Sie nicht glücklich, und Sie gehen an Ihrem Kern, Ihrem wahren Wesen vorbei. Lesen Sie noch einmal in Kapitel 3 nach, wie Sie Ihr Selbstbewußtsein steigern. Erst wenn Sie sich selbst verstehen, lieben und entfalten, werden Sie ein immer besserer Partner werden.

Dasselbe gilt natürlich auch für den Partner. Gestehen Sie ihm Freiräume zu. Seien Sie sich Partner, aber keine gegenseitigen Ammen.

Natürlich ist es wichtig, daß Sie und Ihr Partner sich lieben. Wer beschließt, einen gemeinsamen Lebensweg zu gehen, muß auch eine Vorstellung davon haben, wohin er will. Viele Frauen wollten früher als Ziel nur den geliebten Mann. Daß das nicht alleiniger Inhalt des Lebens sein kann, haben schon viele Frauen erkannt und eingesehen, mit denen ich mich unterhalten habe. Wenn nur ein Partner weiß, wohin er will, und sich der andere ihm blindlings anhängt, entdeckt er oft zu spät, daß er an seinem eigenen Kern vorbeigelebt hat.

Am Anfang sieht es meistens so aus: Das Einrichten oder der Kauf einer Wohnung oder eines Hauses schafft vielleicht für einige Zeit Gemeinsamkeiten. Doch das sind nur Teilziele und überdies auch nicht die wesentlichen in Ihrem Leben.

Welche Träume haben Sie? Welche Träume für die spätere Zukunft hat Ihr Mann? Lassen Sie sich gegenseitig an Ihren Träumen teilhaben? Selbst wenn Sie die Reise nach China aus finanziellen Gründen auf zwei oder drei Jahre verschieben müssen, wird das Festhalten am Plan Ihnen viel Freude machen. Wenn Sie Ihre intimsten Träume ihrem Partner mitteilen, wird Sie das einander näherbringen. Doch es gibt noch andere Dinge, die zum Lebensziel und Lebenssinn gehören.

Wie finden Sie aber Ihr Lebensziel? Es besteht darin, der zu werden, auf den Sie angelegt sind.

Aus tiefster Überzeugung – begründet auf viele Erfahrungen – bin ich der festen Ansicht, daß das Geburtshoroskop, also Ihre Persönlichkeitsanalyse – das beste Hilfsmittel ist, sich selbst und Ihre Anlagen besser zu erkennen. Natürlich arbeite ich auch mit Traumdeutung und Meditation. Ich nehme mir auch in der Woche etwa einmal mein eigenes Geburtshoroskop zur Hand und denke darüber nach. Die Betrachtung des eigenen Geburtshoroskops schärft Ihren Blick für die Vielschichtigkeit und Faszination nicht nur Ihrer Person, sondern auch die anderer Menschen. Haben Sie sogar das Geburtshoroskop Ihres Partners, dann werden viele Beschränkungen im Umgang mit dem Partner fallen, da Sie ihn von einem ganz anderen als dem gewohnten Blickwinkel sehen. Es fällt Ihnen leichter, sich von Verhaltensschablonen zu lösen und den anderen so zu sehen, wie er ist. Sie erkennen, auf welcher Ebene der andere empfindet.

8. Sagen Sie, wenn Sie sich gekränkt fühlen

Was machen Sie, wenn Sie auf Ihren Mann wütend sind? Schweigen Sie sich aus, und reden Sie mehrere Tage kein Wort mehr mit ihm? Wenn Sie das tun, schaden Sie sich nur selbst. Oder heulen Sie drauf los, wenn Sie sich verletzt fühlen? Besser ist es, Sie warten ab, bis er sich besser fühlt. Sprechen Sie über Ihre Empfindungen, ohne Vorwürfe zu machen. Verurteilen Sie Ihren Partner nicht. Machen Sie ihm Ihre Gefühle verständlich. Hat der Mann wirklich einmal einen Fehler gemacht, dann verzeihen Sie ihm. Trennen Sie sich von innerem Groll, wie in Kapitel 6.7 angegeben.

9. Zeigen Sie Gefühle

Manche Frauen schaden ihrem Gefühlsleben dadurch, daß sie sich an ihrem Ehemann für etwas rächen wollen. Darauf wurde schon hingewiesen. Oft trifft den Partner keine Schuld. Denken Sie daher aufrichtig über Ihre Einstellung zum Partner nach. »Strafen« Sie den Partner nicht durch Sex-Entzug. Es wurde schon darauf hingewiesen: Was Sie als Frau oder als Mann beim Frühstück tun oder sagen, ist oft bestimmend für den Verlauf des Abends. Wenn Frau und Mann sich gegenseitig zeigen, daß sie sich lieben und körperlich begehren, so wird die Beziehung gut verlaufen. Wenn Sie die richtige Einstellung zu einem Partner haben, der in etwa zu Ihnen paßt, so werden Ihre Beziehungen mit der Zeit immer tiefer werden.

Ein anerkannter Psychiater hat sich einmal über die vielen älteren, reichen, intelligenten und unbefriedigten Frauen lustig gemacht und gab den jungen Frauen den Rat: »Lieben Sie Ihren Mann nicht nur nachts. Es schleicht sich viel zu viel Routine ein.«

In manchen Ehen wurden die sexuellen Beziehungen erst wieder befriedigender, als die Kinder aus dem Haus waren und nicht alles auf den Abend verlagert wurde, wenn obendrein noch beide müde sind. Hand aufs Herz: Sie werden doch wohl nicht so lange warten wollen, bis Ihre Kinder groß sind? Sorgen Sie daher für Abwechslung. Verreisen Sie einmal übers Wochenende, oder suchen Sie nach einem anderen zeitlichen Ausweg. Werden Sie auch als Frau in der ehelichen Beziehung sexuell aktiv. Lassen Sie nicht alles über sich in Gleichgültigkeit ergehen, um Ihren Pflichten nachzukommen. Werden Sie aktiv. Streicheln Sie Ihren Partner. Zeigen Sie ihm Ihre Liebe.

10. Liebe und Eifersucht

Eine Frau erzählte mir: »Ich werde mich von meinem Mann trennen. Ich habe einen anderen Mann kennengelernt. Ich bin die richtige Frau für ihn, und er ist der richtige Mann für mich. Seit einiger Zeit will aber dieser Mann nichts mehr von mir wissen. Er lebt jetzt mit einer jungen Studentin zusammen. Früher brachte ich ihm das Essen in die Wohnung. Jetzt öffnet er aber nicht einmal mehr die Tür. Ich spüre genau, daß die andere Frau bei ihm ist. Sprechen kann ich mit ihm nur noch telefonisch. Wenn ich ihn bei der Arbeit anrufe, kann ich ihn wenigstens erreichen. Ich spüre genau, daß er nur mit mir glücklich werden kann. Doch wie kann ich ihm das klarmachen?«

Ich erwiderte: »Wenn Sie an seiner Wohnungstür klingeln und eine Freundin bei ihm ist, bringen Sie vermutlich aufregende Akzente in eine Beziehung, die vielleicht dabei ist abzukühlen. So erreichen Sie das Gegenteil.«

In einem längeren Gespräch versuchte ich der Dame das klarzumachen, was ich hier in wenigen Worten zusammengefaßt habe. Daraus einige Sätze:

– Wer eifersüchtig ist, ist nicht frei. Er ist ein Gefangener.
– Die Eifersucht hat ihre Wurzeln in unpassenden Besitzansprüchen.
– Allein der Gedanke an den Verlust des anderen löst schon Qualen aus.
– Es gibt viele Verhaltensweisen, mit der Eifersucht fertig zu werden: den anderen zu hassen, ihn zu bedrohen, sich selbst als schlecht und hilflos zu empfinden.
– Der oder die Eifersüchtige hat kein Gefühl für eigene Würde und keine Selbstachtung.

- Sie schaden sich selbst, wenn Sie jemanden halten wollen, der meint, sein Glück bei einem anderen Menschen zu finden.
- Sie werden von quälender Eifersucht erst dann frei werden, wenn Sie mit den im Buch angegebenen Techniken Ihr Selbstwertgefühl steigern.
- Der oder die Eifersüchtige muß endlich erkennen, daß es in seiner oder ihrer Kraft liegt, eigene Wünsche zu verwirklichen, anstatt für sein fehlendes Glück den Partner verantwortlich zu machen.

11. Vom Ich zum Du

In der Sehnsucht vom Ich zum Du wollen zwei Menschen ihr Getrenntsein und ihre Isolation überwinden. Schlagen die Menschen aber die Brücke vom Ich zum Du? Für die meisten Menschen ist das Gespräch mit dem Partner kein Dialog – kein Zwiegespräch –, es ist ein reiner Monolog. Es bedarf wohl keiner weiteren Worte, wie lange bei einer solchen Kommunikation Partnerschaften halten.

Martin Buber hat einmal zum Ausdruck gebracht, was der echte Dialog in der Partnerschaft bedeutet. Jeder nimmt hierin auf die ganz besondere Individualität und die Bedürfnisse seines Partners Rücksicht. Diese Individualität ist nun keinesfalls ein einfach zu erfassendes Gebilde. Die Individualität schillert in vielen Facetten unterschiedlicher Anlagen und Neigungen. Jeder Mensch sollte daher nicht nur die Achtung vor dem großen Potential des anderen haben. Er sollte auch darum bemüht sein, dem anderen zu helfen, dieses Potential voll zu entfalten. Daher gilt es, dem Partner auch die Möglichkeit zu geben, diese Gaben

330

voll zu entfalten. Wenn dies zwei Partner miteinander machten, wie könnte sich jeder entfalten und wie groß würde die Brücke zum anderen sein. So könnte jeder vom anderen lernen und ihn zugleich unterstützen.

Nun werden die meisten Leser gewiß dem zustimmen. Doch wie erkenne ich den Partner? Die Antwort darauf lautet: Ohne Selbsterkenntnis keine Fremderkenntnis. Viele Menschen haben sich von der Umwelt so manipulieren lassen, daß Ihnen die große Vielschichtigkeit ihres eigenen Wesens überhaupt nicht bewußt wird. Wen wundert es daher, daß ihr Blick auf den Partner eigentlich fast immer nur ein oberflächlicher ist?

Das Geburtshoroskop hilft Ihnen, auch diese Fragen zu beantworten: Welche Zugeständnisse kann ich vom Partner verlangen, ohne daß er sich selbst aufgeben muß? Welche verschwommenen Träume projiziere ich auf den Partner, die der andere nicht erfüllen kann?

12. Die Aufgabe am Du nach der Astrologie

Die Sonne bringt symbolisch das wahre Wesen des Menschen zum Ausdruck. Der Aszendent veranschaulicht, welche Rolle der Mensch gegenüber der Umwelt spielt. Der Deszendent gibt an, welche Aufgabe der Mensch gegenüber dem Partner hat.

Steht der Aszendent im Zeichen des Widders, dann will ein solcher Mensch die Umwelt erobern. Seine Aufgabe am Du bedingt jedoch, für den anderen offen zu sein. Dies zeigt der Deszendent im Abschnitt Waage an. Wer diese Seite seines Wesens nicht entfalten kann, wird seine Ich-Verhaftung nicht überwinden.

Wenn der Aszendent im Zeichen des Stiers steht, so ist ein solcher Mensch auf eine Absicherung und Stabilisierung seines Wesens eingestellt. Mit einer solchen Haltung findet er aber nicht zum Du. So zeigt der Deszendent auf den Skorpion. Nur wenn er wie der Skorpion seine Sicherungen aufgibt, findet er den Weg zum Du.

Ein Aszendent im Zeichen Zwillinge ist auf sehr viele Kontakte mit der Umwelt aus. Das Du erwartet aber mehr von ihm als nur oberflächliche Kommunikation mit vielen Menschen. Einem solchen Aszendenten entspricht der Deszendent Schütze. Der Schütze entwickelt tiefes Verständnis für seinen Mitmenschen und setzt sich für Ideale ein.

Der Aszendent Krebs ist empfindsam. Ein solcher Mensch tendiert dazu, andere zu leicht zu bemuttern. Zu diesem Aszendenten gehört der Deszendent Steinbock. Ein solches Ich muß eine strebsame, sich gelegentlich lösende Einstellung entwickeln.

Der Aszendent Löwe zeigt Autorität und ist ich-bezogen. Da sich aber das Du nicht unterordnen darf, muß sich ein Löwe-Ich wandeln. Der Deszendent Wassermann gibt einem solchen Menschen die Aufgabe, seine Wege zu gehen und die eigene Menschlichkeit zu entwickeln, um auf das Du besser einzugehen.

Der Aszendent im Abschnitt Jungfrau tendiert zu Fleiß, Ordnung und Kritik. Doch welches Du mag es, wenn immer an ihm herumkritisiert wird. So steht der Deszendent eines solchen Ichs im Abschnitt Fische, die Hingabebereitschaft, Opferbereitschaft und Großzügigkeit zu entfalten haben.

Der Aszendent im Abschnitt Waage ist immer auf Ausgleich bedacht. Ein solches Ich wird dem Du auf Dauer zu langweilig. Der Deszendent eines solchen Ichs ist der Widder. Das Ich muß feurig auf das Du zugehen. Es muß eine Offenheit entwickeln, selbst wenn diese dem Partner kurzfristig unangenehm ist.

Der Aszendent im Zeichen Skorpion zeigt eine große Leidenschaftlichkeit und Selbstbehauptungsdrang. Um das Du nicht zu schockieren, muß eine Sicherheit entwickelt werden, die dem Partner Geborgenheit schenkt. Daher steht der Deszendent eines solchen Menschen im Stier.

Steht der Aszendent im Zeichen Schütze, dann will ein solches Ich seine Überzeugung und seine Ideale durchsetzen. Doch das Du ist nicht auf Belehrung aus. So steht der Deszendent in diesem Fall im Abschnitt Zwillinge, die die wechselseitige Kommunikation betonen.

Steht der Aszendent im Zeichen Steinbock, so ist ein solcher Mensch auf Erfolg aus und will eher geizig den Gipfel erklimmen. Doch in seiner Strebsamkeit entfernt er sich vom anderen. Der Deszendent eines solchen Menschen ist der Krebs. Die Aufgabe des Ichs ist es also, für das Du aufgeschlossen, fürsorglich und empfindsam zu werden.

Der Aszendent im Abschnitt Wassermann will neue Wege gehen, ist intuitiv veranlagt, nimmt aber manchmal den Mund zu voll. Der Deszendent eines solchen Ichs steht im Zeichen Löwe. Er muß dem Partner auch Geborgenheit geben und aktive Persönlichkeit ausstrahlen.

Der Aszendent im Zeichen Fische sehnt sich nach Zärtlichkeit und ist hingebend. Seine Aufgabe am Du kennzeichnet der Deszendent Jungfrau. Hier wird für das Du Konsequenz, Beharrlichkeit und Tatkraft gefordert.

Selbst ohne Einbeziehung der Astrologie gilt ganz allgemein: Sie müssen also über das eigene Ich mit seinen Beschränkungen hinauswachsen, um für das Du aufgeschlossen zu sein. Um die Darstellung nicht kompliziert zu machen, wurde auf die Einbeziehung der Planeten am Deszendenten verzichtet. Halten wir fest: Nicht nur das Ich, auch das Du will seine Entfaltung. Also müssen sowohl Sie als auch Ihr Partner sich von Einseitigkeiten und Fixierungen lösen. Dadurch verlieren Sie nichts, Sie wachsen vielmehr in ganz andere Dimensionen Ihres Seins.

13. Gibt es den idealen Partner?

Den idealen Partner, der für jeden und jede der richtige ist, den gibt es nicht. Um es mit einfachen Worten zu sagen: Es gilt, für jeden Topf den passenden Deckel zu finden. Bereits im Kapitel 11.14 wurden Ihnen eine Reihe von Kriterien genannt, die Sie anwenden können, um den zu Ihnen passenden Partner zu finden. Partnerschaftsbeziehungen sind sehr kompliziert, und es braucht schon tiefgehende Betrachtungsweisen, diese Komplikationen aufzudecken. Spontanes Verliebtsein reicht nicht aus, eine Beziehung über alle Belastungen zu tragen. Hinter der Frage nach dem idealen Partner verbirgt sich für nicht wenige Menschen der Traum nach dem Prinzen oder nach der Prinzessin, die ihn oder sie aus dem eventuellen Schattendasein erlöst. Auch diese Einstellung ist ein Irrtum, denn es geht auch darum, die eigene Aufgabe am Partner zu erkennen.

14. Was hindert Sie, den richtigen Partner zu finden?

Da ich aus Gesprächen mit vielen Menschen weiß, wieviel Leid es gibt, wenn ein Mensch immer wieder dem falschen Partner hinterherläuft und seine eigenen Irrtümer ihm im-

334

mer wieder neu Leid bescheren, hier einige Hinweise, auf häufige Fehler bei der Partnersuche.

Fehler, die es bei der Partnerwahl zu vermeiden gilt:
1. Beeindruckt Sie nur das Rollenspiel des anderen?
2. Kennen Sie Ihr äußeres Animus-Anima-Bild, und können Sie sich seinem Einfluß nicht entziehen? Mit anderen Worten: Ist Ihnen bewußt, daß es Menschen gibt, auf die Sie fliegen? Und daß es wiederum andere Menschen gibt, mit denen Sie glücklich werden?
3. Ist Ihnen nicht bewußt, daß Ihre nicht erkannten Animus-Anima-Vorstellungen eine große Gefahr für Ihre Persönlichkeit darstellen, wenn sie nicht enträtselt werden?
4. Kennen Sie Ihre innere Animus-Anima-Figur nicht, und wissen Sie nichts über ihre Bedeutung als innere Erfüllungsmöglichkeit?
5. Projizieren Sie Ihre Sehnsüchte auf den Partner, anstatt sie selbst zu verwirklichen?
6. Wissen Sie nicht, was Sie im tiefsten Wesen (Kern) beim anderen schätzen?
7. Wollen Sie den Partner in seiner Seele ummodeln, anstatt ihm zu helfen, er oder sie selbst zu werden?
8. Schätzen Sie die äußere Anziehung höher ein als die tiefe Sehnsucht, vom anderen verstanden zu werden?
9. Verwechseln Sie Ihr Rollenspiel mit Ihrem Kern?
10. Geben Sie sich Wunschträumen über Ihre äußere Animus-Anima-Figur hin? Obwohl ein Partner durchaus Ihren inneren und äußeren Animus-Anima-Erwartungen zugleich entsprechen kann, verführen die erwähnten Wunschträume dazu, den Blick auf die Wirklichkeit zu trüben.

11. Glauben Sie nicht, daß die Erkenntnis Ihres äußeren und inneren Animus-Anima-Komplexes ein Weg zur Selbsterkenntnis ist? Meinen Sie, Ihre Träume sagen Ihnen darüber nichts aus?

12. Trauen Sie es sich nicht zu, Ihre Projektionen auf den Partner zu erkennen und zu sich selbst zu finden?

13. Halten Sie den Partner nicht für fähig, an Ihren Hoffnungen und Träumen teilzuhaben?

14. Sind Sie ängstlich, und fehlt es Ihnen an Mut, auf Menschen zuzugehen?

15. Hoffen Sie, daß es mit dem Partner nie Probleme geben wird?

16. Erwarten Sie, daß Ihr Partner alle Interessen mit Ihnen teilt und nie allein sein will?

17. Halten Sie an Ihren Fixierungen fest, anstatt Beweglichkeit zu entwickeln?

18. Glauben Sie, daß Ihre Liebe sich über alles hinwegsetzen kann, alle Probleme löst und auch Ihre eigenen Konflikte auflöst?

19. Sehen Sie das Bedürfnis nach inneren Beziehungen als Schwäche an?

20. Haben Sie Angst, in der Partnerschaft Ihre Individualität und Ihre Freiheit zu verlieren?

21. Machen Sie sich keine Mühe, die Art Ihrer Beziehungen zu untersuchen?

22. Lehnen Sie es ab, sich um mehr Selbsterkenntnis zu bemühen?

23. Sind Sie nicht bereit, destruktive und jede Partnerschaft störende Neigungen abzubauen, wie zum Beispiel
    – den Partner zu beherrschen und zu manipulieren?
    – den Partner zu kontrollieren?

336

- den anderen zu beschuldigen?
- ein Rechthaber zu sein?
- den Partner als Ihren Besitz anzusehen?
- immer nur selbst zu reden?
- immer der Beste und Größte sein zu wollen?
- unerwünschte Ratschläge zu geben?
- dem Partner gegenüber nicht aufrichtig zu sein und ihm zu mißtrauen?

Vielleicht denken Sie: Das Ganze ist doch ziemlich kompliziert. Und so wundert es nicht, daß selbst die wertvollsten Menschen manchmal Probleme mit dem Partner haben. Wer das Gegenteil behauptet, will sich nicht mit der Wahrheit auseinandersetzen. Oder – um es ganz drastisch zu sagen – er lügt bei anderer Gelegenheit noch viel mehr.

Wenn Sie wissen, worauf es ankommt, können Sie Probleme von vornherein vermeiden oder mit Ihrem Wissen lösen.

15. Entwickeln Sie Beziehungsfähigkeit

Sie entwickeln dann Beziehungsfähigkeit, wenn Sie sich bemühen, das Getrenntsein vom anderen zu überwinden und eine Brücke zum anderen zu schlagen. Was ist aber dazu wichtig, daß sich eine Beziehung zu einer Partnerschaft, ja sogar bis zur Liebe entwickelt?

Sie müssen sich dem Partner öffnen und ihm vertrauen. Das bedeutet zwar, daß Sie Ihren Schutzschild ablegen. Doch in einer wirklichen Liebesbeziehung wird der Partner Ihr Verhalten nicht ausnutzen. Wenn Sie obendrein nicht in den Fehler des Offenbarungszwangs verfallen und sich nicht immer selbst in den Mittelpunkt stellen, werden Ihre Beziehungen nicht langweilig. In einer echten Beziehung erkennen Sie Unterschiede im Denken und Empfinden zwischen sich selbst und Ihrem Partner. Beide werden immer feinfühlender füreinander. Jeder hilft dem Partner, sich weiterzuentwickeln.

Sie helfen Ihrem Partner, ohne sich jedoch ausnutzen zu lassen.

Sie erkennen sich gegenseitig an und können sich aufeinander verlassen.

Sie zeigen sich gegenseitig spontan Ihre Gefühle.

Sie können sich nicht nur aufeinander verlassen. Mitgefühl, Opferbereitschaft und Verantwortung spielen ebenfalls eine Rolle in Ihrer Beziehung. Sie sind sich bewußt, was Ihnen der Partner bedeutet, und sagen es ihm auch. Leider erkennen viele Menschen erst, was sie am Partner haben, wenn sie ihn verloren haben.

Sie hören Ihrem Partner zu, weil Sie ihn achten und immer Neues an ihm entdecken. Sie respektieren seine Auffassungen und Gefühle.

Sie bemühen sich, Ihre Liebe auch durch die Körpersprache zum Ausdruck zu bringen.

Sie ermutigen Ihren Partner.

Sie zeigen dem Partner Ihre Freude.

Würdigen Sie den Partner nicht herab, indem Sie sein Fühlen und Denken nicht ernst nehmen.

Sie machen zwar vieles mit dem Partner gemeinsam, sie lassen ihm aber auch Zeit für seine eigenen Bedürfnisse.

Nehmen Sie Rücksicht auf den Partner, ohne sich aufzugeben.

Vielleicht sind Sie der Meinung, all dies seien Selbstverständlichkeiten. Doch handeln Sie auch danach? Wer etwas weiß und nicht danach handelt, weiß es eigentlich überhaupt nicht.

16. Aufrichtigkeit und Ehrlichkeit unter Partnern

Auf die große Bedeutung der Aufrichtigkeit und Ehrlichkeit wurde schon hingewiesen. Beiden kommt auch in der Partnerschaft große Bedeutung zu.

Ein junger Student erzählte mir folgende Geschichte: »Ich lernte ein junges Mädchen kennen. Da meine Eltern nicht wohlhabend waren und ich auch sonst keine finanzielle Unterstützung erhielt, schlug mir meine Freundin vor: ›Es ist nicht notwendig, daß wir in teure Lokale gehen. Wir können das Beieinandersein auch anders gestalten.‹« Nach zwei Monaten überraschte das Mädchen den Mann mit den Worten: »Zwischen uns ist es aus.« Auf die Frage »Warum?« entgegnete sie: »Du hättest mit mir häufiger ausgehen sollen.« Als der Student auf die vorgeschlagene Abmachung hinwies, erwiderte sie: »Du hättest Mann genug sein müssen, um dich mir gegenüber durchzusetzen.«

Dies ist gewiß ein krasser Fall von Unehrlichkeit. Unaufrichtigkeit und Unehrlichkeit haben schon viele zwischenmenschlichen Beziehungen zum Scheitern gebracht, seien es Freundschaften, Lieben oder familiäre Bande. In einer guten Beziehung dürfen Sie sich nicht vom Partner distanzieren, erst recht nicht durch Unehrlichkeit. Es ist entscheidend wichtig, sich dem Partner zu öffnen und ihn nicht über die eigenen Gefühle zu täuschen. Natürlich soll das keine Aufforderung sein, dem anderen unter dem Deckmantel der Ehrlichkeit Grobheiten an den Kopf zu werfen oder ihn zu manipulieren.

Haben Sie nicht selbst schon folgendes festgestellt: Unaufrichtigkeit schafft auf Dauer viel mehr Probleme, als wenn Sie Konflikte lösen? Langfristig ist jedem Menschen viel mehr geholfen, wenn er mit der Wahrheit konfrontiert wird, als wenn er sich durch Täuschungen in einer falschen Sicherheit wiegen darf. Diese Wahrheit gilt für Liebende, Freunde, Geschäftspartner, natürlich auf für Berater, die anderen Menschen wirkliche Lebenshilfe vermitteln wollen.

Beschränken wir uns hier im weiteren nur auf die Aufrichtigkeit und Ehrlichkeit in der Partnerschaft. Vielleicht macht Ihnen Ihr Partner irgendwann ein für Sie zunächst nettes Kompliment. Bald spüren Sie, daß er es gar nicht aufrichtig gemeint hat. Was ist die Folge? Sie werden Zweifel haben bei all dem, was Ihnen Ihr Partner sagt. Kann ein Partner dem anderen vertrauen, wenn er nicht das Gefühl hat, der andere ist ehrlich?

Vielleicht wenden Sie ein: Aufrichtigkeit und Ehrlichkeit lösen beim Partner immer ein Gefühl des Unbehagens aus. Sie haben recht, wenn es sich um Krisen handelt. Selbst wenn Sie es sehr geschickt machen, werden Sie das Gefühl in ernsthaften Situationen nicht vermeiden können. In anderen Fällen wiederum vermögen Sie das Unbehagen durchaus zu verhindern. Sie können in jedem Fall dem Partner die Wahrheit auch liebevoll beibringen, wenn er Sie nach Ihrer Meinung fragt.

Hier ein Beispiel. Was wirkt wohl geschickter: »Mit dem grünen Hut siehst du aus, als ob eine kleine fliegende Untertasse auf deinem Kopf gelandet sei« oder »Der schwarze Hut betont besser deine natürliche Eleganz.« Natürlich könnte der erste Satz auch als Scherz aufgefaßt werden und eine erfrischende Wirkung haben. Wenn Sie jedoch stets so drastisch und nie auch etwas geschickt formulieren, werden Sie verletzend wirken.

17. Schwierigkeiten überwinden

Es gibt Ehen, in denen es nie einen Konflikt gegeben hat und die eines Tages plötzlich geschieden werden. Auf die Bereitschaft, einander zuzuhören, wurde schon hingewiesen. Natürlich müssen Sie sich auch davor hüten, aus einer Mücke einen Elefanten zu machen. Außerdem lassen sich auch manche Probleme aufbauschen und ebenso Gefühle zerreden.

Wie werden Sie aber all der Vielfältigkeit gerecht? In jedem Fall wäre es falsch, tiefe Konflikte in einer halben Stunde lösen zu wollen. Denken Sie über die Gefühle, die Situation und Ihren Partner nach. Haben Sie sich mit dem Problem einige Tage beschäftigt, so werden Sie oft eine neue Sicht der Situation entwickeln. Das hilft Ihnen, neue Lösungen zu suchen. Wer sich aus Bequemlichkeit Konflikten nicht stellt, macht sich selbst unglücklich. Nur wenn Sie bereit sind, Konflikte auch offen auszutragen, können Sie auch reifen. Tragen Sie Konflikte aber stets in gegenseitiger Achtung aus.

18. Lachen, Humor und Freude entwickeln

Zwei Frauen unterhalten sich bei der Arbeit.

»Martina, wolltest du dich nicht scheiden lassen?«, fragt die eine. »Gestern habe ich doch deinen Mann vor dem Geschäft warten sehen?«

341

Ingrid: »Ich wollte mich ja eigentlich von ihm trennen. Doch vorgestern ging der Fernseher aus, und da habe ich erst gemerkt, wie nett mein Mann sein kann.«

Können Sie mit Ihrem Partner gemeinsam lachen, sich über etwas freuen oder eine unangenehme Situation humorvoll sehen? Denken Sie nur an die Anfänge Ihrer Bekanntschaft zurück. Zu jener Zeit konnten Sie es gewiß. Erinnern Sie sich an den Anfang des Buches. Da schlug ich Ihnen vor, das Leben als Spiel anzusehen. Ich meinte dabei nicht, das Leben zu verniedlichen oder sich gar vor seiner Verantwortung zu drücken. Es ging nur darum, nicht eine gekünstelte und verklemmte Ernsthaftigkeit auf den Thron zu heben. Ohne Lachen, Humor und Freude gibt es keine guten Beziehungen zum Mitmenschen.

Doch zurück zu Ihnen. Lachen Sie mit Ihrem Partner? Freuen Sie sich mit ihm gemeinsam? Ist dies im Laufe der Zeit zu kurz gekommen, dann schlage ich Ihnen einen Tapetenwechsel vor. Wer sich für einige Tage mit seinem Partner aus seiner gewohnten Umgebung löst oder gar eine weite Reise macht, löst sich vom Alltagstrott und entwickelt wieder einen Sinn für das Außerordentliche. Das gemeinsame Erleben wird Ihre Sinne sensibilisieren. So verhindern Sie eine Abstumpfung in Ihren Beziehungen.

Es sagt die Freundin einer Frau: »Dein Mann hat mir erzählt, er führt zu Hause ein Hundeleben.«

»Stimmt genau«, sagt die Gattin. »Er kommt mit schmutzigen Füßen nach Hause, macht es sich am Ofen bequem, knurrt und lauert auf das Essen.«

Machen Sie mehr aus Ihrem Leben als das Paar im Witz. Entscheiden Sie sich dafür, sich mit Ihrem Partner zu freuen und zu lachen. Wenn Sie beide das nicht mehr können, so haben Sie wirklich nichts mehr zu lachen.

342

Zusammenfassung

1. Denken Sie über Ihre Verhaltensweisen gegenüber dem Partner nach. Haben Sie, geehrter Leser, einige der genannten 15 negativen »männlichen« Verhaltensweisen gegenüber dem Partner entwickelt? Oder entdecken Sie, verehrte Leserin, eine der 15 »weiblichen« Verhaltensmuster an sich?

2. Bequemlichkeit, Routine und das Gefühl, sich des Partners zu sicher zu sein, lassen Partnerschaftsbeziehungen erstarren.

3. Sie zeigen Persönlichkeit, wenn Sie sich überlegen, wie Sie Ihre Beziehungen zum Partner besser gestalten.

4. Lassen Sie sich von Abschnitt 4 anregen, Ihre Beziehungen zum Partner zu verbessern.

5. Versuchen Sie, störende »Kleinigkeiten« in der Partnerschaft zu verringern. Mit Bewunderung erreichen Sie beim Mann oft mehr als durch ständiges Nörgeln.

6. Nur wenn Sie sich selbst lieben, vermögen Sie auch Ihrer Liebe zum Partner Ausdruck zu geben.

7. Wer von Selbstzweifeln zerrissen ist, wird hinter einem aufrichtigen Kompliment eine Heuchelei vermuten.

8. Nicht nur für Ihren Partner, auch für Sie gilt es herauszufinden: Wer bin ich? Worin besteht meine Einzigartigkeit? Wie kann ich sie verwirklichen? Ziel des Le-

bens kann für eine Frau nie allein der geliebte Mann sein.

9. Zu einer Partnerschaft gehört es, gemeinsame Lebensziele zu verfolgen.

10. Ihre Persönlichkeitsanalyse hilft Ihnen, Ihre Einzigartigkeit und das herauszufinden, worauf Sie angelegt sind.

11. Eifersucht hat ihre Wurzeln im mangelnden Selbstwertgefühl.

12. Der oder die Eifersüchtige muß sein/ihr Selbstwertgefühl steigern und erkennen, daß es in seiner oder ihrer Kraft liegt, sein Glück zu verwirklichen.

13. Entwickeln Sie nicht nur das eigene Potential. Helfen Sie auch dem Partner, seine Anlagen zu verwirklichen.

14. Ohne Selbsterkenntnis gibt es kein Fremdverständnis. Wer sich nicht der Vielschichtigkeit seines Wesens bewußt wird, tendiert dazu, oberflächliche Kontakte zum Partner zu pflegen.

15. Verlangen Sie bei aller Sehnsucht nach Gemeinsamkeit nicht vom Partner, daß er sich selbst aufgibt.

16. Nach den Aussagen der Astrologie bringt Ihr Deszendent zum Ausdruck, welche Aufgaben Sie am Partner haben. Aszendent und Deszendent bedingen sich gegenseitig.

17. Es gilt, über die Beschränkungen des eigenen Ichs hinauszuwachsen, um für das Du aufgeschlossen zu sein.

18. Es gibt nicht den idealen Partner für jeden oder jede. Zu jedem Topf gehört der passende Deckel.

19. Verwechseln Sie Liebe nicht mit der Sehnsucht nach dem Prinzen oder der Prinzessin, der ihn oder sie aus dem Schattendasein erlöst.

20. Sie werden dann den richtigen Partner finden, wenn Sie die in Abschnitt 15 angegebenen Fehler vermeiden.

21. Sie entwickeln innere Beziehungsfähigkeit, wenn Sie dem anderen vertrauen und feinfühliger füreinander werden. Sie sind aufrichtig und ehrlich zueinander.

22. Zu einer glücklichen Partnerschaft gehören Lachen, Humor und Freude.

Kapitel 13

Polaritäten im Umgang mit Mitmenschen

1. Eine Wirklichkeit, an der Sie nicht vorbeikommen

Nicht wenige Menschen machen den Fehler zu hoffen, sie könnten ihre Beziehungen zum anderen dadurch wandeln, daß sie ihre Mitmenschen zum Besseren verändern. Diese Hoffnung ist aber fast immer sehr trügerisch. Wenn sich jemand wandeln will, so ist das sein eigener freiwilliger Entschluß. Er selbst muß es auch wollen und nicht nur Sie.

Wenn Sie geschickt mit Ihren Mitmenschen umgehen wollen, müssen Sie sie so nehmen, wie sie sind. Niemand kommt an der Wahrheit vorbei: Es gibt negative und auch bösartige Menschen, die Sie sich besser vom Leibe halten, anstatt den Versuch zu machen, sie zu verbessern und mit ihnen Freundschaft zu pflegen. Das ist die eine Seite der Realität, der eine Pol.

Es gibt nicht wenige Menschen, die diese Realität überhaupt nicht beachten und so von einer Enttäuschung in die andere schlittern. Es gibt andererseits aber auch solche Menschen, die auf diesen Pol so einseitig fixiert sind, daß sie in allen Mitmenschen nur das Negative sehen. Oft projizieren sie ihre eigene negative Meinung von sich selbst auf die Mitmenschen. So verschließen sie sich den Mitmenschen, und ihr Umgang mit anderen ist genauso schlecht wie ihr eigener Umgang mit sich selbst. Was ist in einem solchen Fall zu tun? Jeder muß zunächst eine liebevolle Beziehung zu sich selbst entwickeln, bevor er es vom anderen erwarten kann. Sie sind für sich selbst verantwortlich und dürfen nicht die Schuld für Ihr eigenes Verhalten anderen, wie zum Beispiel den Eltern, Lehrern oder Politikern, zuweisen. Und wer sich selbst sogar als das Opfer eines negativen Schicksals betrachtet, weil er sich allein in negativen Karmatendenzen gesteuert glaubt, dem halte ich die Worte

Buddhas entgegen, der gesagt hat: »Die menschliche Geburt ist die höchste aller Existenzformen, denn der Mensch hat die Möglichkeit, das Gute zu tun.«

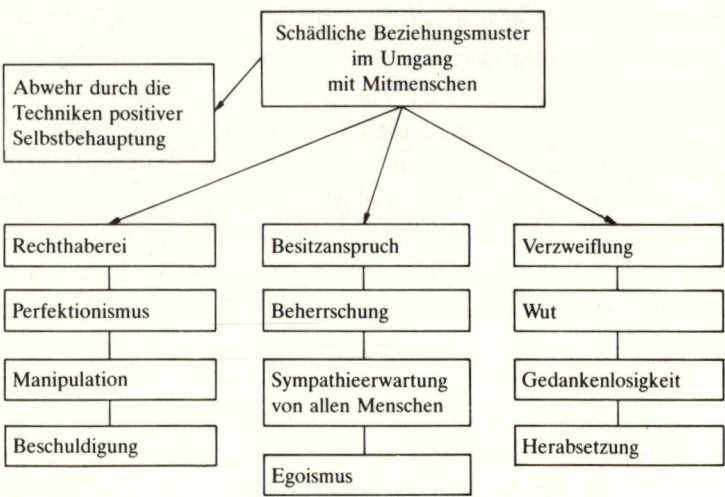

Abb. 17   Destruktive Verhaltensweisen im Umgang mit anderen

Abbildung 17 veranschaulicht, welche destruktiven Verhaltensweisen zwischenmenschliche Beziehungen stören. Wer in seine zwischenmenschlichen Beziehungen destruktive Verhaltensweisen einfließen läßt, wird das immer damit rechtfertigen, daß er sich so verhalten müsse, weil die Umwelt schlecht sei. Wenn Ihnen der Mitmensch mit solchen Verhaltensweisen begegnet, gilt es, sich mit den Techniken positiver Selbstbehauptung, die ich in meinem Buch »Jeder kann es schaffen« beschrieben habe, dagegen zu wehren.

Stellen Sie sich also auf die Wirklichkeit so ein, wie sie ist. Seien Sie nicht einseitig. Bringen Sie beide Pole einer Verhaltensweise bei sich zur Entfaltung. Solche Polaritäten sind zum Beispiel Offenheit und Beschränkung, Kontrolle und Spontaneität, Selbstachtung und Fremdachtung usw. (siehe Abb. 18). Gegenüber negativen Menschen müssen Sie mehr nach Pol 1, bei überwiegend positiven Menschen nach Pol 2 reagieren. Ihr Umgang mit Mitmenschen wäre nicht wirklichkeitsgerecht, wenn Sie nur nach Pol 1 oder

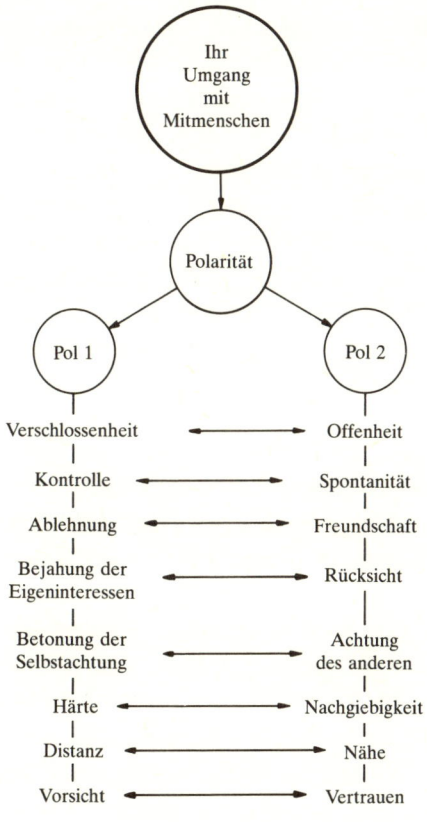

Abb. 18   Polaritäten im Umgang mit Mitmenschen

351

nur nach Pol 2 reagieren würden. So wären Sie fixiert und unfrei. Außerdem müssen Sie gelegentlich selbst gegenüber positiven Menschen nach Pol 1 reagieren, da kein Mitmensch ein Heiliger ist. Sie selbst bestimmen von Situation zu Situation, wie Sie handeln. Nur so wird Ihr Umgang mit anderen wirklichkeitsgerecht. Hüten Sie sich also davor, in Routineverhaltensweisen zu erstarren, weil Ihnen nur ein Pol einer Verhaltensweise zugänglich ist. Seien Sie also in Ihren Beziehungen dynamisch und nicht statisch.

Selbst wenn Sie noch so flexibel sind, werden Ihnen gelegentlich Konflikte und Enttäuschungen nicht erspart bleiben. Wenn Sie sich innerlich dem anderen öffnen, werden Sie nie absolut sicher sein, daß es der andere auch Ihnen gegenüber tut. Ihr Gegenüber kann die eigenen Schranken vielleicht nicht fallenlassen. Seine negative Selbsteinschätzung hindert ihn daran. Denken Sie daran, und Sie werden gelegentliche Enttäuschungen nicht zu hoch bewerten. Ist der Mitmensch ängstlich und unsicher, so hat er Angst, Ihnen näherzukommen. Selbst wenn er Ihnen entgegenkommt, lassen sich auf Dauer Enttäuschungen nicht vermeiden.

Niemand kann alle Erwartungen des anderen erfüllen. Dennoch sind Kontakte zu anderen nötig. Nur so bleiben Sie seelisch gesund.

2. Eigeninteresse und Rücksicht

Natürlich sollen Sie den Mitmenschen achten. Das bedeutet aber nicht, sich selbst als unbedeutend anzusehen. Wer seine eigenen Interessen nicht verfolgt, ist ein schwacher Mensch. Gute zwischenmenschliche Beziehungen entwik-

352

keln sich nicht, wenn Sie sich unterwürfig zeigen. Wenn die Umwelt vor Ihnen keinen Respekt hat, so haben Sie weder Persönlichkeitswirkung, noch ist das Gleichgewicht der Interessen gewährleistet. Das gesunde Mittelmaß zwischen Eigeninteresse und Rücksicht ist dann gegeben, wenn beide Seiten einer Lösung zustimmen.

Es erfordert Konsequenz und Ausdauer, das zu tun, was Sie für richtig halten. Gleichzeitig müssen Sie die Interessen des anderen berücksichtigen. Niemand ist berechtigt, dem Mitmenschen vorzuschreiben, was er zu tun hat. Die Pole Unabhängigkeit und Bedingtheit durch den anderen schließen sich nicht aus. Mit anderen Worten: Wenn Sie klare Überzeugungen und Interessen verfolgen, so sind Sie eine wertvolle Bereicherung für jede Gemeinschaft. Sie werden geachtet, wenn Sie Festigkeit zeigen.

3. Wenn Frauen und Männer in Abhängigkeit geraten

Eine Geschäftsfrau, Ende vierzig, die nach ihrer Scheidung vor zehn Jahren ein gutgehendes Geschäft aufgebaut hat, berichtete mir in einer verzweifelten Stimmung: »Vor etwa drei Jahren habe ich einen 45jährigen Mann in meinem Geschäft eingestellt. Er hatte mit seinem eigenen Geschäft Konkurs gemacht und sich von seiner Familie getrennt. Da wir uns sehr gut verstanden und wir auf derselben Wellenlänge empfanden, verliebte ich mich in ihn. Um ihm zu helfen, erhöhte ich bald sein Gehalt. Es entwickelte sich eine Liebesbeziehung zwischen uns. Vor einem Jahr kam ich dahinter, daß er neben mir noch eine Freundin hatte. Nachdem ich ihn zur Rede gestellt hatte, beendete er die Beziehung. Ich war wieder glücklich. Doch mein Glück währte nur kurze Zeit. Nun erfuhr ich, daß er eine neue Freundin hat. Er muß sie sehr lieben, denn er finanziert ihr eine Eigentumswohnung. Ich wollte es erst nicht glauben, konnte mich aber davon überzeugen. Ich beobachtete ihn aus meinem Wagen, wie er seine Freundin aufsuchte und innig umarmte. Als ich ihn auf das neue Verhältnis ansprach, entgegnete er: ›Ich kenne die Frau schon seit Jahren. Natürlich sorge ich für sie.‹ Er versprach mir, er werde sie weniger oft besuchen. Doch das stimmte nicht. Ich habe nicht die Kraft, dem Manne zu sagen: Entscheide dich zwischen mir und ihr. Ich bin völlig unglücklich. Ohne den Mann hat mein Leben keinen Sinn mehr.«

Eine andere 32jährige Angestellte erzählte mir: »Seit drei Jahren kenne ich einen Mann, der mir erzählt, er sei mit seiner Frau nicht glücklich und wolle sich scheiden lassen. Er bleibt aber nur selten bei mir über Nacht. Die Wochenenden und die Ferien verbringt er mit seiner Familie. Bereits vor einem Jahr habe er angeblich die Scheidung eingeleitet. Doch es ist nicht wahr. Nun hat er auch noch ein Verhältnis an seinem Arbeitsplatz begonnen. Ich leide an Nervosität und Schlaflosigkeit. Selbst Tabletten helfen mir kaum noch. Ich kann ohne ihn nicht mehr leben. Ich merke deutlich, daß es mit mir bergab geht. Ich kann mich schon nicht mehr richtig auf meine Arbeit konzentrieren. Natürlich wies mich schon mein Chef auf mein Nachlassen in der Leistung hin. Wie glücklich wäre ich, wenn der Mann immer bei mir bliebe. Das gäbe mir unendlich viel Kraft. So rutsche ich aber von einem Tief ins andere. Hoffentlich zieht mein Freund bald zu mir.«

Ich habe von Frauen nicht wenige Erlebnisse dieser Art gehört. Allen ist gemeinsam, daß sich die Frauen selbst aufgeben und aufopfern, um vom Partner etwas Liebe zu erhalten. Natürlich haben solche Verhältnisse mit Liebe überhaupt nichts zu tun. Das richtige Wort dafür ist Abhängigkeit. Die Frage drängt sich auf: Was hat diese Frauen dazu gebracht, solche Beziehungen zum Partner aufzubauen? Sie haben offenbar jede innere Freiheit verloren und handeln wie aus einem inneren Zwang, sich für den Partner aufzuopfern.

Die Gründe für ein solches Verhalten liegen in der Kindheit. Solche Frauen haben kein Selbstbewußtsein und halten sich nicht für liebenswert. Daher geben sie sich selbst auf und hoffen, daß sie als Belohnung Liebe erhalten. Fast nie ist den Frauen die Ursache für ein solches Beziehungsmuster bewußt. Sie meinen oft: Wenn ich diesen Mann nicht für mich gewinne, dann finde ich keinen anderen. Manche Frauen glauben sogar, sie seien nicht hübsch genug, einen anderen Partner zu finden. Es gibt noch viele andere solcher Selbsttäuschungen, um das eigene Verhalten zu rechtfertigen.

Doch die Rechnung dieser Frauen geht nicht auf, selbst wenn sie sich für ihr »Glück« sogar grün und blau schlagen lassen.

Was ist zu tun? Da solche Frauen all ihre Energien nur auf den geliebten Mann lenken, müssen sie lernen, ihre Energien von ihm abzuziehen und auf eigene Ziele zu lenken. Erst dann wächst jeder Mensch zur Persönlichkeit. Natürlich erlernen Sie diese Fähigkeit nicht von heute auf morgen. Wie Sie es schaffen, habe ich in meinem Buch »Lebe besser, lebe gern« beschrieben. Nur wenn Sie das tun, entwickeln Sie eigene Stärke und ruhen in sich. Sie überwinden die Angst vor dem Alleinsein. Dann leben Sie besser.

Also: Ihr Glück hängt nicht vom anderen ab. Sie selbst

sind dafür verantwortlich. Aufopferung ist eine Abhängigkeit. Entdecken Sie also Ihre eigene Würde und Ihre Möglichkeiten. Bei einem Besuch der Universität Kandy in Sri Lanka, dem früheren Ceylon, hat mich ein Vergleich sehr beeindruckt, den der verstorbene englische Buddhist Francis Story in einem seiner Bücher gezogen hat. Er äußert: »Wer sich nicht selbst entfaltet, entwickelt das Bewußtsein einer Arbeitsbiene. Sein Schicksal wird es sein, im Bienenbau als eine der vielen Arbeiterinnen wiedergeboren zu werden, die für die Königin zu arbeiten haben, da er ein solches niedriges Bewußtsein entfaltet hat.«

Sinken Sie also in der Bewußtseinsebene nicht herab. Anklammerung an einen Partner hat mit Liebe überhaupt nichts zu tun. Denken Sie an Ihre eigene Würde und Ihren eigenen Wert. Machen Sie sich die Wahrheit aller Religionen zu eigen: Das Höchste – Gott, oder wie Sie es auch nennen mögen – ist in Ihnen. Sie brauchen es nur noch zur Entfaltung zu bringen.

Natürlich gilt die Tatsache, daß man das eigene Glück nicht allein von anderen abhängig machen darf, auch für Männer. Zu mir kam einmal ein 35jähriger Student in die Sprechstunde. Er war ziemlich deprimiert. Seine Frau war ihm ein halbes Jahr zuvor mit einem anderen Mann davongelaufen und hatte ihn mit den Zwillingen, zwei Mädchen im Alter von zwei Jahren, sitzengelassen. Da er außerdem zwei Zwischenprüfungen nicht beim ersten Anlauf schaffte, war er völlig deprimiert. Ich erzählte ihm das vorher genannte Gleichnis mit der Bienenarbeiterin, um ihm auf beinah drastische Art klarzumachen, wie falsch es sei, sich vom Verhalten seiner Frau abhängig zu machen. Das Gleichnis hat auf ihn eine positive Wirkung gehabt. Als er etwa ein Jahr später seine Diplomarbeit bei mir mit sehr

356

gutem Erfolg abgeschlossen hatte und noch vor der Prüfung eine Anstellungszusage erhalten hatte, sah für ihn die Welt ganz anders aus. Es war mir eine tiefe Befriedigung zu erleben, wie jemand aus einem großen seelischen Tief wieder zur eigenen Kraft zurückgefunden hatte.

4. Eine Frau entscheidet sich für mehr Selbständigkeit

Eine 40jährige Frau berichtete:»Vor etwa fünf Jahren wurde ich geschieden. Erst nach meiner Scheidung begann meine eigene Entwicklung zu einer Persönlichkeit. Ich setzte mir eigene Ziele und lenkte auch meine ganzen Energien darauf. Inzwischen bin ich eine selbständige und selbstbewußte Frau geworden. Seit einiger Zeit kenne ich einen Engländer, und wir mögen uns sehr. Er möchte, daß ich all meine freie Zeit nur mit ihm verbringe. Er ist der Ansicht: Wenn man sich mag, dann will man immer beieinander sein. Ich habe Angst, meine Selbständigkeit zu verlieren. Wie mache ich ihm klar, daß ich nicht immer für ihn Zeit haben kann, ohne daß er gleich meine Gefühle für ihn in Frage stellt?«

Ich erwiderte:»Ihr Freund ist offenbar noch auf das falsche Rollenbild fixiert, jeder habe immer für den Partner dazusein. Jeder muß dem Partner auch die Möglichkeit und die Zeit geben, sich selbst weiterzuentwickeln. Schließlich braucht auch ihr Freund für seine eigene Entfaltung Zeit. Und vergessen Sie nicht: Erst aus der Distanz wird Nähe wieder reizvoll. Niemand darf vor dem Alleinsein davonlaufen. Es ist eine unbestreitbare Tatsache: Jeder kommt allein auf die Welt und stirbt auch wieder allein für sich. Wer das Sterben von nahen Verwandten erlebt hat, weiß um diese Tatsache sehr deutlich. Fast alle Menschen werden von dem bangen Gefühl des Alleinseins immer wieder einmal befallen, ohne sich dem Problem stellen zu können. Doch letztlich muß jeder erkennen, daß er wichtige Entscheidungen ganz allein fällen muß. Er bestimmt die Ziele, für die er sich einsetzt. Natürlich muß es in einer Beziehung auch gemeinsame Ziele geben. Jeder muß aber zunächst zu sich selbst gefunden haben. Erst dann überwindet er sein Gefühl des Alleinseins und vermag dem Partner Liebe zu schenken.«

Die Frau fragte: »Wie soll ich dies aber meinem Partner klarmachen, ohne ihn zu verletzen, wenn er mich immer wieder durch Anrufe bedrängt?«

Ich erwiderte: »Sagen Sie ihm bei einem solchen Anruf: ›Ich beschäftigte mich zur Zeit mit . . . und kann daher nicht. Ich mag dich sehr und freue mich schon darauf, wenn wir uns am . . . wiedersehen.‹«

Die Frau entgegnete: »Wird mein Freund nicht von einer solchen Antwort enttäuscht sein?«

Ich antwortete darauf: »Im Moment vielleicht schon. Er wird dann aber die Zeit für sich selbst nutzen und sich auf das Treffen mit Ihnen freuen, wenn er Sie innig liebt. Jeder muß lernen, mit dem Nein des anderen fertig zu werden und es nicht als Zurücksetzung aufzufassen. Außerdem entwickeln sich alle Beziehungen immer dann besser, wenn Sie gleich von Anfang an Grenzen ziehen.«

»Helfe ich ihm dann nicht sogar noch bei seiner eigenen Entfaltung? So brauche ich auch kein schlechtes Gewissen zu haben?« fragte die Frau.

»So sehen Sie es richtig«, bestätigte ich sie.

5. Können Sie es zwei Parteien recht machen?

Zusammen mit seiner Frau unterhielt sich ein Pfarrer mit mir über ein Problem, das beide sehr beschäftigte. Er berichtete:»Ich bin jetzt seit etwa sieben Jahren Pfarrer in einem landschaftlich sehr schön gelegenen Ort. Bisher ist keiner meiner Vorgänger so lange wie ich dort Gemeindepfarrer gewesen. Alle wurden versetzt, als sie entweder Schwierigkeiten mit der Gemeinde oder dem kirchlichen Vorgesetzten bekamen. Nun wurde auch ich versetzt. Nun könnte ich einerseits stolz sein, daß ich die längste Zeit von allen Pfarrern in dem Städtchen zugebracht habe. Andererseits habe ich aber das Gefühl, etwas falsch gemacht zu haben, und ich möchte den mir noch nicht bewußten Fehler in Zukunft vermeiden.« Die Frau des Pfarrers, die bewundernswert an der Arbeit ihres Gatten Anteil nahm, ergänzte:»Natürlich wird es unseren Kindern anfangs schwerfallen, sich in eine neue Umgebung einzugewöhnen. Wir werden aber mit dem Problem schon fertig werden. Mich beschäftigt vielmehr die Frage: Was können mein Mann und ich tun, um in Zukunft eine erneute baldige Versetzung zu vermeiden?«

Wir unterhielten uns längere Zeit über die Gemeindearbeit des Pfarrers. Er erläuterte:»Zu größeren Spannungen mit der Gemeinde kam es, als ich einer geschiedenen Frau die kirchliche Trauung verweigerte, da sie erklärte, ihre bevorstehende Ehe sei nicht bindend für sie. Ich habe hierbei ganz im Sinne der Vorschriften meiner Kirche gehandelt. Ich vermute, daß massive Beschwerde der Frau über mich den Anstoß zu meiner Versetzung gab.«

Die schwierige Situation des Pfarrers ist offenkundig. Zum einen muß er sich an die Vorschriften halten, die seine

Vorgesetzten machen. Zum anderen muß er sich aber auch auf die Gemeinde und ihre Wünsche einstellen. Da sowohl seine Vorgesetzten über ihn verfügen können, der Pfarrer aber auch von seiner Gemeinde abhängig ist, ist seine Situation nicht einfach. Er muß sich gegenüber zwei Polen verhalten. Offenbar hat er es im beschriebenen Fall nicht gut angefangen. Obwohl er die »Anordnungen« seiner Vorgesetzten befolgte, ließen ihn diese am Ende fallen, als sie die Schwierigkeiten mit der Gemeinde erkannten. Ich versuchte dem Pfarrer begreiflich zu machen, daß es fast zu jedem Gesetz einen Ermessensspielraum gibt. Diesen sollte er immer zugunsten seiner Gemeindemitglieder nutzen. Außerdem sei er auch immer gegenüber seinem eigenen Gewissen – Gott in ihm – verantwortlich. Wer seine eigene Sicherheit nur noch aus einer zwanghaften Befolgung von Gesetzen bezieht, ist am Ende arm dran. Schließlich war auch für Christus die Liebe zum Mitmenschen wichtiger als das Anklammern an starre Regeln.

Nun ist gewiß niemand vollkommen frei in seinem Handeln, wenn er in einer Organisation oder sonstwo arbeitet. Der Pfarrer verstand jedoch, daß er sich bisher zu zwanghaft an seiner Obrigkeit orientiert und den ihm möglichen Ermessensspielraum nicht genutzt hatte. Er sagte: »So hat mir also diese Erfahrung geholfen, reifer zu werden. Innerhalb meiner neuen Gemeinde werde ich mich nun auch mehr an den Bedürfnissen der Gemeinde orientieren und nicht allein an den Bestimmungen der Obrigkeit.«

Die Situation des Pfarrers ist typisch für Menschen, die zwischen zwei Parteien stehen. Natürlich können Sie es nie immer beiden Seiten recht machen. Wenn Sie jedoch in ihrem Handeln nicht fixiert, sondern beweglich sind, werden Sie mit solchen Gegensätzen besser fertig werden.

6. Wie gehen Sie mit Ablehnungen um?

Im Umgang mit Mitmenschen müssen Sie auch lernen, mit Ablehnungen fertig zu werden. Wie schaffen Sie das? Steigern Sie mit den in Kapitel 6 angegebenen Techniken Ihr Selbstwertgefühl. Denken Sie daran: Sie werden nie gleiche Sympathie bei allen erwecken. Nicht auf die Meinung der anderen über Sie, auf Ihre über Sie selbst kommt es an.

Wenn Ihnen im Gespräch Mitmenschen ständig widersprechen, dann überlegen Sie: Lohnt es sich für Sie, die anderen zu überzeugen? Meist wird das nicht der Fall sein. Außerdem werden Menschen zu ein und derselben Angelegenheit fast immer verschiedene Standpunkte beziehen. Vergeuden Sie also nicht unnötig Ihre Energien, die Sie besser zur Verwirklichung Ihrer Ziele einsetzen. Hören Sie sich lediglich die Meinung der anderen an. Sie sollten sich nicht mit jedem auseinandersetzen. Hüten Sie sich davor, sich abgelehnt zu fühlen, wenn ein anderer nicht Ihre Ansicht teilt. Vermeiden Sie, unnötig Streit anzufangen. Geben Sie lediglich den Kommentar ab: »Es war interessant für mich, Ihre Ansicht zu hören.« Sollte sich einmal eine Situation derart aufgeschaukelt haben, daß Ihr Gegenüber ausfallend wird, dann zeigen Sie Ruhe. Nur dann beweisen Sie Autorität und sind überlegen.

Destruktive Kritik an Ihnen ist auch eine Form der Ablehnung. Mit einer solchen Kritik versucht Sie ein anderer herabzusetzen. Lassen Sie sich davon nicht provozieren und auf die Ebene des anderen herunterziehen. Vermeiden Sie auch, sich mit einer destruktiven Kritik am anderen zu revanchieren.

7. Der Umgang mit Tratschern und Angebern

Wenn jemand im Gespräch mit Ihnen abfällig über einen anderen spricht, dann sagen Sie zum Beispiel: »Ich finde ihn sehr sympathisch und bedaure sehr, daß er zur Zeit solche Schwierigkeiten hat.« Lenken Sie dann auf ein anderes Thema ab. Ihr Gesprächspartner wird sich hüten, weiter über den anderen schlecht zu reden.

Bereits in meinem Buch »Die Kunst zu überzeugen« habe ich auf eine weitere Möglichkeit hingewiesen, wie Sie sich in einer solchen Situation geschickt verhalten. Sagen Sie dem Tratscher: »Das wundert mich. Herr ... hat doch über Sie soviel Positives geäußert.«

Nun zu den Angebern. Ein Spruch sagt: »Die leersten Töpfe klappern am lautesten.« Solche Leute wollen mehr scheinen, als sie sind. Sie interessieren sich nur für sich selbst, sie sind schlechte Zuhörer. Gehen Sie auf ihre Spiele ein, und hören Sie ihnen zu, dann zeigen Sie sich von Ihrer liebenswürdigen Seite.

8. Wie Sie Ablehnungen geschickt aussprechen

Zur positiven Kommunikation mit Mitmenschen gehört, zwei Grundsätze zu beachten.

1. Führen Sie das Gespräch so, daß der Partner sich nach dem Gespräch wohlfühlt.
2. Verhandeln Sie geschickt, ohne die Würde des Partners zu verletzen.

362

Können Sie den Wunsch eines anderen nicht erfüllen, dann müssen Sie ihm das auch sagen. Natürlich werden Sie dann ein kurzfristiges Unbehagen des anderen nicht vermeiden können. Wollen Sie es jedoch umgehen und sich mit einem »vielleicht« oder »mal sehen« herausreden, so meint der andere, Sie würden seinen Wunsch schon noch erfüllen. Um so größer ist seine Enttäuschung, wenn dies schließlich nicht der Fall ist.

Hier ein Beispiel für eine geschickte Ablehnung. Nehmen wir einmal an, Sie sitzen in einem Nichtraucherabteil eines Zuges. Ein Mann setzt sich neben Sie und beginnt, seine Pfeife zu rauchen. Der Rauch stört Sie sehr.

Sie haben nun folgende Möglichkeiten:

1. Es ist Ihnen unangenehm, dem Raucher zu sagen, sein Rauch belästigt Sie. Sie haben Hemmungen, eine Ablehnung auszusprechen, und ärgern sich über den Raucher.
2. Sie werden grob und aggressiv. Sie fordern den Raucher auf, seine Pfeife zu löschen oder sich in ein Raucherabteil zu setzen. Außerdem werfen Sie ihm vor, das Opfer eines Lasters zu sein.
3. Sie bitten ihn freundlich, das Rauchen zu unterlassen, da Sie den Rauch nicht ertragen können. Wenn er aber lieber weiterrauche, möchte er sich bitte in ein Raucherabteil setzen.

Welche der drei Verhaltensweisen stellt eine geschickte Ablehnung dar? Es ist die Alternative 3.

9. Falsche Freundschaften

Nicht wenige Menschen verstehen unter einer Freundschaft eine Verpflichtung, die der andere ihnen gegenüber hat:
»Du bist mein Freund, daher mußt du ...«
»Du bist mein Freund, daher gib mir ...«
In solchen Fällen ist »Freundschaft« nur ein Mittel, die eigenen Interessen zu befriedigen. Damit hat aber Freundschaft überhaupt nichts zu tun. Ein echter Freund denkt mehr daran, zu geben als zu fordern. Freundschaft ist wie die Liebe einer der höchsten Werte im menschlichen Leben. Freundschaft bedarf auch des ständigen Bemühens. Und wer Ihnen mit einem vorschnellen »Du« näherkommen will, ist längst noch nicht Ihr Freund. Lassen Sie sich also durch eine falsche Freundschaft nicht ausnutzen.

10. Ein Heuchler als Prediger

Ein Mann und eine Frau erzählten mir gemeinsam von den unangenehmen Erfahrungen, die sie mit einem Architekten gemacht haben. Hier der Bericht:
»Wir hatten 25 Jahre darauf hingearbeitet, nach dem Berufsleben in die Heimat zurückzukehren und dort ein Einfamilienhaus zu bauen. Da wir nicht die Möglichkeit hatten, häufig auf der Baustelle zu sein, suchten wir einen Architekten, auf den wir uns voll verlassen konnten. Ein Architekt bemühte sich sehr um den Auftrag und erzählte uns, daß er nebenberuflich als Prediger in verschiedenen Kirchengemeinden tätig sei. Da seine Darstellung den Tatsachen entsprach, faßten wir Vertrauen zu ihm. Wir beauf-

tragten ihn mit dem Bau des Hauses. Nach Fertigstellung des Hauses stellte sich bald heraus, daß neben vielen Mängeln die Statik des Hauses gravierende Fehler aufwies. Wir mußten einen Rechtsanwalt bemühen, um die Statikunterlagen zu bekommen. Diese erhielten wir schließlich vom Bauunternehmer. Der Architekt nämlich hatte uns trotz unserer eindringlichen Bemühungen die Statikunterlagen vorenthalten. Auf allen Statikunterlagen war die Unterschrift des Architekten, der jedoch leugnete, der Ersteller der Statik zu sein. Da wir aber wegen unserer Regreßansprüche den Namen des Statikers wissen mußten, blieb uns nichts anderes übrig, als ein Gericht zu bemühen. Der Architekt versuchte, die Klage mit dem Hinweis abzuwenden: ›Dem Kläger ist haargenau bekannt, wer die Statik gefertigt hat. Der Kläger hat nämlich den Statiker selbst beauftragt. Es mag durchaus sein, daß der Beklagte ein Exemplar der Statik unterschrieben hat. Der Beklagte ist aber Architekt und nicht Statiker. Im Rahmen des Architektenvertrages wäre der Beklagte allenfalls befugt gewesen, einen Statiker zu bestellen. Das hat er aber nicht getan, sondern der Kläger.‹

Bei soviel Unverfrorenheit platzte den Richtern buchstäblich der Kragen. Der Architekt wurde verurteilt, den Statiker zu nennen oder ein Zwangsgeld von 10000,– DM zu zahlen oder 20 Tage ins Gefängnis zu gehen. Da aber der Architekt auch jetzt noch nicht reagierte, wurde ein Gerichtsvollzieher mit der Eintreibung des Zwangsgeldes beauftragt. Es gelang dem Architekten, den Gerichtsvollzieher zweimal mit dem Hinweis zurückzuschicken, er habe alles in Ordnung gebracht. Beim dritten Mal pfändete er Gegenstände im Büro des Architekten im Werte von 10000,– DM. Erst als der Termin der Versteigerung der gepfändeten Bürogegenstände feststand, fielen dem Architekten die Namen zweier Statiker ein. Es stellte sich aber bald heraus, daß beide mit der Statik überhaupt nichts zu tun hatten. Nun gab der Architekt zu, Bauherrn und Gericht getäuscht zu haben, da er die fehlerhafte Statik selbst erstellt hatte. Darauf folgte ein Strafverfahren gegen den Architekten. Wegen Prozeßbetrugs wurde er zu einer empfindlichen Geldstrafe verurteilt. Dagegen legte der Architekt Berufung ein. Die Richter gaben ihm die Chance, die Berufung zurückzunehmen, da er sonst eine wesentlich höhere Strafe zu erwarten hätte. Nun müssen wir auch noch ein Gerichtsverfahren gegen den Architekten einleiten, um unsere Ansprüche wegen der großen Schäden am Haus durchzusetzen.

Wir berichteten unserem Pastor von unseren Erfahrungen. Er fragte: ›Wissen viele davon?‹ Wir verneinten seine Frage. ›Dann darf er weiter predigen‹, war seine Antwort.«

Beenden wir hier die Ausführungen des Ehepaares. Vielleicht denken Sie: Die Geschichte ist ja kaum noch zu überbieten. Sie ist es aber doch. Denn der Architekt ist sogar Ratsherr und im Bauausschuß der Stadt. Da mir alles zunächst sehr unglaubhaft vorkam, ließ ich mir den Schriftverkehr und die Gerichtsunterlagen zeigen. Doch das Ehepaar hatte mich richtig informiert. Die Geschichte zeigt sehr deutlich, wie problematisch der Umgang mit einigen wenigen Menschen werden kann. Das Ehepaar hatte viel Standfestigkeit und Beharrlichkeit bewiesen. Die Erfahrung der Täuschung durch einen Glaubensbruder war für das Ehepaar nicht leicht zu überwinden. Das Leid führte den Mann und seine Frau zu ganz neuen Gotteserfahrungen. Beide sagten mir: »Wir sind zu ganz neuen Erkenntnissen und Einsichten vorgestoßen. Weisheit schätzen wir nun als besonders hohen Wert.«

Zurück zu Ihnen. Auch Sie werden gelegentlich nicht daran vorbeikommen, Konsequenzen zu ziehen und Standfestigkeit zu zeigen. Eben wegen dieser nicht angenehmen Seite der Wirklichkeit empfehle ich auch immer, eine Rechtsschutzversicherung abzuschließen. Leider sind Bauprozesse hierbei ausgenommen.

Bleiben Sie standhaft. Lassen Sie sich nicht schädigen. Setzen Sie sich für Ihr Recht ein. Arbeiten Sie an sich, um sich bei Auseinandersetzungen nicht zu viel zu ärgern. Heben Sie Ihr Bewußtseinsniveau an, um nicht von Haß überwältigt zu werden.

11. Tun Sie etwas für Ihre Beziehungen zu Ihren Mitmenschen

Wenn Sie einen besseren Umgang mit anderen wünschen – und wer täte das nicht –, so müssen Sie etwas dafür tun. Bessere Beziehungen zum Mitmenschen ergeben sich nicht von allein. Analysieren Sie Ihre Mitmenschen. Schaffen Sie aber dadurch keine Beziehungslosigkeit. Machen Sie sich keine idealen Vorstellungen von Mitmenschen. Entdecken Sie die Einzigartigkeit des anderen.

Lassen Sie Ihrem Partner und Ihren Freunden Freiraum für die eigene Entfaltung. Sie brauchen auch Zeit für sich selbst.

Vermeiden Sie, durch den Umgang mit negativen Menschen innerlich zu verhärten. Vermeiden Sie es, ausgerechnet die Menschen verändern zu wollen, die Sie besonders mögen.

Sehen Sie stets die positiven, erst dann die negativen Seiten eines Mitmenschen.

Lassen Sie sich vom anderen nicht unterdrücken oder in Ihrer Würde herabsetzen.

Zeigen Sie dem Mitmenschen Ihre Achtung.

Denken Sie daran, Beziehungen verändern sich. Tun Sie nichts dafür, so werden sie schlechter.

Lassen Sie Ihre innere Sonne leuchten, und entwickeln Sie Mitgefühl und Herzenswärme.

Lösen Sie sich vom Rollenspiel, und dringen Sie zu Ihrer Einzigartigkeit vor.

Sehen Sie unangenehme Erlebnisse als Möglichkeit, neue Erkenntnisse zu erlangen.

Seien Sie höflich. Zeigen Sie positive Gefühle. Bemühen Sie sich, mehr Zuneigung zu zeigen.

Führen Sie kleine Monologe. Lernen Sie zuzuhören.

Erwarten Sie vom anderen keine Perfektion.

Sie benötigen für die Verbesserung Ihrer Beziehungen Geduld.

Kämpfen Sie nicht um Überlegenheit. Entwickeln Sie Humor. Lachen Sie. Schaffen Sie keine tiefen Beziehungen zu Mitmenschen, deren Eigenschaften sie ablehnen.

Trennen Sie sich von der Illusion, die Mitmenschen müßten gleicher Meinung sein wie Sie und immer dieselben Gefühle haben.

Hüten Sie sich vor Sticheleien.

Hüten Sie sich vor Rechthaberei, Beschuldigung, Manipulation, Herrschsucht, Besitzanspruch, Egoismus, Gedankenlosigkeit, Wut und Herabsetzung dem Mitmenschen gegenüber.

Machen Sie sich von anderen nicht abhängig. Zeigen Sie in Freundschaft und Liebe Selbstlosigkeit.

Bemühen Sie sich darum, zu Ihren Mitmenschen und zu sich selbst aufrichtig und ehrlich zu sein.

Beziehungen zu Mitmenschen helfen Ihnen, sich zu entwickeln, sie sind aber kein Ersatz dafür, sich selbst eigene Ziele zu setzen.

Es ist Ihre Aufgabe, der zu werden, auf den Sie in Ihrer Einzigartigkeit angelegt sind. Erhoffen Sie Ihr Glück nicht von anderen, Sie können es nur selbst schaffen.

Zusammenfassung

1. Wenn sich ein Mitmensch verändern will, so ist das sein eigener Entschluß.

2. Wenn Sie sich im Umgang mit Mitmenschen richtig verhalten wollen, dürfen Sie nicht nur auf einen Pol einer Verhaltensweise fixiert sein.

3. Ihr Glück hängt nicht von anderen ab. Sie selbst sind dafür verantwortlich.

4. Verwechseln Sie Liebe nicht mit Unterwerfung.

5. Jeder braucht Zeit für sich, um sich weiterzuentwikkeln. Erst dann ist er zu Partnerschaft und Freundschaft fähig.

6. Jeder muß lernen, auch einmal mit sich allein sein zu können.

7. Jeder Mensch muß sich an Gesetze und Verordnungen halten. Nutzen Sie jedoch den für Sie möglichen Ermessensspielraum.

8. Hüten Sie sich davor, sich abgelehnt zu fühlen, wenn ein anderer Ihren Standpunkt nicht teilt. Selbst der Mensch, der Sie liebt, kann Ihnen nicht immer recht geben.

9. Spricht jemand schlecht über einen anderen, so sagen Sie:»Ich finde ihn nett. Ich bedaure, wenn er Schwierigkeiten hat.«

10. Eine Freundschaft besteht nicht darin, daß der andere nur Verpflichtungen hat.

11. Ihr Glück hängt nicht davon ab, ob Sie jemand mag oder nicht.

12. Es ist etwas Wunderbares, wenn Sie einen Menschen lieben. Machen Sie sich aber nicht so von ihm abhängig, daß Sie Ihr Selbstbewußtsein verlieren. Ein Bereich Ihres Lebens sollte also nur für Sie reserviert sein.

13. Arbeiten Sie an sich, um die Beziehungen zu Ihren Mitmenschen zu vertiefen. So entwickeln Sie sich weiter.

Leserdienst

Setzen Sie die im Buch beschriebenen Techniken in die Tat um.

Nun weiß ich aus Erfahrung, daß eine große Anzahl von Lesern meiner Bücher daran interessiert ist, die erforderlichen Techniken in einem *Intensivtraining* zu erlernen und zu üben. Diese Möglichkeiten bieten Ihnen Wochenendseminare, die im *APE – Institut für Angewandte Psychologie und Esoterik GmbH* durchgeführt werden. Sie trainieren, wie Sie bessere Kontakte schaffen und die Beziehungen zu Ihren Mitmenschen in Beruf, Partnerschaft und Familie verbessern und neue Bekanntschaften knüpfen können.

Da Sie von den übrigen Seminarteilnehmern ehrlich und rücksichtsvoll erfahren, wie Sie bei den Kontaktübungen wirken, hilft Ihnen das sehr, neue Kontaktmuster aufzubauen. Die besonders herzliche und offene Atmosphäre im Kreise der Teilnehmer wirkt sehr ermutigend und hat das Seminar immer für jeden Teilnehmer zum Erfolg werden lassen. Bei den Seminaren wurden schon viele Freundschaften fürs Leben geschlossen.

Sie lernen auch, wie Sie die Macht Ihres Unterbewußtseins und die großen Möglichkeiten Ihres Tiefenbewußtseins nutzen können und wie Sie konsequent erfolgreiche Techniken zum Erreichen Ihrer Ziele anwenden.

Solche Wochenendseminare sind schon von vielen Menschen aus allen Bevölkerungsschichten besucht worden. (Übrigens werden auch Seminare in der Schweiz durchgeführt.)

Viele Dankesschreiben sprechen für den Erfolg der Seminare. Da die Hilfestellung immer auf die Person des Seminarteilnehmers und seine individuellen Lebensumstände aufbaut, können die Arbeitstechniken besonders gut vermittelt werden. Mit Hilfe der Ihnen beim *Intensivtraining* vermittelten, bewährten Techniken entfalten Sie die in Ihnen verborgenen Kräfte und Fähigkeiten, und Sie verwirklichen Ihre Wünsche.

In Verbindung mit einem Seminar hilft Ihnen ein persönliches Gespräch und eine individuelle Beratung ganz besonders. Der Wunsch ist verständlich, denn nicht jeder Teilnehmer wird, selbst in der besten Atmosphäre der Seminarrunde, all das sagen wollen, was ihn zutiefst bewegt. Das Gespräch hilft Ihnen, ein Problem zu lösen oder in einer wichtigen Angelegenheit die richtige Entscheidung zu treffen. Häufig stecken Menschen so tief in einem Problem, daß sie aus sich selbst heraus nicht die Lösung erkennen. So hilft Ihnen das Gespräch, in Zukunft Fehler zu vermeiden und die richtigen Maßnahmen und Mittel zum Erreichen Ihres Zieles für Ihre ganz individuelle Situation richtig auszuwählen und anzuwenden.

Diese individuelle Hilfe für Sie im Rahmen eines Seminars ist einzigartig und zu Ihrem ganz besonderen Nutzen.

Unterlagen über die verschiedenen Seminare werden Ihnen gern kostenlos und unverbindlich zugesandt. Bitte schreiben Sie dazu an folgende Anschrift:

APE – Institut für Angewandte Psychologie und Esoterik GmbH, Postfach 21 03 46
D-5270 Gummersbach 21

Oder rufen Sie uns an: Tel. 0 22 61/5 15 49

Ihre Persönlichkeitsanalyse

Wissen Sie, daß Sie einzigartig sind? Wissen Sie, worauf Sie angelegt sind? Leben Sie Ihr Leben, oder haben Sie sich durch die Umwelt davon abbringen lassen? Ihre *Persönlichkeitsanalyse* ermöglicht Ihnen einen neuen Zugang zu sich selbst. Ein ganz spezifisch auf Sie bezogenes Geburtshoroskop zeigt Ihnen, was anlagenmäßig zu Ihrer Persönlichkeitsstruktur gehört. Das *Geburtshoroskop* zeigt Ihnen Ihr wahres Wesen und macht Ihnen bewußt, welche besondere Bedeutung Ihr Leben hat.

Sie erkennen, welche Ihrer Wesenskräfte harmonisch zueinander sind und welche Herausforderungen und besondere Entwicklungsmöglichkeiten darstellen.

Sie erfahren Einzelheiten über Ihre Begabungen, Neigungen, Erfolgsmöglichkeiten, berufliche Chancen und Ihre Gefühle. Die Aussagen über Sie betragen etwa 10 DIN-A4-Seiten.

Ihre *Persönlichkeitsanalyse* hilft Ihnen, Ihren individuellen Weg zur Selbstentfaltung und Persönlichkeitsentwicklung zu gehen.

Die Kosten für die *Persönlichkeitsanalyse* betragen DM 40,– (Vorauskasse). Teilen Sie dazu

Geburtsdatum, Geburtszeit und Geburtsort

(bitte auch den Namen der in der Nähe gelegenen größeren Stadt) mit.

Ihre Partnerschaftsanalyse

Hier noch eine weitere Möglichkeit für Sie:

Eine *Partnerschaftsanalyse* Ihrer Liebesbeziehung legt Ihnen die verborgenen Bereiche Ihrer Beziehung zum anderen offen. Die Analyse legt dar, ob Sie sich gegenseitig ergänzen und ob Sie zueinander passen. Sie erfahren, welche Konfliktbereiche und welches Potential gegenseitiger Entwicklung die Beziehung birgt.

Sie können auch eine *Partnerschaftsanalyse* für Kontakte gegenüber anderen wie z. B. *Freunden, Kunden, Eltern, Kindern, Geschäftspartnern* usw. bestellen. Die Kosten für die *Partnerschaftsanalyse* betragen DM 100,– (Vorauskasse). Teilen Sie dazu

Geburtsdatum, Geburtszeit und Geburtsort

(bitte auch den Namen der in der Nähe gelegenen größeren Stadt) beider Partner mit.

APE – Institut für Angewandte Psychologie und Esoterik GmbH
Postfach 21 03 46
D-5270 Gummersbach 21
Tel.: 0 22 61/5 15 49

374

Literaturverzeichnis

Fox, Emmet: Die Bergpredigt. Pforzheim 1984.

Laing, Ronald D.: Knoten. Reinbek bei Hamburg 1986.

Ryborz, Heinz: Die geheime Kraft Ihrer Wünsche. Zürich ^{5}1988.

– Jeder kann es schaffen. Zürich ^{3}1988.

– Lebe besser, lebe gern. Zürich 1987.

– Wer ist Dein Freund, wer ist Dein Feind? Wie man Mitmenschen besser erkennt. Zürich 1985.

– Die Kunst zu überzeugen. Genf ^{3}1983.

– Die universellen Kräfte Ihrer Psyche. München ^{4}1987.

– Die Kunst, Ihr Leben zu meistern. München ^{4}1986.